会展经济·农业品牌

吴银璇　丘志勇　蔡丽君　著

吉林科学技术出版社

图书在版编目（CIP）数据

会展经济·农业品牌 / 吴银璇，丘志勇，蔡丽君著
. -- 长春：吉林科学技术出版社，2023.6
ISBN 978-7-5744-0422-9

Ⅰ．①会… Ⅱ．①吴… ②丘… ③蔡… Ⅲ．①农产品－品牌战略－研究－中国 Ⅳ．①F326.5

中国国家版本馆CIP数据核字（2023）第098771号

会展经济·农业品牌

著	吴银璇　丘志勇　蔡丽君	
出 版 人	宛　霞	
责任编辑	杨雪梅	
封面设计	树人教育	
制　　版	树人教育	
幅面尺寸	185mm×260mm	
开　　本	16	
字　　数	320千字	
印　　张	14.5	
印　　数	1-1500册	
版　　次	2023年6月第1版	
印　　次	2023年10月第1次印刷	

出　　版	吉林科学技术出版社
发　　行	吉林科学技术出版社
地　　址	长春市福祉大路5788号
邮　　编	130118
发行部电话/传真	0431-81629529 81629530 81629531
	81629532 81629533 81629534
储运部电话	0431-86059116
编辑部电话	0431-81629518
印　　刷	廊坊市印艺阁数字科技有限公司

书　　号	ISBN 978-7-5744-0422-9
定　　价	87.00元

版权所有　翻印必究　举报电话：0431-81629508

前　言

随着短缺经济时代的结束和市场经济向纵深发展，农业和工业一样，正在寻求新的市场和出路。通过实施新一轮农业结构调整，大力打造农业品牌，是我们这个时代农业发展的主旋律。所谓农业品牌，是指知名度高、影响面广的名优特新农产品，既有高品质、高科技含量、高附加值，又具有广阔的市场前景，深受消费者欢迎。实施品牌农业战略，发展以名牌产品为龙头的区域经济，抢占更多的市场份额，对于推动农业产业化进程，增加农民收入，无疑具有十分重要的意义。

民族要复兴，乡村必振兴。2021年中央一号文件指出，全面建设社会主义现代化国家，实现中华民族伟大复兴，最艰巨、最繁重的任务依然在农村。乡村如何振兴？习近平总书记指出："产业兴旺，是解决农村一切问题的前提。"广东深入贯彻落实习近平总书记重要指示精神，大力实施乡村战略，提出抓好产业、市场、科技、文化"四张牌"。如何抓好四张牌，首要就是做好广东农业品牌的推广。

品牌就是商品的牌子，是企业与顾客之间的商品交换关系和其他社会关系的简称。它包含着商品的文化内涵和社会属性。把品牌与农业连接，是深化农业结构调整，摆脱传统农业及自然农业束缚，推进农业产业化经营的重要举措。农业产业化经营成功与否，很大程度上取决于农产品的品牌，农业产业化只有与农业品牌有机结合，才有强大生命力和竞争力。农业品牌是以农产品的产地、品种、质量等差异为基础，以商标、口号、包装、形象等为表现形式，帮助消费者识别农产品质量并养成购买偏好，传递农产品与竞争产品相区别的核心利益。缺乏品牌推广的农产品将难以得到市场认可。

农业品牌推广极为重要，它是传递品牌价值，塑造品牌个性，培育品牌知名度和美誉度的重要手段。所以农业品牌建设是农产品打开市场大门，是与市场经济融合发展的关键一步，而广东农业人深刻意识到推动广东农业品牌建设意义重大。为加快推进数字农业发展，助力双循环，在广东农产品12221市场体系建设下的广东农业品牌推广通过推进新途径新模式，发挥改革开放前沿的地理优势，利用新时代互联网传播优势，线上线下相互影响、相互促进其特有的展示性、整合性、交流性，成就了广东农业品牌市场建设体系新业态。

农产品品牌推广有助于传递农产品品牌核心利益、提升农产品企业形象，形成农产品企业竞争力差异。同时，在品牌推广过程中，使农产品生产商、农产品分销商、农产品服务商等供应链合作伙伴结合更为紧密，提高农产品市场效率。此外，品牌推广促使农产品企业注册商标、申请专利、引领行业标准，较为有效地排斥竞争对手的进入，最终提升农产品的市场竞争力。

本书从品牌推广的基础理论入手，论述了农业区域品牌经营战略，然后在此基础上对农产品线上线下的推广和系统化农业品牌营销策略进行详细论述，最后对农产品品牌培育途径进行阐述，本书内容系统、丰富，且蕴含一定的理论深度，具有重要的学术理论和实践指导意义。并从广东农产品12221市场体系建设下的农业会展与品牌农业之间关系出发，分析其成功打造品牌的原因，成就广东农业品牌推广新业态，成为可复制可持续发展的新模式。

  本书虽经反复修改，但内容仍有不尽人意之处，希望本书的粗浅之见能给广大农产品经营者提供有益的帮助。

以广东农产品"12221"市场体系建设实践为案例
打造会展经济推广农业品牌新模式

目录

第一章 品牌推广的理论 ... 1
- 第一节 品牌的定位 ... 1
- 第二节 品牌维护 ... 8
- 第三节 品牌推广的意义 ... 15

第二章 品牌文化 ... 23
- 第一节 品牌文化概念 ... 23
- 第二节 品牌文化建设 ... 29
- 第三节 品牌文化传播 ... 33
- 第四节 广东农产品品牌文化推广成功案例 ... 48

第三章 农业区域品牌价值战略 ... 53
- 第一节 企业及特色农产品品牌价值战略 ... 53
- 第二节 农业区域品牌的高价值传播 ... 63

第四章 农业区域品牌协同运营管理 ... 69
- 第一节 五位一体农业区域品牌运营模式分析 ... 69
- 第二节 农业区域品牌运营模式 ... 75
- 第三节 农业区域品牌的影响力评估 ... 80
- 第四节 广东农业区域品牌推广进行中的四大变化 ... 82

第五章 系统化农业品牌营销策略 ... 87
- 第一节 品牌营销系统 ... 87
- 第二节 品牌营销流程 ... 89
- 第三节 广东凤凰单丛品牌建设策略研究 ... 96

第六章 农产品品牌线上线下结合推广 ... 103
- 第一节 农产品品牌线上及线下推广模式和必要性 ... 103
- 第二节 农产品品牌线上推广方式 ... 107
- 第三节 农产品线下推广方式 ... 113
- 第四节 农产品市场线上及线下相结合 ... 117

第五节　广东农产品品牌线上线下结合推广案例·················125

第七章　广东农产品品牌推广新业态···················133

第一节　会展在农业品牌推广中的作用·····················133
第二节　会展经济下的广东农产品品牌推广·················136
第三节　农业会展下的品牌推广新业态·····················138
第四节　产业大会推广农产品区域品牌·····················148
第五节　交通工具的农产品推广案例·······················153
第六节　品牌活动推广精彩缤纷···························158

第八章　农产品品牌培育·························161

第一节　确保农产品的品牌诚信度·························161
第二节　突出农产品的品牌辨识度·························164
第三节　增强农产品的品牌认知度·························166
第四节　提升农产品的品牌美誉度·························170
第五节　提高农产品的品牌忠诚度·························180
第六节　广东农产品品牌培育成果·························182

第九章　广东农产品区域品牌推广成功案例···············185

第一节　特色优势水果"12221"市场体系建设情况··············185
第二节　广东荔枝·····································189
第三节　徐闻菠萝·····································193
第四节　惠来鲍鱼·····································199
第五节　澄海狮头鹅···································202
第六节　四会兰花·····································204
第七节　梅州蜜柚·····································208
第八节　德庆贡柑·····································210
第九节　潮州凤凰单丛茶·································211
第十节　化州橘红·····································218
第十一节　乐昌黄金奈李·································221

参考文献··224

第一章　品牌推广的理论

第一节　品牌的定位

品牌定位对企业开发、拓展市场起着导航的作用。成功的品牌定位，能够在消费者心中树立鲜明的、独特的品牌个性与形象，为建立品牌竞争优势打下坚实的基础。企业如若不能有效地对品牌进行定位，必然会使产品消失在众多质量、性能及服务雷同的产品当中。因此，准确的品牌定位是目标市场品牌营销成功的关键，是品牌建设的基础，在品牌营销中有着不可估量的作用。

一、品牌定位的定义与意义

（一）品牌定位

品牌定位是指企业在市场细分和调研的基础上，发现或创造出品牌（产品）独特的差异点，并与目标消费者心智中的空白点进行匹配择优，从而确定出一个独特的品牌位置，然后借助整合传播手段在消费者心智中打上深深的烙印，建立起强有力的联想和独特印象的策略性行为。简单讲，品牌定位就是企业规划并向目标消费群体展示品牌（产品）独特性的过程。寻找、沟通和展示自身品牌相对于竞争品牌的差异化优势是品牌定位的核心任务。品牌定位要求品牌（产品）能够满足目标消费群体的需求，能够给他们带来好处或提供购买的理由，显然这种好处或理由来自于独特的品牌利益。

品牌定位是品牌识别的组成部分，它积极地同目标受众沟通，并展示本品牌相对于竞争品牌的优势所在，以获取本品牌的市场竞争优势。品牌定位具有四个显著的特征：组成部分、目标受众、积极沟通、展示优势。品牌识别更为宏观，属于企业战略范畴，对品牌定位起着指导性作用；而品牌定位是品牌识别的具体措施，是针对具体的、不同的目标市场特征，有选择性地实施品牌识别战略计划，因而品牌核心识别元素及其核心价值是品牌定位计划必须遵行的准则。简单地说，两者之间的关系就是"战略—策略"的关系。

（二）品牌定位的意义

在市场竞争异常激烈的环境下，品牌定位之所以受到企业的高度重视，是因为它具有重大意义。

1. 品牌定位有助于消费者记住品牌传达的信息

现代社会是信息社会，人们从睁开眼睛就开始面临信息的轰炸，应接不暇，各种消息、资料、新闻、广告铺天盖地而来。当消费者面对如此多的信息无所适从时，企业的许多媒体宣传可能就付诸流水，起不到任何效果。科学家发现，人只能接受有限的信息，因此企业只有压缩信息，实施准确定位，为自己的产品塑造一个最能打动潜在顾客心理的形象，以区别于同类竞争产品，才是其明智的选择。品牌定位使潜在顾客能够对该品牌产生正确的认识，进而产生品牌偏好和购买行动，它是企业信息成功通向潜在顾客心智的一条途径。

2. 品牌定位是品牌整合营销传播的基础

企业不仅要进行品牌定位，还必须有效地传播品牌定位所设计的整体形象。所谓品牌传播是指企业通过广告、公关等手段将企业设计的品牌形象传递给目标消费者，以期获得消费者的认知和认同，并在其心目中确立一个企业刻意营造的形象过程。品牌定位与品牌传播在时间上存在先后的次序，正是这种先后次序决定了两者之间存在着相互依赖、相互制约的关系。品牌定位是品牌整合营销传播的基础，任何提高品牌知名度的活动都必须以品牌定位为标准。品牌定位信息是通过营销组合策略（4Ps）传递给消费者的，而营销策略只有以品牌定位为中心、为"指挥棒"，才能够让品牌在消费者心目中留下整体的、一致的、独特的形象。

总之，经过多种品牌运营手段的整合运用，品牌定位所确立的品牌整体形象即会驻留在消费者心中，这是品牌营销的结果和目的。企业如果没有正确的品牌定位，无论其产品质量有多高、性价比有多好，无论其使用怎样的促销手段，也不可能成功。可以说，今后的商战将是定位战，将是定位竞争，品牌制胜将是定位的胜利。

（三）消费者心智模式理论

既然品牌定位的目的是要实现与目标消费者心智模式中的空白点进行匹配择优，并在其心智中打上深深的烙印，那么企业首先必须进行消费者行为方面的研究，因为消费者研究是品牌定位的基础性工作。就品牌定位而言，消费者研究的重点有以下三个方面：一是消费者如何感知品牌及其产品；二是消费者接受和理解信息的模式；三是竞争品牌调研。企业必须明确，品牌定位不是去调查竞争品牌做了什么，而是要定位与竞争品牌的差异性，自己要做什么。

从定位角度讲，消费者的心智模式有以下五个特点：一是消费者只能接收有限的信息。从理论上讲人的潜力是无限的。然而，实际情况却一再证明，人类的记忆能力是有限的，"前学后忘"是常见的规律。心理学实验证明，后吸纳的信息会覆盖或置换早期接收到的信息。从定位角度讲，我们不能指望消费者对某个品牌有一个全面的了解，所以要抓住要点和关键点进行品牌定位。

二是消费者好简繁杂。简单就是美，简单就是易于理解，简单也就是容易识别记忆；多了就杂，杂了就不易记忆，消费者不会有兴趣去深究，就有可能被选择性地忽略掉。学生希望老师把复杂的问题通俗地讲解出来，否则无法理解，难以掌握。消费者更是如此，他没有任何义务和责任去记住你这个企业的品牌或产品。因此，品牌名称一定要简单，言简意赅。

三是消费者因缺乏安全感而跟随。美国的消费者如此，中国的消费者更是如此。当然，安全感不仅来自产品本身，而且也来自品牌形象。购买的风险有产品风险、地点风险、价格风险、社交风险等，因此品牌定位应设法减少或消除这些不安全感。

四是消费者对品牌的印象不会轻易改变。这一点很重要，一个品牌一旦在消费者头脑中形成特定形象，有了清晰的定位，就不易改变，而且这种印象越深，改变的难度也就越大。品牌形象贸然改变，导致失败的可能性也就越大。品牌形象的改变是一种战略性的行为，它分为两步走，即先使原有印象淡化和消退，然后使新的形象建立和强化，变得深刻。因此，改变形象比从头开始树立形象风险更大，需要的投入也更多，时间更长。

五是消费者的想法容易因品牌延伸或修改定位而失去焦点。消费者购物建立在对品牌的认知基础上，然而品牌延伸有可能削弱品牌的意义和它的象征，从而使消费者不清楚品牌代表什么而失去焦点。这要求品牌发展要由近及远，从高相关度的产品开始，逐渐铺开，严格把握延伸度问题。品牌的再定位也要策略性地运作，不能引起消费者的心理冲突。

二、品牌定位的原则

品牌定位是针对目标市场上的消费者进行的定位，为了达到定位的目的，品牌定位的策划者和实施者要深刻了解消费者心智和品牌认知模式。同时，企业遵循一些基本的定位原则也是必要的，这有助于企业更好地进行品牌定位。

1. 品牌定位应实现品牌核心价值的差异化

成功的品牌定位策略，首先应能制造差异，制造特色，能使品牌从众多品牌中脱颖而出。

在多姿多彩的现代社会，个性化消费渐成时尚，没有一个品牌可以成为"大众情人"，对所有的消费者都产生吸引力。此外，媒体的信息轰炸，使消费者身处广告海洋的包围之中，一个品牌的核心价值若与其他竞争品牌没有鲜明的差异，就很难引起大家的关注，更别奢望消费者认同与接受了，核心价值缺乏特色的品牌是没有销售力的品牌。高度差异化的核心价值在市场上一亮相，犹如万绿丛中一点红，令消费者眼睛为之一亮，心为之一动。

2. 成功的定位策略应是市场导向型的

任何一件产品不可能满足所有消费者的需求，任何一个品牌只能以部分顾客为其服务对象，才能充分发挥优势，提供更有效的服务。因而明智的企业会根据消费者需求的差别将市场细分，并从中选出具有一定规模和发展前景、符合企业的目标和能力的细分市场作为其目标市场。确定了目标消费者还远远不够，因为这时企业还是处于"一厢情愿"的阶段。企业需要将产品定位在目标消费者所偏爱的位置上，并通过一系列推广活动向目标消费者传达这一定位信息，让消费者注意到这一品牌并感受到它就是自己所需要的，这样才能真正占据消费者的心。如果企业能掌握消费者的所思、所想、所需，投其所好，必能百发百中。因此，企业要想突破信息沟通的障碍，打开消费者的心智之门，关键是要想消费者之所想，要千方百计使传播的信息变成消费者自己想说的话，让他在听到、看到企业的宣传和体验产品的过程中感到满意，由此认为"这正是我所需要的，这就是为我设计的"

3. 品牌定位要简明，抓住关键点

消费者能记住的信息是十分有限的，从本质上他们讨厌复杂，喜欢简单。因此，品牌定位必须简明了。"简单"就是品牌每次只提供有限的信息，多了没用。消费者没有兴趣也没有义务去记住很多有关某品牌的信息，事实上消费者是在无意识地学习、了解品牌信息；"明了"就是消费者不需要费心费力就能知晓并领会品牌定位。因此，企业品牌定位时必须抓住关键点。企业面面俱到，过多罗列品牌产品的优点和特色，希望"东方不亮西方亮"的策略是注定要失败的，这种做法模糊了消费者的认知，也说明品牌定位者并不真正知晓目标市场消费者最关心的问题是什么。所以，品牌定位者应抓住品牌中一两个关键的独特点，用简洁明了的方式表达出来，让消费者易于理解和记忆，产生共鸣。

4. 品牌定位要保持相对的稳定性，并不断强化

品牌定位往往成为人们区分不同品牌产品的有力手段，有时甚至是唯一的手段。根据消费者认知模式理论，品牌定位及由此塑造的品牌形象，是不易改变的，不会轻易被抹去的；但是这种印象由于企业自身的行为不当和竞争者的强有力攻击，又是会模糊的。因此，如果品牌定位不坚持，这个形象就会淡化，一旦竞争者乘虚而入，这个形象就可能淡出消费者视野。因此，坚持就意味着始终保持这一地位，除非消费者消费的观念和价值取向发生改变，否则，坚持是唯一正确的选择。定位刻画了品牌独特的性格或特征，企业只有一以贯之，使其成为品牌的核心内涵，才能真正发挥品牌定位的作用。然而，在品牌运作历史上，一些知名品牌亦想突破品牌原有的定位，却以回归而告终。

当然，需要指出的是，企业坚持品牌定位的一贯性原则，并不否定品牌定位在必要时的修改和再定位。我们在这里强调的是，一旦品牌定位确定下来就不应经常、随意地更改；再就是一个品牌定位成功了，不要轻易更改和扩散，要一以贯之。我们的观点是品牌定位主题不变，但表现方式则应不断丰富、不断现代化。换言之，定位不变，但表现定位的传播方式和解释方式应经常更新，以跟上时代发展的要求。

5. 品牌定位要以情动人，情理交融

怎么样来表达这个原则呢？这是个颇费心思的问题。最早的一种方式是"情理交融，以情动人，以理服人"。第二种表达省去了"以理服人"四个字。最后定下来的表达是"以情动人，情理交融"，强调以情动人。任何企业在品牌定位时都不能忘记这一点，不可忽视这一点。

6. 品牌定位要以图文并茂的方式展现出来

思想基于印象、认知，都是具体的、活生生的，而文字刚好相反，是枯燥的、死板的，因此品牌定位必须图文并茂，尤其要充分利用图像。人们更容易理解图像，而且图像认知具有整体性，不像文字是要逐字逐句地认读，因此成功的品牌定位需要图像的支持。符号学的研究结论表明，每一件东西都有一个隐藏的意义，任何图像都能传递某种信息，一张简单图片能表达出很多意义，它胜过长篇大论。所以，在品牌定位时，品牌定位者应构思一种场景、一个生活画面、一段故事来表达品牌定位，然后用精简的、简练的笔墨来画龙点睛说明或强化这一定位。如此，品牌定位才能让消费者印象深刻，才能在消费者头脑中留下深深的烙印，一旦相应的提示性线索出现，消费者即能联想起这一品牌，而使品牌进入目标消费者的备选集。

三、品牌定位策略

品牌定位策略是进行品牌定位点开发的策略，品牌定位点的开发是从经营者角度挖掘品牌产品的特色的工作。必须强调的是，品牌定位点不是产品定位点，品牌定位点可以高于产品定位点，也可以与产品定位点相一致。品牌定位点的开发不局限于产品本身，它源于产品，但可以超越产品。具体来说，企业可以从品牌产品、目标市场、竞争对手、品牌识别的其他方面及品牌关系等全方位角度去寻找和开发品牌的定位点。

（一）产品定位策略

1. 以产品功能为基点的定位

产品功能是整体产品的核心部分。事实上，产品之所以能为消费者接受，主要是因为它具有一定的功能，能够给消费者带来利益，满足消费者需求。如果某一产品具有独特的功能，能够给消费者带来特有的利益，满足消费者特别的需求，那么品牌就具有了与其他产品品牌较明显的差异化。

2. 以产品外观为基点的定位

产品的外观是消费者最容易辨识的产品特征，也是消费者是否认可、接受某品牌产品的重要依据，产品外观本身就可形成一种市场优势。由此，企业如果选择产品的外观这个消费者最易辨识的产品特征作为品牌定位基点，则会使品牌更具鲜活性。

3. 以产品价格为基点的定位

价格是厂商与消费者之间分割利益的最直接、最显见的指标，也是许多竞争对手在市场竞争中乐于采用的竞争手段。由此推理，价格亦可作为品牌定位的有效工具。企业以价格为基点进行品牌定位，就是借价格高低为消费者留下一个产品高价或低价的形象：一般而言，高价显示消费者事业成功、有较高的社会地位与较强的经济实力，比较容易得到上层消费者的青睐；低价则易赢得大众的芳心。

（二）目标市场定位策略

1. 从使用者角度定位

这种定位点的开发，是把产品和一位用户或一类用户联系起来，直接表达出品牌产品的目标消费者，并排除了其他消费群体。事实上，这种定位往往与品牌产品的利益点是相关的，暗示着品牌产品能为消费者解决某个问题并带来一定的利益。

2. 从消费者购买目的定位

在世界各地，请客送礼是一种普遍的现象，在我国尤为普遍。但有一个区别，在国外，我们从电影电视上看到，送礼人把礼物送给对方后鼓励对方打开来看看送的是什么，并问其是否喜欢；送礼人还会说明为什么选了这个礼品，想表达什么意思。我们国人却与此有所不同，送的礼品往往是包起来的，主人当场不予打开，送礼之人也不鼓励当场打开，也不说明为什么选择这件礼品。基于这一特殊国情，对我国的商家而言，就有一种品牌定位的新开发点：让礼品的品牌开口代送礼人说话。企业从消费者的购买动机寻找定位点，无疑也是一种可取的途径。

3. 从消费者生活方式定位

市场研究表明，企业仅从消费者的自然属性来划分市场就会越来越难以把握目标市场了；而消费者的生活方式、生活态度、心理特性和文化观念变得越来越重要，已成为市场细分的重要变量。因此，从生活方式角度寻找品牌的定位点，成为越来越多企业的选择。针对现代社会消费者追求个性、展现自我的需求，品牌通过定位可以赋予品牌相应的意义，消费者在选购和享用品牌产品的过程中，展示自我，表达个性。

（三）竞争者定位策略

品牌定位，本身就隐含着竞争性。上面提到的定位方法在选择定位时并不直接针对竞争者，而是考虑产品性能、功能性利益、使用场合等因素，然后描述出竞争性品牌在什么位置，再确立本品牌的定位。而企业从品牌的竞争角度定位，则把竞争者作为定位的坐标或基准点，再确定本品牌的定位点。

1. 首次或第一定位

品牌首次或第一定位，就是要寻找没有竞争者的消费者品牌知觉图，在这张图上，打上你这个唯一的品牌。定位论的两位先驱特别看重这种"第一"，列为定位方法之首位。他们强调消费者往往只记住第一，这种第一或首次定位，就是要寻找消费者的空白心智，甚至创造性地发现或制造这种空白点。

2. 关联比附定位

这时的定位点挖掘是以竞争者为参考点，在其周边寻找突破口，同时又与竞争者相联系，尤其是当竞争者是市场领导者时，这种定位能突出相对弱小品牌的地位。具体操作上，品牌定位者要肯定竞争者的位置，然后用"但……"来强调本品牌的特色。

在当前关于品牌是走专业化之路还是走多元化之路的争论中，品牌可从竞争对手的多元化后面另辟蹊径，强调其精益求精、集中精力做好一样产品的专业化特点。当然，真正的专家，不仅专注于一件事，而且要做得比别人精、比别人好、比别人更令人满意，这样才能名副其实。

3. 进攻或防御式定位

关联或比附式定位，其原则往往不是去进攻或排挤已有品牌的位置，而是遵守现有秩序和消费者的认知模式，在现有框架中选择一个相安无事的位置，服务于某个目标市场。但进攻式或防御式定位点是为了侵占其他品牌的地位或防止其他品牌的进攻而采取的定位点。这个定位点，也称为竞争性定位点。

（四）其他品牌定位策略

品牌识别是比品牌定位更本质、更内在的东西。卡菲勒认为品牌定位只是品牌丰富含义及其潜在价值的一部分。品牌识别是其内容与形式、风格与文字、图像与音乐的完整统一体。品牌定位在一定条件下可以调整和再定位，但品牌识别应恒久不变。因此，品牌定位只是品牌识别的一个方面。品牌定位，可以从品牌识别的多个角度去选择定位点，具体来说，可从以下几个角度考虑：

1. 从品牌个性角度定位

品牌的个性可能在品牌设计阶段就已确立，也可能是在品牌监护人的运作下自然形成的。但品牌个性一旦形成，即可以作为品牌的定位点。

2. 从品牌文化特征定位

品牌的文化有品牌自身特有的历史文化，也有品牌来源的地域文化。品牌的文化定位点也可以从几个不同的角度去考虑。

3. 从品牌与消费者之间的关系定位

品牌与消费者的结合点是寻找品牌定位点的又一条途径。品牌与消费者的关系反映了品牌对消费者的态度：是友好、还是乐意帮助，是关心爱护、体贴入微，或是其他态度。

四、一号土猪品牌定位成功案例

广东壹号食品股份公司主要以"一号土猪"为主导品牌，如何成为领军品牌，首要是找准品牌定位。

市场分析定位：中国传统食用猪肉人口超过14亿，其他品类无法撼动猪肉销售的市场分量，但其他猪肉品牌繁多，竞争压力大，如果在众多品牌中脱颖而出，首要定位要另辟蹊径。在猪肉市场品种繁多中将产品明确定位到只做质量安全首位的土猪是"一号土猪"是能准确打动消费者心里的首要途径。

管理模式定位："一号土猪"管理模式是集育种研发、养殖生产、鲜肉销售于一体，采取"公司+基地+专业户+连锁店"全产业链的管理模式，从产地到餐桌全充分整合，是普通的竞争对手无法复制规模化、集团化生产模式。

目标市场定位：土猪肉相对于普通饲料猪肉肉质更好，生产要求、运输要求、质量安全要求更高，成本也就更高，所以目标市场定位在区域内具有一定的消费能力以及对饮食要求相对讲究的高要求阶层。

品牌营销定位："一号土猪"品牌定位一直主打三个口号：好吃、健康、贵，很明显的将自己的猪肉与其他猪肉区分开，打出自己的特色。

目前"一号土猪"已成为广东猪肉的第一品牌，每年更是以翻倍的速度高速增长，收获无数忠实粉丝，年销售额超过5个亿，是不可多得的品牌定位成功案例之一。

一号土猪

第二节　品牌维护

一、品牌维系

品牌维护包括品牌维系和品牌保护两方面行为，其目的是维持、提升品牌竞争力和保护品牌权益，积累品牌资产。

品牌维系是指用于巩固和提高品牌市场地位、声誉的营销活动。品牌维系应以品牌诊断为依据。品牌维系可分为两种形式，即保守型维系和积极型维系。前者包括品牌危机处理和常规品牌维系，也就是企业在经营战略中采取非进取性的用于加强巩固品牌地位和声誉的传播及经营手段；后者包括科技创新、管理创新、营销创新以及品牌形象更新、品牌再定位等，是一种积极地开拓市场和提升品牌形象的进取性战略，其核心是紧随消费者心理变化、市场变化和技术进步，不断创新。

对于企业而言，品牌维系是一个必须长期坚持的过程，需要从每一件具体的业务和业务的细节做起，日积月累才能在消费者心中树立牢固的品牌形象，而稍有不慎则可能满盘皆输，所以，品牌维系要求每一位员工从细节和小事认真做起，从每一天做起。可见，企业员工是品牌维系最好的工具。具体来说，常规的品牌维系主要包括产品保证、质量管理和广告宣传三个方面。

（一）产品保证

产品是品牌的基础，保证产品质量和服务是维系品牌的必要条件。名牌产品在维系其市场地位时，必须从市场需求出发，坚持产品的高质量、优美的外观设计和优质的服务。任何产品质量的设计都要从满足消费者的需要出发，考虑到产品的安全性、耐用性、适用性和新颖性。

安全可靠是消费者对产品质量的最起码的要求。安全性能是否良好，直接关系到产品的市场发展前景和品牌形象。尤其对那些可能造成重大安全问题的产品，比如汽车、充电电池、热水器等，这一点更是至关重要。

结实耐用是产品质量的基本要求。能够长期无故障使用的产品，更容易受到消费者的喜爱。当然，从现在的消费观念来看，耐用性不一定符合时尚性需求的市场发展趋势。

适用性是指企业完全从目标市场的消费者需求出发，调整产品的局部性能，以增加产品对消费者的有用性。有些产品本身融入了许多高科技成分，功能齐全，操作复杂，但多数消费者恐怕只需要其中最基本的某几项功能，而不会尝试使用其他功能。

严格来说，产品的新颖性不能算产品的质量范畴，但从市场竞争角度来看，产品具有新颖的功能往往能使产品的质量明显提高。人们随着生活水平的提高，对美的追求越来越深刻，越来越强烈。企业应积极考虑对产品的设计、包装加以改进，以适应甚至引导消费者的不断更新的审美观，使产品在消费者心目中始终保持美好、新颖的形象，也使品牌在消费者心目中历久常新。

由于现代消费者选择商品，更注重产品之外的附加利益，所以企业要注意加强竞争性配套服务，以增强品牌竞争力，维系品牌地位。

（二）质量管理

"质量第一"是品牌维系的根基。企业要制定切实可行的质量发展目标，积极采用国内外的先进标准，形成一批高质量、高档次的名优产品，提高品牌产品的市场占有率，突出品牌形象。质量管理包括以下三个方面：

一是质量维系。它是通过 SDCA 循环来进行的。S 是标准（Standard），即企业为提高产品质量编制的各种质量标准体系文件；D 是执行（Do），即企业执行质量标准体系；C 是检查（Check），即企业对质量体系的内容审核和各种检查；A 是行动（Action），即企业通过对质量标准体系执行情况的评审，做出相应处置。不断的 SDCA 循环将保证质量体系有效运行，以实现预期的质量目标。

二是质量改进。它是指企业不断提高产品和服务的质量，是通过 PDCA 的循环来实现的。P 是计划（Plan），D 是执行（Do），C 是检查（Check），A 是行动（Action）。质量改进要注意定期更新产品，使产品升级与市场保持一致；保持和发挥产品的特色，以满足不同的消费者；根据市场变化做出迅速、准确的反应，降低成本，提高产品性能。

三是重点分配。企业对品牌的维系应根据品牌的优势，分配产品质量控制和研发更新的重点，以保持产品差异优势。许多拥有多个品牌的企业不可能对每种品牌都投入大量的资金和精力，且对于缺乏竞争力和市场表现差的品牌，这种投入也是不必要的。所以，企业应把管理和创新的重点放在业绩较好的品牌和产品上。

（三）广告宣传

现代广告对企业形象的塑造，企业知名度的提升，独特品牌形象的建立和传播，品牌的推广和维系，起着不可估量的作用。在很多企业的发展中，广告是其翅膀，它能在较短的时间内将品牌信息传递给消费者。合理的费用开支，合理的媒体选择，有效的广告创意及发布，能够不断加深品牌在消费者心中的印象，引导消费者在品牌选择中建立品牌偏好，逐步形成品牌忠诚。

需要强调的是，企业用广告作为引导消费者购物的重要手段，应注意：一是应不断强化品牌声誉。公共舆论的集体效力、专家学者的权威效力对品牌声誉的树立和强化都很有作用。二是应加大广告宣传力度，使产品有形而且有"声"。企业通过品牌广告促进产品销售，通过产品销售提升品牌市场地位。三是应坚持广告宣传的长期化。广告宣传出来的品牌只是知名度较高的准品牌，其市场地位仍然非常脆弱，企业要巩固其品牌地位还需要从产品质量、管理上下功夫，并辅助以持续的广告宣传。此外，现代广告只注重产品功能的介绍，而不把品牌形象放在重要的位置；因为同类产品太多，不同产品可能具有同种功能或类似功能，企业如果只注重产品广告而忽视品牌宣传，就可能使广告为他人做"嫁衣"。

其他的用于品牌日常维系的宣传方法还有促销、公关与宣传、网络营销等。

二、品牌保护

品牌是一项重要的无形资产，尤其是历史性品牌、国内外著名商标更具有极高的品牌价值，是企业的一笔巨大财富。企业必须对自己的品牌进行充分保护，使这笔巨大的无形资产和宝贵财富不受侵犯。

（一）品牌保护的必要性

所谓品牌保护，就是企业对品牌的所有权人、合法使用人的品牌（商标）实施各种保护措施，以防范来自各方面的侵害和侵权行为，它包括品牌的法律保护和品牌的自我保护两种行为。

我们知道，创立一个品牌难，要维护和发展一个品牌更难。如果一个为社会所公认的品牌，企业没有很好地加以维护，则有可能前功尽弃，将品牌毁于一旦，当前我国经济正处于转变经济增长方式与经济结构的关键时期，品牌的作用将越来越重要和突出。但由于某些企业的思想观念和行为还没有完全转变到市场经济轨道上来，对市场经济体制中品牌与经济增长的关系、品牌与企业生存发展的关系、品牌与产品及市场的关系等尚缺乏清晰的认识，因而面对市场中不正当竞争对品牌的强大的冲击，就显得有些盲目被动，束手无策。

市场对国内品牌的冲击主要来自假冒伪劣产品的冲击、国际品牌的冲击和自砸牌子的行为。企业作为使用、保护品牌的主体，应当增强对品牌的自我保护意识，树立对品牌主动保护的观念，并在品牌营销战略的整个实践过程中，采取全方位的、动态的保护措施。

（二）品牌的法律保护

法律保护是品牌保护中的基本手段之一。在我国颁布的《中华人民共和国民法通则》《中华人民共和国商标法》《中华人民共和国专利法》《中华人民共和国反不正当竞争法》《中华人民共和国刑法》《工业产品质量责任条例》等法律法规，对商标的创建、使用和违法惩罚都有明确的规定。对一个企业来说，首先不得具有侵犯他人品牌的违法行为，然后就应根据法律法规，对自己的品牌采取相应的保护措施。

品牌的法律保护，主要涉及两个方面：一是注册权的保护，二是商标权的保护。其中，商标权的保护是品牌保护的核心。商标权是对商标拥有的各种权利的统称，它包括商标专用权、续展权、许可权、转让权、诉讼权和废置权等。

法律的保护具有权威性、严肃性、公正性，把品牌保护纳入法律范围就有了最可靠的法律保障。近年来，我国人民代表大会通过了一系列法律法规，加强了知识产权立法，营造了品牌法律保护的环境。

（三）品牌的自我保护

运用法律手段保护企业拥有的合法权益是实施品牌保护行之有效的手段，但在实践中，受执法力度的局限，品牌法律保护并不是十全十美的保护手段。因此，为了提高品牌保护力度和效果，企业还应注意在品牌营销过程中的自我保护。基本举措包括：

1. 严格管理与持续创新是最重要的自我保护

企业对品牌的自我保护，最重要的是企业对自己严格要求、严格管理和永不自满、不断创新的精神和行动。它们应体现在企业活动的各个方面和全部过程，其目的是为了保持和提升品牌竞争力，使品牌更具活力和生命力，成为市场上的强势品牌。

（1）坚持全面质量管理和全员质量管理

"质量第一"是品牌自我保护的根基。"以质取胜"是永不过时的真理。企业要树立"质量是企业的生命"的观念,并把它贯穿到企业的一切活动和全部过程中,企业要制定切实可行的质量发展目标,积极遵守国际标准和国外先进标准,形成一批高质量、高档次的名优产品,提高名牌产品的市场占有率。企业要建立从产品设计到售后服务全过程的、高效的、完善的质量保证体系,严格执行标准,重视质量检验,加强工艺纪律,搞好全员全过程的质量管理。企业要深入开展全面质量管理、质量改进和降废减损活动,认真贯彻质量管理和质量保证的国家标准,积极推进质量认证工作,并借鉴国外企业科学的质量管理方法,推进"零缺陷"和可靠管理,提高企业的质量管理水平。企业要以市场为导向,面向市场,以满足消费者的需要为目标,建立技术创新体系,加快产品更新换代,努力开发一批适应国内外需求的新产品,全面提高产品档次和质量水平。符合市场需求的高质量,是企业对品牌自我保护的重要法宝。

(2)坚持成本控制和成本管理

企业要在提高效率的同时降低成本费用,取得低成本领先优势,提高品牌的竞争力。低成本优势也是企业对品牌自我保护的又一法宝。如果企业对成本不加控制,疏于管理,那么严重的浪费就会把企业前程葬送。为了控制成本,掌握成本领先优势,企业就必须采用先进技术,提高劳动生产率,使成本降低建立在先进技术的基础上,同时加强企业的资金管理、费用管理、财务管理、物资管理、设备管理、原材料管理、能耗管理和其他管理,把成本降到最低水平。

(3)严格品牌商标管理

企业要防止任意扩大品牌商标使用范围的情况,否则可能会导致品牌信誉度下降而遭受严重损失。

掌握品牌许可使用扩散程度,这也是品牌自我保护的一项重要内容。众所周知,品牌的许可使用能够带来几何倍数效应;但品牌许可使用扩散是有限度的,它不但要受到时间、地点的限制,还要受到品牌自身聚合能力和品牌管理能力的限制。当品牌许可使用扩散程度超过其自身聚合能力时,品牌的综合竞争力就会减弱和消失。也就是说,当品牌失去它原有的质量、技术和服务标准时,那么其对品牌本身的损害也就开始了。在实际经济生活中,的确有一些知名品牌的企业,为了图一时的蝇头小利,随意转让注册商标使用权,过度扩散品牌许可使用权,造成信誉下降,丢失牌子。这都是我们应该牢记的教训,千万不能重犯这样的错误。

(4)创新

创新是企业的灵魂,是企业活力之源,不断创新是企业生存与发展又一重大的永恒课题。创新也是一个系统工程,包括多方面的内容,主要有:

①观念创新。思想观念是行动的先导。没有观念创新就不可能有实践的创新。企业要树立"创新是企业的灵魂"的观念,坚持用创新思维指导实践;要研究社会经济的现状和发展趋势,研究技术与市场结合的方法,掌握最新的市场动态。

②技术创新。技术创新是指企业应用创新的知识和新的加工技术工艺,采用新的生产

方式，提高产品质量，开发生产新的产品，提供新的服务，占据市场并实现市场价值。企业是技术创新的主体。技术创新是企业发展高科技、实现产业化的重要前提。企业要从体制改革入手，激活现有科技资源，加强面向市场的应用研究开发，不断进行技术创新并形成技术领先优势，才能够大大提高企业的品牌竞争力，加强品牌的自我保护。在技术创新过程中，企业要勇于突破，不断否认自己，不断超越自己。

③质量创新。质量不是一个静止的概念，而是一个动态的概念。企业必须紧跟科学技术进步的步伐，不断提高产品的科技含量，满足不断变化的市场需求，使质量创新为消费者所接受。

④管理创新。在加强基础管理的同时，企业要根据新的情况不断引进新的管理理念、管理制度和方法；要通过企业管理实践，创造出新的、有效的管理模式，推动企业管理水平不断提高。

⑤服务创新。服务是永无止境的，企业要在为消费者服务的过程中，不断创新服务内容、服务项目、服务方法，提高服务水平和服务效果，使消费者享受到最好、最满意的服务。

此外，企业还要进行市场创新、组织创新、制度创新等，即全方位、高效地进行创新。只有这样，企业才会有无穷的生命力和永不枯竭的动力，才能不断发展壮大。创新也是企业对自己品牌最好的自我保护手段。

2. 品牌的技术保密性

品牌之所以是品牌，总有它本身的特色，而特色往往是由支撑品牌商品生产经营的技术诀窍、秘方和特殊工艺等专有技术所组成的。某些商品在长期生产经营活动中积累形成的这些"秘密"往往正是决定其品牌能够长盛不衰的奥秘所在。可口可乐是这样，同仁堂也是这样，如果这些技术被泄露，那就会给企业乃至国家、民族带来不可估量的损失。

3. 建立和完善品牌价值专门台账

按我国现行的财务制度，品牌价值增值是不能单独地从财务报表中反映出来的，而企业经营的现实又要求及时了解品牌价值增值的状况以满足资源分配等方面的需要。为此，经营者应当从品牌的长远利益考虑，学习国外企业一贯的做法，以动态的方式把品牌的价值累计单独列账，为品牌从无形资产价值形态转化为独立的有形价值形态从而提供完整的原始经济数据，以便为企业在对外评估时和用品牌对外投资、转让、许可使用或向银行贷款时提供资产依据。这样做不但能有效地维护品牌的价值和声誉，还能扩大品牌的影响。

三、"鹰金钱"品牌维护成功案例

受到疫情反复的影响，不少家庭已经开启了囤货模式。在纳食的终端走访中，发现带有方便属性的自热食品最受消费者青睐。而自热行业内的竞争异常激烈，只靠营销走红的时代已经过去，赛道已经进入到细分品类、生产技术、线上线下渠道能力等方面的角逐。在变幻莫测的市场环境之下，广东"百年老字号"食品品牌鹰金钱凭借在技术、口味、食材方面的三大核心优势，完成了对市场的抢占，做到对品牌的维系与保护。

生产技术上，黑科技自加热率先开启行业升级。虽然自热速食已经走红多年，但目前市场上的自热速食的加热方式仍是"自热包"，加热时间在15-20分钟左右，而且有着一定的危险性。为了改善这一情况，鹰金钱投入大量的人力物力，在潜心研究之后，打造出更安全的一体式加热底座，只需轻转一周即可加热，8分钟内可煮热一罐浓汤，让消费者可以把时间留给家人，把温暖留在身边。

开发口味上，目前开发的双重热门口味，满足大多数消费者的饮用需求，还有若干口味正在开发中，陆续推出。作为来自广东的"国货品牌"，鹰金钱有着百余年的历史，在食饮行业有着相当深厚的"内功"，更加了解消费者的饮食取向，因此，在产品口味的打造上，鹰金钱饱含了广东炖汤的浓浓情意，选择了大众接受程度高、营养又健康的人参花胶汤与自热阿胶花胶汤，好喝的同时也更易于产品铺货销售。

挑选食材上，精选优质原材料，扫码即可以溯源。众所周知，好产品源自好食材，深耕市场多年的鹰金钱深谙其道，在原材料的选择上优中选优，所用的主要原料花胶也已加入中科院溯源系统，扫码即可以溯源，让消费者可以喝的放心与安心。

品牌营销上，鹰金钱开启了全国招商模式，可以说是为市场与经销商投入了一枚"重磅炸弹"，而在过硬的产品力之外，鹰金钱还秉承着与经销商合作共赢的初心，为他们带来了多重优惠福利政策，助力经销商拿下市场。

首先拓宽新媒体营销路径，打开更广阔市场。鹰金钱积极拥抱年轻消费者，率先打破了传统国货的深刻印象，将国潮元素在包装上展现得淋漓尽致，还通过抖音、公众号、视频号等平台与年轻群体互动，进一步打开品牌销售渠道。另外，鹰金钱还重磅签约世界冠军郭丹出任品牌代言人，进一步扩大品牌影响力。日后，厂家还将继续加大营销资源，增加产品曝光，为产品铺货动销奠定基础。

其次手握众多渠道资源，助力产品快速铺货动销！

产品制胜、渠道为王，为了产品更好的动销，鹰金钱在2022年开年之时便加大新渠道的开发力度，加上多年积累的渠道资源，现在品牌已经打通卖场、商超、网吧、餐饮、便利店等多个渠道，与此同时，鹰金钱还支持经销商渠道费用、陈列费用、进场费用并适当给予返利。

成本控制上，于经销商而言，产品品质与渠道至关重要，但利润更是重中之重。纳食了解到，鹰金钱为经销商预留的利润空间普遍高于市场上的同类竞品，让经销商轻松挣钱。

值得注意的是，除了具有爆款潜质的自热汤外，鹰金钱还手握众多优质产品，如午餐肉罐头系列和糖水系列，多款产品相互作用，可以更好地助力经销商打开市场。

俗话说得好，不进则退！在时代的洪流中，鹰金钱能够百年屹立不倒，足以看出品牌的实力，而本次上新的产品，无论是午餐肉罐头还是自热汤亦或是糖水系列，都再一次证明了鹰金钱匠心与用心。

鹰金钱自热汤

第三节 品牌推广的意义

一、品牌推广含义

（一）品牌推广的概念

品牌推广，又称为品牌传播，是指在顾客心中建立预期的品牌知识结构和激发顾客反应的一系列品牌与顾客之间的沟通活动。具体来说，就是企业通过一整套有效率的品牌传播组合工具，诸如广告、公关等，使品牌为广大消费者所熟悉，进而提高品牌知名度、品质认知度和品牌美誉度，建立品牌忠实度，为提升企业竞争力打下坚实的基础。

理论上，品牌推广包含狭义的和广义的品牌推广两层含义。狭义的品牌推广是指品牌知名度的推广，尤其品牌名称是整个品牌推广活动的开端。广义的品牌推广是与品牌资产价值形成有关的所有品牌营销活动。从这个角度看，企业员工及其利益相关者（包括企业的供应商、经销商、服务商、股东及债权人、社区等）是品牌最好的推广者。因此，品牌推广既包括向外的品牌推广，也包括向内的品牌推广。很多企业非常重视向外的品牌推广活动，而忽视了向内的品牌推广活动，使得企业员工及企业利益相关者缺乏有关品牌的基本知识，包括品牌历史、品牌价值、品牌识别、品牌定位以及品牌发展战略目标等。试想一下，如果与品牌直接关联的企业局内人都不清楚品牌是什么的话，他们怎么能够维护品牌形象与权益，企业怎样能够积累品牌资产呢？所以，品牌战略家们必须高度重视品牌内部推广活动及其效果。

品牌推广是产品推广的高级阶段。品牌推广的目的是，以吸引和挽留目标市场顾客为中心，并与其建立起牢固的、排他性的关系，最终扩大品牌产品的销量和积累品牌资产。

品牌推广的意义主要表现在：

①品牌推广有利于建立和强化消费者的品牌认知。品牌推广总是以品牌定位点推广为重心，兼顾其他品牌识别要素，采取整合营销传播手段，选择并使用各种品牌传播工具，使目标顾客建立起有关自己品牌的知识结构，实现品牌定位目标。

②品牌推广有利于满足消费者的心理需要。消费者不仅有物质方面的需要，还有精神方面的需要。现代社会基于物质产品的多样化和同质化，追求精神在消费者心中占据了越来越重要的地位。而品牌推广则较好地满足了顾客这方面的需要，因为它围绕品牌定位展开市场营销活动，以产品为载体，出售的是一种特别的东西，我们称这种东西为品牌个性、品牌内涵。

③品牌推广有利于企业积累品牌资产。因为它不以产品为中心，而以顾客为中心，以寻找、吸引、挽留目标消费者并与他们建立起牢固的排他性合作关系为目的。这种关系一旦建立，就能获得长期稳定的收益。

（二）品牌推广内容和工具的关系

就问题本身而言，品牌推广内容应该包括"品牌推广什么""推广要求达到怎样的目标"这样的问题，即品牌推广对象及其目标。因此，品牌推广的内容是：作为符号的品牌，也就是品牌知名度的推广应该是品牌推广的初始工作，品牌识别元素构成了品牌推广对象的全集；而品牌定位、品牌文化、品牌核心识别元素和品牌价值体现的是品牌推广的焦点。总之，品牌识别系统极大地丰富了品牌的内涵和品牌推广内容的选择空间，加深了顾客对品牌名称等符号的记忆力。

品牌推广工具解决的是"怎么达成既定的目标"的问题，即企业采取哪些工具/方式，来实现品牌推广计划目标。品牌推广工具，除了包括传统的产品促销工具（广告、销售促进、公共关系与公共宣传、人员推销、直接营销）外，还包括员工、品牌价值链成员、品牌代言人、体验店、网络营销、事件营销与赛事赞助等推广方式，此外，产品价格、包装及领导人等也可以作为品牌推广的途径。可见，品牌推广途径十分丰富，企业具体选择哪些工具应该根据品牌推广的对象及其目标来确定，这就是所谓的品牌推广策略问题。

二、信息传播处理模型

传播过程的五个要素，又称为"5W"模式，即"谁（Who）→说什么（Says What）→通过什么渠道（In Which Channel）→对谁（To Whom）→取得什么效果（With What Effects）"。后来学者又增加了反馈和噪声两个要素，使得该传播模式理论更加完善。

从品牌来看，品牌主是品牌信息的发布者，他需要将品牌的有关信息如品牌定位点，以人们能够理解的某种方式如文字、图片、电视画面等表现出来，然后通过传播媒介向目标受众（信息的接收者）传递，最后需要对照事前确定的品牌传播目标检测传播的实际效果，这些检测结果要能及时反馈给信息发布者。整个的信息传播过程都将受到各种因素的干扰（即噪声），使得传播效果无法达到预期的目标，如品牌发布的信息表述不清或者没有突出重点，目标受众没能接收到这些信息，媒介公司对信息表达方式的设计缺乏吸引力，竞争品牌大量模仿或发布更具吸引力的信息等，都可能对品牌主理人所期望达到的效果产生负面影响。

事实上，品牌推广就是企业与顾客就品牌话题展开的互动沟通活动。任何一次沟通活动都将依次经历以下环节，如果上一个步骤中止的话，就不会再有下一个步骤：

第一，展示：他（目标受众，是品牌信息的接收者）必须看到或听到这个品牌沟通宣传。

第二，注意：他必须注意到这个沟通宣传。

第三，理解：他必须理解沟通宣传传递给他的信息。

第四，反应：他必须对沟通宣传所传递的信息做出积极的响应。

第五，打算：他必须根据沟通宣传的信息准备采取行动。

第六，行动：他必须真正地采取购买行动。

所以，企业制订一个成功的沟通方案（使品牌产品最终实现销售），其难点在于以上六个步骤每一步都必须能够实现，否则就是不成功的沟通。所以，企业要将品牌的有关信息传播给目标受众并实现最终目标是一件困难而复杂的工作。为了提高品牌信息传播的有效性，提高品牌沟通的实际效果，企业依据选择性注意、选择性理解和选择性记忆等理论，在传播过程中的各个步骤应该重点加以注意的是：

（1）展示：目标受众喜爱的沟通渠道是什么？也就是说，信息传播者应当清楚地了解自己的沟通对象是通过哪些渠道获取信息的。譬如，某个老年人保健品品牌的营销者就不应该把网络作为传播渠道，而这正是经营青年人用品品牌的营销者的有效沟通渠道。

（2）注意：信息内容和形式与众不同，且要符合受众的"口味"。新奇的信息本身对目标受众具有很强的磁力，对于迅速创建品牌知名度具有很高的价值。同时，信息要符合受众的"口味"，比如品牌代言人——明星、CEO等形象要与目标受众的形象或者他们所期望的形象相一致。

（3）理解：传递的信息要通俗易懂，符合当地的语言习惯效果会更好。如果你看到某品牌红酒的电视广告是一位来自法国的酿造大师说着一大堆法语向你介绍该品牌，你做何感想呢？有多少中国人懂法语？品牌传播一定要使用当地人能够识别的语言文字，而且越通俗易懂、越本土化，效果越好，这就是为什么广告中大量使用隐喻技术和方言的原因，因为他们无形中拉近了品牌与顾客之间的关系。

（4）反应：信息要和目标市场顾客的文化传统相匹配。品牌传播的信息一定要符合当地人的价值观、风俗习惯、宗教文化，这样品牌才能够被当地人接受。

（5）打算：品牌定位要填补顾客心智空白点。心智空白点是顾客想得到，而没有得到的东西。品牌定位填补了顾客心智空白点，可以使顾客感受到：这个品牌产品所提供的东西正是我一直想要的，好像是为我定制的。

（6）行动：传播的信息要具有煽动性和刺激行动的作用。

三、品牌推广模式

（一）单品牌推广模式

顾名思义，单品牌推广是指一个或多个品牌独立进行各自品牌推广活动。对于实施单一品牌战略的企业来说，就是在所有的品牌宣传、推广中使用统一的品牌名称，但在该品牌名下可以有多个系列或多个品种的产品。这是目前常见的一种品牌推广模式。这种模式的优点在于品牌名称突出，有利于企业创建统一的品牌形象，有利于产品线的延伸，有利于集中营销资源，取得品牌规模效益。这种模式的缺点在于随着品牌名下产品线数量的增多，品牌识别与价值体现将变得模糊不清，市场不知道品牌到底是干什么的。品牌名称覆盖的范围越广，问题就越突出。因为顾客有许多品牌可供选择，当然不会花精力去琢磨你这个品牌代表什么。另外，企业使用统一的品牌推广主题，必然会抹杀各种产品的特性，使得顾客区分品牌产品变得十分困难，并且当一种产品出现问题时，必然会殃及企业其他产品。

另一种情况是，如果厂商拥有多个品牌，每一个品牌各自独立地进行品牌推广活动，就极可能导致各个品牌之间的推广活动方案不协调、目标不一致的情况，引起企业资源浪费，而且企业整体品牌推广效果也会不好。假设，同属于一个汽车制造商的两个汽车品牌，一个汽车品牌在进行品质形象方面的塑造，而另一个汽车品牌则在大肆进行降价促销活动。你看到这种情形会做何感想呢？因此，对于实施品牌组合战略的企业来说，协同组织各品牌推广活动是十分必要和重要的事情。

（二）品牌联合推广模式

如今，越来越多的品牌采用品牌联合推广模式，英特尔、可口可乐、麦当劳等因此而获得了成功。该模式是指品牌营销者从提升品牌价值，促进产品销售的目的出发，借助多个品牌联合向消费者提供产品或服务的推广模式。这些品牌既可以是来自内部的品牌，也可以是同外部企业品牌的联合。与单一品牌推广模式相比，品牌联合推广模式可以借助内外品牌优势，从战术层面的广告宣传、公关活动和促销活动到战略层面上的品牌联盟、品牌规划发挥协同优势和效应，从而丰富品牌内涵，提升品牌形象，同时，可以强化品牌个性，突出差异化，为目标消费者提供更具价值的产品和服务。

品牌联合推广模式分为横向联合型和纵向联合型。横向联合型大多是联合品牌基于某一目标市场，进行小范围局部的、短时期的推广活动。

（三）纵联品牌推广模式

纵联品牌推广是指生产者控制着整个品牌增值过程，从产品开发直到商品零售。其中，最具代表性的是生产者将自己的品牌产品在专卖店进行销售。这一模式在服装、药品、食品、化妆品、家电、汽车等许多行业较为流行，如"阿迪达斯"品牌专卖店遍及世界各地。

传统的品牌经营只注重产品的开发、设计、制造，然后销售给零售商，并提供售后服务。与广告宣传相比，纵联品牌推广具有一定的优势。首先，它可以更好地了解和满足顾客的需求。由于生产者能够接收市场信息的源头，因此能够直接听取顾客对产品及服务的各种反映，并及时、准确的反馈给企业内部各部门，避免做出盲目的决策，从而对市场需求变化做出快速灵活的反应。其次，它可以降低成本。纵联品牌推广避免了生产商、批发商、零售商三者之间的摩擦成本，并把这种成本所获得的实惠传递给消费者，提升品牌竞争力；能够有效进行市场细分和物流配送，减少时间上的延误成本；同时，减少了顾客维护成本，最终提高顾客忠诚度。最后，它有利于突出和提升品牌形象。纵联品牌具有统一的店面形象，统一的广告制作与发布，统一的员工形象，而且还具有统一的企业理念，对消费者形成了强烈的视觉效果和环境氛围，增加了亲和感和信任感。

（四）直销推广模式

传统的消费品制造商，都是以中间商作为产品销售的渠道，经由批发商、零售商传递到消费者手中。而雅芳则在20世纪40年代的时候，首开直销推广方式。产品由雅芳小姐通过组织朋友家庭聚会等方式进行推广销售，并给予相应的培训与指导，取得了巨大的成功。如今，这一模式进一步发展，戴尔及淘宝网上各品牌的网上直销便是这种模式在信息时代的发扬光大。

（五）柔性推广模式

柔性推广又名模块推广，该模式源于现代生产方式中的柔性生产品线的先进生产组织方式。它将品牌形象、价值、个性分成若干个模块，又进一步将这些模块组合成"核心模块"和"选择性模块"两类。核心模块是企业不论在何时何地都必须遵守的方法与规则，选择性模块则允许企业根据不同的市场需求、消费习惯、风俗、文化背景灵活地对其加以掌握，然后再把二者进行有效的组合。这样做的好处是，既保证了品牌核心竞争力的稳定性，又能最大限度兼顾不同消费者的多样化需求，最大限度地争取更多的消费者，使同一品牌在不同市场上保持共性的前提下发挥个性。例如，麦当劳在世界各地进行品牌推广时始终遵循"QSCV"的经营原则，Q代表品质（Quality），S代表服务（Service），C代表清洁（Cleanness），V代表价值（Value）。这些原则就是麦当劳品牌推广的核心模块，是麦当劳品牌形象的核心，是在任何时候、任何地方都不得改变的。它使得人们不论在任何时候、任何地方，都能很自然地把麦当劳与"Q""S""C""V"联系在一起。同时，麦当劳公司又根据不同消费群体的文化背景、风俗习惯采取了具有一定差异的经营方针、措施。这些方针措施就是麦当劳的"选择性模块"。

四、广东农产品12221市场建设体系的意义

为更好地做好广东农产品品牌推广，广东省农业农村厅创新建立了广东农产品12221市场建设体系，即推出"1"个农产品大数据，组建销区采购商和培养产区经纪人"2"支

队伍，拓展销区和产区"2"大市场，策划采购商走进产区和农产品走进大市场"2"场活动，实现品牌打造、销量提升、市场引导、品种改良、农民致富等"1"揽子目标。

我国作为农业大国，在全球经济一体化发展不断深入的背景下，越来越多国家竞相将农产品出口至我国，国外农产品不论是在品质、价值，还是在包装等方面，都表现出十分突出的竞争力，由此让我国农产品不仅要与国内知名品牌进行竞争，还要迎接来自世界各地优质农产品的挑战。因此必须要加强农产品品牌建设，提升农产品品牌知名度、科技含量、品质，切实提升品牌价值，使其在激烈市场竞争中能够脱颖而出。近年来，广东农产品品牌建设收获了显著成果，现通过对以下几个广东特色农产品品牌建设经验的介绍，以探析广东农产品品牌建设的意义：

一是创新农业品牌建设，促进区域经济发展。广东通过创新农产品品牌建设模式，促进人们对农产品品牌的认知水平，进一步推动区域经济发展。以广东惠来为例，2020年，惠来开创性地推出了"网络节＋云展会"模式，借助云端技术，推进了惠来鲍鱼、惠来凤梨品牌建设，由此让默默无闻的惠来鲍鱼，在开展鲍鱼国际"网络节＋云展会"后，迅速迎来了世界各地的订单，创造了良好的经济效益。基于此，2021年及2022年两年期间，惠来"网络节＋云展会"进一步升级，以线上线下相结合的模式开展了15项活动，深入探索了"网络节＋云展会"模式。活动紧抓产区与销区两大市场，多元化丰富"网络节＋云展会"展现形式，创新引入农产品拍卖、中英泰三语微综艺直播、村播达人直播带货、名人代言、靶向推广等方式集中打造惠来鲍鱼、惠来凤梨、惠来荔枝、隆江猪脚、惠来鱼丸"惠来五宝"，充分应用数字农业新技术、新模式、新动能，加快探索惠来"网络节＋云展会"2.0到3.0模式。截至目前，全网2000多万直播流量直达C端、80147名采购商在线围观系列云展会、云直播、云拍卖及云对接促成交易超400万元，进一步丰富了广东农产品"12221"市场体系及数字农业建设内容，以此推进了包括等特色农产品在内的"惠来五宝"品牌建设，进一步提升了地方农产品品牌价值，推动了区域经济发展。

首届惠来鲍鱼国际"网络节＋云展会"

二是创新农业品牌建设，促进聚集消费群体。有别于其他品牌，农产品品牌不仅是消费者了解农产品品质、营养成分等属性的重要因素，消费者还可基于农产品品牌的包装、营销等形成对农产品的深入了解，因此，农产品品牌建设对聚集消费群体，提升消费群体对农产品品牌的忠诚度具有十分重要的意义。以广东高州为例，随着近年来高州荔枝龙眼品牌化建设的不断推进，全国每10颗龙眼就有1颗来自高州，在高州市分界镇，2022年储良母树采摘权在经过80余次激烈竞价后，以73万元高价成交。全长39公里，坐拥48个景点、六大精品村的全国乡村旅游精品线路、甜美果海示范带上人气满满、龙眼鲜果的香甜与烘焙桂圆肉散发的阵阵浓香互相交织……通过农业品牌的建设，不论是采购商、从业者，还是消费者都明显增多。正是凭借农产品品牌建设，促使当地从业者、消费者不断增多，进一步构建起良好的市场良性循环。

三是创新农产品品牌建设，促进带动其他产业发展。2019年初疫情期间，广东徐闻菠萝市场行情十分低落，10万亩菠萝滞销，大量徐闻菠萝烂在田间，无法销售。伴随广东推行"12221"行动以来，徐闻菠萝开展了菠萝高铁专列进京、徐闻喊全球吃菠萝等各种营销活动，由此显著提升了徐闻菠萝的知名度。徐闻菠萝品牌的建设，推动了菠萝价格的增长，由原来田头价0.4元1斤增加到现在可达3.6元1斤，不止解决了农民增收，扩大了品牌的社会影响力，而因菠萝营销带来的采购对接会、物流冷链企业入驻、快递公司进场，百万网红直播带货、旅游线路开发、土地扩种等等发展，让徐闻这片"菠萝的海"名扬中外，带动其他产业发展。

徐闻菠萝丰收

这是一个完整的市场理念成为近年来极为成功的品牌推广市场管理运行模式。这一大圈中,将农业生产到营销的过程全部包含其中,有层次、有步骤地对新时代下农业发展方向做出指引。在12221市场体系的引导下,地区农业经济效益得到有效提升,农业发展朝着产业化、市场化、国际化和数字化的道路不断发展。

第二章 品牌文化

第一节 品牌文化概念

一、品牌文化的物质属性

（一）起源：图腾文化

所谓"图腾文化"，就是由图腾观念衍生的种种文化现象，也就是原始时期的人们把图腾当作亲属、祖先或保护神之后，为了表示自己对图腾的崇敬而产生的各种文化现象。图腾文化是人类历史上最古老、最奇特的文化现象之一，图腾文化的核心是图腾观念。图腾观念激发了原始人的想象力和创造力，逐步滋生了图腾名称、图腾标志、图腾禁忌、图腾仪式、图腾生育信仰、图腾化身信仰、图腾圣物、图腾圣地、图腾神话以及图腾艺术等，从而形成了一种独具一格、绚丽多彩的图腾文化。

用一种动物、植物或符号、物象来形象地表达企业文化，目前正成为一种企业风潮，称为"企业文化的图腾化运动"。如 IBM 国际化的世界 500 强企业比较青睐于将自己比喻成大象，推崇大象的"诚信、实力、稳健、敏锐、团队与和谐共生的品质"；土生土长的华为则将自己比喻成土狼，希望团队具有"狼性"，能够像狼那样富有攻击性和战斗力；蒙牛追求的则是牛的朴实与奉献精神：吃的是草，挤出来的是奶。

图腾文化应用在企业的品牌文化中，就是品牌文化的物质属性，图腾文化是品牌文化的物质属性的起源。品牌文化的物质属性由产品和品牌的各种物质表现方式等构成，它反映的是品牌的理念、价值观和精神面貌，处于品牌文化的最外层，但却集中表现了一个品牌在社会中的外在形象。顾客对品牌的认识主要来自品牌文化的物质属性，它是品牌对消费者最直接的影响要素。因此，它是消费者和社会对一个品牌总体评价的起点。消费者了解一个品牌，首先就是从它的物质属性开始的。一个有影响力的品牌，它的各种物质表现形式（如广告、商标、包装等）发挥着巨大的作用。

（二）商业竞争与广告文化

广告本质上是一种文化现象，它像一只无形的手，深深地影响着消费者的消费意识和审美心理。从文化上说，广告传达给消费者的不仅仅是某种商品的相关信息，更是一种生活方式和精神追求。广告活动不仅仅是一种经济活动,而且是一种文化交流,它像一只无形的手左右着人们的生活方式和消费习惯。广告文化从属于商业文化和亚文化,同时包含商品文化和营销文化。商品本身就是一种文化载体,文化通过商品传播,商品通过文化增值。广告文化是品牌文化的一种物质属性,那么我们应该如何通过广告文化来传播品牌文化,进而提升文化产品的竞争力呢?

广告文化是蕴涵在广告运动过程中的,逐渐被人们所接受和认同的价值观念、风俗习惯等生活方式的总和,是以广告为载体,以推销为活动,以改变人们的消费观念和行为为宗旨的一种文化传播形式。广告的传播过程就是一个人们共享社会文化的过程,也是一个社会价值观念不断被传送、强化和公众接受社会文化教化的过程。

广告文化的结构与层次是一个复杂的综合体。我们可以认为,它大致由三个部分组成,即广告物质财富、广告精神产品和广告心理。广告物质财富主要包含了广告文化要素的物化形态。例如为制作发布广告而设置的媒介物、仪器设备、工作场所等。广告精神产品包含以下方面:规范广告行为的组织制度、法规、条例等;广告作品及其评价;关于广告行为认识的物化形态,如著作、研究报告等;广告知识的推广。广告心理是指存在于广告行为主客体内的概念,如价值观、思维方式、审美趣味、道德观念、宗教情感及民族性格等。广告心理是整个广告文化结构中极其稳定的一部分,时时在广告中得以体现。

基于广告文化这三个组成部分我们就可以相应地从以下五个方面来传播品牌文化:①选择恰当的广告媒介。②制定合理的广告行为制度、法规、条例等。③发表对广告作品进行评价的相关研究报告或著作。④对广告知识进行推广。⑤针对目标客户的消费心理及审美偏好,融入恰当的文化内涵和价值观念。

(三)商业竞争与包装文化

包装文化,一般被界定为文化和商品包装相结合、相融汇,在商品包装活动中创造出的物质成果和精神成果的总称,体现于包装设计、包装技法、包装结构、包装装潢、包装工艺过程等。包装文化的内涵是指通过商品包装反映出来的人类所创造的精神生活的发展成果和精神生产的进步状态,就是通过商品包装所表达和折射出来的思维蕴涵、道德蕴涵、法律蕴涵、文艺蕴涵等多方面内容的总和。包装文化,从一定意义上来说,即是人的包装经济活动及其结果。所以,包装文化有着重要的经济意义。在商品经济时代,包装文化体现为获利文化,包装文化的最终经济功能和经济意义不仅是物品使用价值的保存,还是为了获得交换价值,占领市场,取得竞争优势。

包装文化体现了企业创新与经营的各个环节,所以在设计中,一方面,要从产品的内在工作做起,借助产品自身的文化特征和产品的文化背景去获得消费者的认可;另一方面,包装设计作品也不能一味地追求独特的个性,因为所有的商业活动都是围绕人而展开的,所以在包装设计之前要进行充分的市场调研,以便能切实地把握消费者对产品特色的需求。

现代社会的节奏越来越快,人们始终处于高度兴奋的状态,在包装设计时就要注意到这一点，尽量设计出平和、清新的包装。

企业产品的形象还应该由内在包装逐渐向外在包装展开。一般来说，内在包装是指厂名、产品包装和员工着装等；而外在包装是指企业开展的树立企业形象、融合企业外部关系的文化活动，也称外在文化包装，如企业策划创办报刊、参加公益活动等。

利用包装文化进行营销，从而提高产品的市场竞争力的策略有很多种，概括起来主要有以下几点：①分档包装策略。就是把同一类产品的包装分为高、中、低和大、中、小若干档次，以适应不同消费者的需要。②零整结合策略。这主要是针对不同种类或不同规格的一系列商品而言的，可分为单个包装和组合包装。所谓单个包装就是我们前面所说的个体包装，即对某一商品进行的单个包装。而组合包装是指把集中商品组合在一个包装中的包装。③复用包装策略。复用包装，就是指能够重复使用的包装。复用包装一般又可以分为两种：一种用途相同的重复使用的包装，如酒瓶、饮料等，回收以后还能再次使用，可以减少材料的消耗；另一种是顾客购买的商品使用以后可以移作他用的包装，如瓶装果酱，当果酱吃完以后，瓶子可以用作茶具；装月饼、饼干之类的盒子，可以用来放糖果等其他物品。④附赠包装策略。这是目前市场上比较流行的包装策略。如在市场上购买玩具、糖果等商品，附赠连环画、小玩具等；化妆包中附有奖券，集满后可得到不同的赠品；有些商品，在顾客购买后还可赠送一个手提袋之类的物品，既方便了顾客携带，又为自己的产品打了广告。⑤家庭包装策略。所谓"家庭包装"，就是指商品生产者或销售者为了突出本单位生产、销售的商品的形象，对企业所有的商品，采用统一的、独具特色的包装风格、包装图案、包装色泽。例如，可口可乐，不管什么型号、品种的产品，其包装均采用基本相似的颜色、图案等。⑥改变包装策略。一般来说，对于企业来说，频繁改变商品的包装是不利的，因为一种商品的包装在市场上流传久了就会给消费者留下深刻印象，形成一种购买习惯。一旦企业改变商品的包装，就会使消费者对商品产生一种陌生感，使消费者拒绝接受。因此企业不在万不得已的情况下是不宜改变旧的包装的。这种策略主要适用于：当该商品的质量出了问题，在顾客心目中声誉不佳之时；虽然质量尚好，但同类产品竞争者众多，该产品久久打不开销售局面之时；销售面尚好，但这种包装使用已久，在消费者心中产生陈旧感之时。

二、品牌文化的精神属性

（一）品牌文化：商号与商誉

商号即厂商字号，或企业名称。商号作为企业特定化的标志，是企业具有法律人格的表现。商号在核准登记后，可以在牌匾、合同及商品包装等方面使用。商号的专有使用具有时间性的特点，只在所依附的厂商消亡时才随之终止。在一些生产厂家中，某种文字、图形即是商号，又用来作为商标。但对于大多数厂商来说，商号与商标是各不相同的。一般而言，商标必须与其所依附的特定商品相联系而存在，而商号则必须与生产或经营该商品的特定厂商相联系而存在。

商誉是指能在未来期间为企业经营带来超额利润的潜在经济价值,或一家企业预期的获利能力超过可辨认资产正常获利能力(如社会平均投资回报率)的资本化价值。商誉是企业整体价值的组成部分。在企业合并时,它是购买企业投资成本超过被合并企业净资产公允价值的部分。

1. 商号影响商誉

商号是商誉的载体。商号是企业的特定名称,是其主体资格的外在表现形式,是企业在营业中用于区别其他企业的标识。商号可使企业特定化和人格化,而且它具有重要的识别价值。企业长期使用某一商号,它经营的产品或服务的质量和信誉便会得到人们的认同和信赖,从而起到维系顾客和扩大服务的作用,即商号维系和反映了企业的商业信誉。商誉是社会成员对企业经营能力、资信状况、服务质量等整体经营素质的评价。商誉是企业的总体商业形象,商誉良好意味着社会成员对某一企业的经营能力、资信状况、服务质量具有良好的评价;意味着商业主体的市场优势和消费者的较高忠诚度,能够给企业带来无限的财富,从而具有财产属性。但商誉本身不具有识别性,它伴随着每一个企业的第一项经营活动而产生。为了防止企业竞争"搭便车"的行为,商誉必须寻找具有识别价值的具体载体。这样,尽管商誉的抽象性使其无法直接受到法律保护,但是可以借助于具体的载体来实现法律对它的间接保护。商号以特定的文字形式存在,具有具体的特征。商号具有识别功能的特性使其能够充当商誉的载体,商号的识别功能能将商誉固定化、特定化于某一个企业之上,从而使得不同企业的商誉仅为本身服务,得以排除其他企业"搭便车"的可能性。

2. 商号与商誉体现品牌文化的形式

商号与商誉同属于企业的无形资产,是品牌文化的精神属性部分。

商号是商誉的载体,具有识别价值,通常由特定的文字或者图案来呈现,在一些企业中,某种文字、图案等既可以是商号,也可以是商标。商标是用来区分商品的,代表着商品的信誉;而商号是用来区分企业的,代表着厂商的信誉。两者经常出现在同一商品中,商号在有的情况下也可以成为商标的一个组成部分,或者两者就是同一内容。消费者从这样的商品中一般就可以很直观地了解到这个企业的主要产品是什么,企业所展现的是一种怎样的品牌文化。

商誉更多体现的是一种经济价值。一个品牌的经济价值就体现在它的商誉上面。商誉的本质是企业的一种无形资产,它是由优越的地理位置、良好的企业声誉、广泛的社会关系、卓越的管理队伍和优秀的员工等构成的。商誉作为一种无形资产,它所具有的价值是可以被评估的,商誉评估是资产评估学的重要课题。商誉作为品牌文化的精神属性,它的价值同样体现着一个企业的品牌价值。商誉良好意味着社会成员对某一企业的经营能力、资信状况、服务质量具有良好的评价,意味着商事主体的市场优势和消费者的较高忠诚度,同样也意味着企业的品牌文化具有良好的经济价值性。

（二）品牌文化：艺术与审美

品牌文化的另一种精神属性是它的艺术与审美。品牌文化作为一种文化现象，必然具有它的文化艺术性与审美情趣。商品对消费者来说，不仅仅是一种使用价值，更重要的是附着在其中的非经济价值。尤其是进入以消费者为主导的商品时代以来，品牌的非经济价值更多地体现在商品的审美价值上，品牌的审美价值越来越受到企业和消费者的重视。

品牌文化的艺术性与审美价值在于它能够给予消费者一种愉悦、欢乐的内心感受，具体而言，品牌文化的艺术与审美可以通过以下三种途径来展现：

1. 寓意

寓意或叫含义，一个品牌的视觉形象并不直接与其宣传、广告内容具有相关性，而是通过赋予某种含义，将情感充分地表现于形象中。其艺术价值在于人们情感的推动，达到一种探讨曲径通幽的美感。因为人们在了解品牌的过程中感受到一种强烈的智慧参与感，感受到认得本质力量的高度展开和认可，从而获得一种自我尊重和自我实现的心理体验，精神上得到满足的愉悦。成功的品牌形象能够恰到好处地诉诸人们的审美情趣，引发人们的美感，并将这种不断追求美德情感转移到与意境相连的商品上，从而引导消费者去接近某种感情，体验某种情绪，品味某种生活，给人隽永的回味。品牌文化的塑造与传播需要运用美学原理创造其艺术性和审美情趣，对企业及商品的形象赋予美的情感，使品牌达到与审美的统一。

2. 温情

情感是与人类社会历史进程中所产生的社会性需要相联系的体验。因为人是最富有感情的动物，在情感付出、情感享受、情感幻想方面具有特殊的需求。随着现代社会的发展，当今人们的消费需求已不仅仅局限于低层次的生理的需求，对于朋友、父母、子女之爱的情感需求成为人们消费需求中一个极其重要的方面。情感诉求方面最为典型的手法是表现人情味。表现家庭的温馨与和睦、血脉相连的亲人之情、朋友之间的友谊之情、恋人之间的爱情以及对弱者和不幸者的怜悯之情，通过这些人们所熟知的感情，把产品的特性融入其中，以情感为载体使人们对产品和品牌产生亲近感，缩短了品牌与消费者之间的心理距离，贴近了生活。

3. 人文关怀

在品牌传播中，由于企业及产品的信息是宣传的核心，带有强烈的商业色彩，有时会使群体产生抵触心理。因此，如果能注入一定的情感因素，运用审美情感进行包装，创造浓烈的情感氛围和情节，就会在物性（产品个性）和人性（消费者生理需求和心理渴望）之间搭建起沟通的桥梁，从而大大减少商业气息，变商业化为人情化，增强品牌的传播效应。现代意识的核心是人本主义，它从人性角度关怀人的状态、人格实现和精神需求，以人性、人文关怀为本，真诚地尊重人、关爱人，这是现代品牌传播的发展趋势。现代品牌不能只把消费者看成消费者，而要将他们视为生活者，真诚地关怀他们的生存状态，融入受众的精神世界，成为他们的知心朋友和生活导师，从而达到有效的心理沟通。

(三)品牌文化与提升企业软实力

软实力是一种"使他人产生与自己相同的偏好"的能力，是一种"建立偏好"的能力。这种能力更倾向于同无形的资源相联系，如文化、意识形态和制度。

企业软实力的概念目前还缺乏明确的界定，我们认为企业软实力是一个能力体系，但它可以外在地表现为企业资源、竞争优势的重构，进而带来企业竞争力的演化。提出企业软实力的意义在于它强调了以往企业能力体系中被人们忽视或尚未开发的一部分，而这部分正在成为未来社会发展的需求点和企业成长、竞争的关键要素。更重要的是，这种重构必将给企业带来战略思维和行为方式的转变。

那么，企业软实力究竟是什么？我们认为企业软实力是在一定的竞争环境中，作为社会行为主体的企业，为了达到自身的目的和满足利益相关群体的需要，在拥有、运行特定资源的基础上，以一定的传播方式获取企业利益相关者的价值认同，是它们产生企业预期行为的能力及过程。通过塑造品牌文化来提升企业软实力的方法。

1. 制定品牌战略

品牌战略是企业对围绕品牌展开的形象塑造活动所进行的全局性谋划和设计，是企业品牌活动的总纲和统帅。一般来说，有以下几个战略环节：战略目标、战略定位（品牌定位）、品牌决策、品牌的传播与推广、品牌的管理与维护，企业应该分析自身的实力与资源（SWOT分析），确定适应企业实际情况、符合企业总体发展目标的品牌战略。

2. 融入核心价值

人无灵魂，则如行尸走肉。品牌缺少核心价值则无法体现品牌个性，不能触动消费者的内心世界。品牌核心价值使消费者明确、清晰地识别并记住品牌的利益点和个性，是促使顾客认同、维系顾客忠诚的主要手段。核心价值具有两项基本特征：①个性鲜明、与众不同，即高度差异化。品牌的其中一项基本功能就是产品和服务的识别，与众不同才能引起关注。②拨动消费者的心弦。人性化的核心价值具有很强的感染力，能够引起消费者的共鸣，产生认同并喜爱品牌。

3. 致力于专业

商场如战场，没有一个企业在各个方面都技高一筹，企业应"以己之长，克人之短"。具体来说，就是运用核心能力，集中优势资源，开发核心产品，培育旗帜品牌。

4. 建立品牌联盟

品牌联盟又称品牌联合，是指两个或多个品牌相互联合、相互借势，以实现"1+1＞2"的做法。通过品牌联盟实现优势互补，提高各自品牌的核心竞争力。

第二节　品牌文化建设

一、品牌与认知度管理

（一）认知度

消费者对品牌由知之甚少到认同乃至最终内化的过程就是品牌的成长过程，即品牌会经历品牌认知、品牌联想、品牌美誉，以及品牌忠诚的发展阶段。显然品牌认知是品牌发展过程的基础，下面来介绍一下关于认知度的内容。

品牌认知度是指消费者对品牌的了解、记忆和识别的程度，具体表现为消费者在想到某一类产品时，在脑海中想起和辨别出某一产品品牌的程度。

品牌认知度由品牌再认和品牌回忆构成。品牌再认（Brand Recognition）是指消费者通过品牌暗示，确认之前见过该品牌的能力。换句话说，品牌再认是顾客来到商店时能够辨别出以前见过的某一种品牌的能力。品牌回忆（Brand Recall）是指在给出品类、购买和使用情景等暗示性的条件下，消费者在记忆中找出该品牌的能力。

对不同类别的产品，品牌在任何品牌回忆的重要程度会有所不同。研究表明，对于在销售点销售的产品，品牌再认非常重要，因为产品的品牌名称、标识、包装等元素清晰可见。对于不在销售点销售的产品，品牌回忆将会起到关键性作用。例如，对服务和在线产品来说，品牌回忆至关重要，因为消费者会主动寻找品牌，并将合适的品牌从记忆中搜寻出来。

（二）品牌柔性管理

柔性管理（Soft Management）从本质上说是一种对"稳定和变化"进行管理的新方略。柔性管理理念的确立，以思维方式从线性到非线性的转变为前提。线性思维的特征是历时性，而非线性思维的特征是共识性，也就是同步转型。从表面混乱的繁杂现象中看出事物发展和演变的自然秩序，洞悉下一步前进的方向，识别潜在的、未知的需要开拓的市场，进而预见变化并自动应付变化，这就是柔性管理的任务。

柔性管理以"人性化"为标志，强调跳跃和变化、速度和反应、灵敏和弹性，它注重平等和尊重、创造和直觉、主动和企业精神、远见和价值控制，它依据信息共享、虚拟整合、竞争性合作、差异性互补、虚拟实践社团等，实现管理和运营知识由隐性到显性的转化，从而创造竞争优势。

平台柔性管理顾名思义就是用柔性管理的方式方法来管理品牌，用跳跃、变化、灵活、富有弹性的手段来对品牌进行有效的管理，使品牌运营在整个企业管理的过程中起到良好的驱动作用，不断提高企业的核心价值和扩大品牌资产，为品牌的长期发展打下基础。

(三)品牌文化管理模式

品牌文化管理是品牌文化建设的重要任务,是品牌塑造的主要内容。品牌文化管理与品牌形象在公众中的优秀传播率、形象吸引力、品牌忠诚度、销售增长率、市场占有扩大率紧密相关,同时,品牌文化管理也是企业品牌价值提升的重要环节。

在品牌创建中,企业要始终围绕品牌精神实施品牌战略计划,保持品牌战略的高度统一。品牌塑造是持久的工作,品牌是靠一个一个的行为积累而形成的,所以品牌文化塑造最重要的是坚持。坚持不懈、日积月累是品牌文化管理工作的主要标准。

1. 强化品牌个性

品牌个性是品牌间相互区别的特征,是品牌营销的出发点。品牌个性是差异化的核心,是品牌区别于竞争对手、突出竞争优势的主要内容。在品牌营销中,企业要寻求准确的品牌特性,并将其贯穿于品牌文化塑造的各个方面。

2. 强化品牌形象

品牌形象是其在消费者和社会公众心目中的形象,是外界看待品牌的方式。品牌形象会影响消费者对品牌的态度,进而影响消费者的消费选择和消费行为。良好的品牌形象可以缩短品牌与消费者之间的距离,有助于产品销售。

3. 维护品牌的一致性

在品牌塑造过程中,除了不断强化品牌个性外,还要保持品牌的一致性。一是所有要素的一致,即在视觉输出和传播上保持一致。二是品牌营销行为的统一,即品牌形象贵在营销传播,每一次营销行为都要为品牌形象进行服务。品牌塑造的一致性能帮助消费者形成统一的品牌形象,加深他们对品牌的印象,建立较高的品牌意识。维护品牌的一致性,就是品牌视觉输出、营销行为与企业价值观的高度统一,是以品牌文化为核心的企业营销战略的必然选择。

二、创建品牌

(一)创建品牌的宗旨

1. 品牌的宗旨

品牌宗旨是得到社会普遍认同的、体现企业自身个性特征的、促使并保持企业正常运作以及长远发展而构建的反映整个企业明确经营意识的价值体系。它包括企业使命、经营思想和行为准则三个部分。

(1)企业使命

企业使命是指企业依据什么样的使命在开展各种经营活动是品牌里面最基本的出发点,也是企业行动的原动力。

(2)经营思想

经营思想是指导企业经营活动的观念、态度和思想。经营思想直接影响着企业对外经营姿态和服务姿态。不同的企业经营思想会产生不同的经营姿态,会给人不同的企业形象。

（3）行为准则

行为准则是指企业内部员工在企业经营活动中所必须奉行的一系列行为准则和规则,是对员工的约束和要求。

2．品牌总值

确立和统整品牌宗旨,对于企业的整体运行和良性运转具有战略性功能与作用。具体而言,品牌总值具有如下主要功能:

（1）导向功能

品牌理念是企业所倡导的价值目标和行为方式,它引导着员工的追求。因此,一种强有力的品牌理念可以长期引导员工为之奋斗。

（2）激励功能

品牌理念既是企业的经营宗旨、经营方针和价值追求,也是企业员工行为的最高目标和原则。因此,品牌理念与员工价值追求上的认同,构成了员工心理上的极大满足和精神激励,它具有物质激励无法真正达到的持久性和深刻性。

（3）凝聚功能

品牌理念的确定和员工的普遍认同,在一个企业必须形成一股强有力的向心力和凝聚力。它是企业内部的一种黏合剂,能以导向的方式融合员工的目标、理想、信念、情操和作风,并造就和激发员工的群体意识。企业的行为目标和价值追求,是员工行为的原动力,因而品牌理念,一旦被员工认同、接受,员工自然就对企业产生强烈的归属感,品牌理念就会产生强大的向心力和凝聚力。

（4）稳定功能

强有力的品牌理念和精神可以保证一个企业绝对不会因为内外环境的某些变化而使企业衰退,并且使一个企业具有持久而稳定的发展能力。保持品牌理念的连续性和稳定性,强化品牌理念的认同感和统制力,是增强企业稳定性和技术发展的关键。

（二）创建品牌的目的

1．创建品牌是企业更好、更有效地满足消费者需要的必然要求

当今时代已进入了品牌的时代,越来越多的消费者已开始深化品牌认识,并倾向于购买品牌产品,因为对消费者来说,品牌的益处多多。

（1）品牌能反映消费者的生活理念

现代意义的品牌,是指消费者和产品之间的全部体验。它不仅包括物质的体验,更包括精神的体验。品牌向消费者传递一种生活方式,人们在消费某种产品时,被赋予一种象征性的意义,最终反映了人们的生活态度及生活观念。产品是冰冷的,而品牌是有血有肉、有灵魂有情感的,它能和消费者进行互动交流。在产品日益同质化的今天,产品的物理性已相差无几,唯有品牌能给人以心理安慰与精神寄托,能够展现消费者的个性与身份。

(2)品牌能节省消费者的购买心力

品牌的功能在于检查消费者选择商品时所需要的分析商品的心力,选择知名的品牌无疑是一种省时、可靠又不冒险的做法。在物质生活日益丰富的今天,国内产品多达数十、上百甚至上千种,消费者不可能逐一去了解,只有凭借过去的经验或别人的经验来选择合适的品牌。如此而言,品牌是一种经验。因为消费者相信,如果在这棵果树上摘下的一颗果子是甜的,那么在这棵树上的其余果子也是甜的。这就是品牌的"果子效应",它能大大减少消费者购买商品耗费的心力。

(3)品牌能降低购买风险

由于各种各样的因素,商业界充斥着信任危机感。对于陌生的事,消费者不会轻易去冒险,对品牌和非品牌的产品,消费者更愿意选择的是具有品牌的产品,这时,品牌会使人产生信任和安全感,使消费者购买商品的风险降到最低。对于企业而言,最重要的不是企业本身怎么样,而是消费者认为企业怎么样。企业为了留住顾客的心,必须加强品牌的建设。

2. 创建品牌是企业持续健康发展的需求

品牌是企业的无形资产,它对企业的根本的意义在于其代表着很高的经济效益和经济实力,是企业长远持续的产品高附加价值的来源。一个著名品牌,本身就是企业的一笔巨大的无形资产。

(1)拓展企业市场空间和占有率

企业通过品牌而达到对某一市场的占有权,并实现一定的市场占有率,包括通过品牌延伸开发新产品,进入新市场,获得顾客忠诚,冲破各个地区、国别市场所面临的各种壁垒,而这正是企业发展的战略目标。

(2)形成竞争防线

品牌的差别是竞争对手难以仿效的,它融多种差别化利益于一体,是企业综合实力和素质的反映。强势品牌能够使企业长期保持市场竞争的优势,对于竞争对手的正面攻击,品牌资产会筑起森严的壁垒;对于进入市场者,品牌资产代表的品质以及消费者对它的推崇往往会使竞争者放弃进入市场的念头。

(3)应对环境变化

品牌资产提供了公司与品牌面临恶劣环境的适应性与应变性,这为品牌赢得了时间。当面临自然灾害、原料与能源的短缺、消费者偏好的变化、新的竞争者的介入等环境变化时,由于品牌资产强有力的支持,品牌企业总是能轻而易举地获得稳定的物资供应渠道和足够的时间进行战略调整。

(三)实施创建品牌的内容

1. 创建品牌的途径

(1)企业培训

对员工的培训是很重要的一个步骤。康佳的企业培训体系以及企业培训给康佳带来的实质性回报，形成了公司与员工共同进步、共同被社会认同的核心系统。更重要的是，其企业培训特色提升了企业品牌、产品形象，其吸引优秀人才的方式让同行羡慕。

（2）品牌的价值在客户中产生

所谓"品牌"，实际上是由知名度、美誉度和口碑决定的。

2. 创建品牌的基本步骤

（1）精确及个性化的品牌定位

产品的定位是指确保产品在预期客户的头脑里占据一个真正有价值的位置，其目的是有效地建立自身品牌与竞争对手品牌的差异性，在消费者心目中占据一个与众不同的地位。因而，精确、深刻、个性化的品牌定位非常重要，它能使品牌运作人员准确地向消费者传达正确的产品信息，而非模糊甚至错误的产品信息以致于误导客户。

（2）加强广告宣传，扩大品牌的知名度

品牌是信誉、质量、服务和文化等的象征，一个品牌在消费者心目中的强度即品牌的知名度。品牌只有拥有了知名度才会有价值。消费者对品牌的感性认识往往会影响其购买决策过程，即使消费者未曾消费过某一品牌的产品，也很可能因为其是著名品牌而购买。品牌的内涵应该在定位时被赋予，只有如此才能在品牌的宣传过程中找到塑造源和诉求点，才能创造出品牌的知名度。

（3）通过品牌延伸打造强势品牌

在品牌尚未形成之时，调动企业所有资源运作某一产品，集中精力打造一个全新品牌是较优选择。但如果企业长期单纯的依靠一种产品则是危险的。世界500强企业中的生产企业无一例外地实行了多元化生产，利用品牌效应进行品牌的多元化创建和产品的系列化生产是企业发展壮大的必由之路。

（4）注重品牌管理、品牌维护的工作

在产品不断推陈出新的过程中，一定要保持产品的理念和风格的一致性，不能偏离轨道。在售后服务、售后现场、服务态度、企业公关的过程中，任何一个环节都要传递出一致性，保持和维护品牌的完整，这就是品牌管理工作的重要使命和意义所在。

第三节　品牌文化传播

一、品牌传播：信用为本

（一）信用的概念

信用是指能够履行诺言而取得的信任。信用是长时间积累的信任和诚信度。信用是很容易遗失的。十年工夫积累的信用，往往由于一时一事的言行而丢失掉。它也指我们过去履行承诺的正面记录；它还是一种行为艺术，是一种人人可以尝试与自我管理的行为管理模式。

从伦理道德层面看，信用主要是指在参与社会和经济活动的当事人之间所建立起来的、以诚实守信为道德基础的"践约"行为。

从法律层面来看，信用是指民事活动应当遵守自愿、公平、等价有偿、诚实受信的原则，当事人对他人诚实不欺，讲求信用，恪守诺言，并且在合同的内容、意义及适用等方面产生纠纷时要依据诚实信用原则来解释合同。

从经济学层面看，信用是指在商品交换或者其他经济活动中授信人在充分信任受信人能够实现其承诺的基础上，用契约关系向受信人放贷，并保障自己的本金能够回流和增值的价值运动。

（二）信用的功能

1. 信用具有分配资源的功能

信用分配资源是在不改变所有权条件下实现的。信用通过改变对资源的实际占有权和使用权，即利用所有权和使用权相分离的特点，改变对资源的分配布局，以实现社会资源的重新组合，达到充分合理运用的目的。

任何一个时期，都可以以收支的状况将社会经济单位划分为三种类型：收支相等单位；收大于支单位，即盈余单位；收不抵支单位，即赤字单位。如果盈余单位的盈余没有利用，赤字单位的赤字没有弥补，那么，一方面意味着相当于盈余数量的社会资源处于"闲置"状态，另一方面意味着相当于赤字数量的资源需求未得到满足。从充分地利用资源的目的出发，必须寻找到一条合理利用盈余单位手中的"盈余"和弥补赤字单位"赤字"的途径。能够为盈余单位接受的途径不能是"一平二调"，只能是信用。通过信用形式可将盈余单位手中的"盈余"转移给赤字单位使用。这种转移，形式上看是对货币余缺的调剂，实质上则是对资源的重新分配。

通过信用，借助货币形式完成盈余单位和赤字单位之间的资源分配或调剂，可以经由银行信用来完成，也可以经由证券市场来完成。如果通过银行信用来完成，盈余单位只需将剩余收入以存款形式存入银行，银行将这些存款进行再分配，通过贷款，解决赤字单位的资金需求。以吸收存款的形式发放贷款，从形式上看是进行货币分配或调剂，而事实上是进行资源分配或调剂。如果通过证券市场，采取直接融资的形式分配资源，则需要赤字单位创造债务，通过发行股票、企业债券等形式来利用盈余单位手中的资源，即赤字单位在金融市场上发行股票或债券，盈余单位购买股票和债券，以此来完成资源的重新分配和组合。

实际生活中的信用活动当然要复杂得多，但信用的主要经济功能是通过某种信用工具来分配一部分社会资源。

2. 信用具有促进投资规模扩大的功能

社会经济的增长，有利于不断扩大再生产，而追加投资则是扩大再生产的起点。如果一个社会为满足现时的消费而将全部产品或获得的全部收入都消耗花费掉，那么就不可能使投资增加。因此，扩大投资的前提是增加储蓄。

储蓄是投资的前提。在储蓄转化为投资的过程中，信用促进经济发展的经济职能才得以充分体现，成为推动资金积累的有力杠杆。

（1）现代化大生产要求的有效投入往往需要一定的规模，如铁路、大型矿山、水坝的新建，都需要巨大的投资，仅靠个别企业的自身积累，很难满足有效投资的要求。另外，从提高生产效率的角度看，需要贯彻规模经济节约的原则。如果每个企业新增投资额仅限于它自己的储蓄，那么这些企业就不能获得大规模生产所能带来的节约。借助于信用关系，则可以实现资本的集中和积聚。

（2）各个企业除了自己的储蓄外，在生产过程中还会因种种原因，出现暂时闲置的资金，如折旧、预提的工资、暂存的原材料款等。这些资金闲置的时间有长有短，闲置时间过短的资金，其所有者自己难以运用，信用则可以把它们连接起来，变成可供使用的资金。比如，银行信用就可以把365笔闲置一天的存款连接起来，发放一笔为期一年的贷款。这是因为甲存乙提，银行存款总有一定余额。这种情况就像载客的公共汽车，每站都有上有下，但车厢中总保留着一定数量的乘客。由于信用有续短为长的作用，能够动员更多暂时闲置的资金变成现时的投资，从而更迅速地扩大投资规模。

（3）家庭的储蓄并非一定和现时的消费相交换，利用信用可以把已经确定为消费的家庭储蓄转化为生产资金，扩大积累规模，扩大社会再生产。

（4）由于各个企业的资本边际生产力增加投资所造成的产量增加有高有低，因此，如果不论资本边际生产力的高低，每个企业都支配自己的储蓄，就全社会而言，这样的投资是缺乏效率的。必须把投资的权力转交给那些能够取得较高资本边际生产力的企业，才能使资本对生产力做出最大贡献。这种转交通过信用活动而实现。

3. 信用具有提高消费总效用的功能

每个家庭都必须根据收入的多少来合理安排消费，但是收入与消费在时间上并不总是一致的。例如，某些家庭可能现在有支付医药费或是儿童教育费的迫切需要，本期的收入却不能满足这种要求，但预计将来的收入比本期要多，而消费的需求要小。其他家庭的情况可能相反，他们现在的需要比预期将来子女上大学或父母退休的需求要小，现在的收入却相对较多。显然，两类家庭对现时的消费与未来的消费有不同的估价。前者高估现时的消费，甚至愿意付出利息的代价以取得超过本期收入的消费；后者则高估未来的消费。借助信用关系，把现实的消费与未来的消费进行交换，双方的利益都能得到满足。信用可以使每个家庭把他们的消费按时间先后进行最适当的安排，从而提高了消费的总效用。

不仅如此，信用还能指导消费，实现更为合理的消费结构。长期以来，我国城镇住房的消费一直很紧张，人们没有把更多的收入用于住房建设，因此建设资金有限。但同时，又有大量的购买力拥向某些高档消费品，导致消费结构很不合理。通过信用对参加住宅储蓄的消费者发放住宅贷款，可以把群众的购买力引向住宅建设，解决住房紧张的问题。同时，把住房制度改革推向商品化、市场化。

4.信用具有调节国民经济的功能

在现代商品经济条件下，信用成了调节国民经济的杠杆。信用的调节功能既表现在总量上，又表现在结构上。以银行信用为例，银行信贷规模的大小直接关系着货币量的多少。因此，首先，通过信贷规模的变动，调节货币供给量，使货币供给量与货币需求量一致，以此保证社会总供求的平衡。其次，通过利率变动和信贷投向的变动，调节需求结构，以实现产品结构、产业结构、经济结构的调整。最后，通过汇率的调整和国际信贷的变动，以达到保证对外经济协调发展、调节国际贸易和国际收支的目的。

（三）品牌与信用管理

1.信用管理的概念

企业信用管理包括对方信用管理和自身信用管理两部分。对方信用管理是企业对于信用销售行为（赊销）对象进行科学管理的专业技术。其主要目的在于规避赊销产生的相关风险，提高赊销的成功率。自身信用管理是根据企业本体的经营特点和经营需求，有意识地对自身信用进行科学管理，以使信用等级处于较高档次，从而在获取贷款和投资时减少成本，掌握主动。

2.信用管理的主要内容

（1）收集客户资料

买方市场形成后，由于客户资源有限，企业销售已经转变成一种竞争性的销售，赊销方式普遍流行。信息收集已经成为信息社会经济繁荣与稳定的重要基础。信息缺乏导致在授予信息时只能凭借主观判断，没有任何基于事实依据的科学评估。于是，很多企业之间出现大量的拖欠、三角债、呆账、坏账等问题十分普遍。近年来，由于企业开始重视收集客户的信息资料，应收账款逾期率，坏账大幅度下降，企业效率明显回升。

（2）评估和授信

评估顾客的信用，规定给予顾客怎样的信用额度和结算方式，是企业控制信用风险的重要手段。传统信用评估是建立在经验基础之上的，很难保证评估的准确性和科学性。科学的信用评估应该建议在经验和对信用要素进行分析基础上。它首先要对信用要素进行详细分析，然后综合本企业的经验以及不同企业的经验，经过比较权重，量化标准，最终达到一个统一的评价标准。信用评估系统通过大量的实践案例，分析出濒临破产的企业、劣等企业、优良企业所具有的特征，再将这些特征分成各种项目和细目并赋予不同的权重，力求最大限度地体现客户的信用特征。

（3）信用管理对品牌传播的意义

信用管理能够有效提升企业的品牌评价。信用管理规范对于资信状况较好的客户给予超过市场水平的信用额度和信用期。对后类客户，其本来就存在资金周转的问题，在企业不给予融资的机会时，一部分会慢慢退出，另一部分则看到信用状况较好的客户能得到更优惠的信用环境，会不断改变自身的资信状况，最终企业会拥有一个稳定守信的客户群，由此企业的形象也会得到很大提升，企业品牌传播也会更加高效。

信用方式广泛应用，使其已经取代传统的现金方式而成为占据主导地位的经营和贸易形式。因此，对于一个企业来说，信用既是一种企业形象和口碑，更是一种重要的战略资源和市场竞争工具。信用能力和信用风险管理水平已成为影响未来企业品牌塑造和推广的核心要素之一。

（四）品牌与信用标准体系

1. 信用标准体系

目前，我国"信用标准体系结构"由基础、服务、信息技术、产品和管理五个分体系构成。这个体系结构全面、系统、先进、适用、有针对性、成熟，对我国开展信用标准化工作有重要的指导作用。

（1）一维信用：诚信度

一维信用即诚信，是从道德文化层面来理解信用，它是一种意识形态，也是信用文化的一种，但是并不是全部，这个时候的诚信和信用是分离的。准确地说，从这个意义上看诚信和信用不是完全等同的。

一维信用是获得一般信用的基础资本，表现为信用主题的基本诚信素质，涉及信用主体的道德文化理念、精神素养、行为准则等内容，体现的是信用主体的信用价值取向，是一个意识形态层面的概念。一维信用存在于信用主体的潜意识中，影响着主体与社会交往的信用价值取向、人们普遍认同的信守诺言，以诚相待就体现了这种潜意识与潜规则。随着社会发展，一维信用这种潜规则逐渐外化为全社会对交往环境的共同需求。

一维信用形成社会环境，体现了人类精神文明发展的水平。当一维信用这种潜规则逐渐固化，成为某一群体共同的价值追求和精神准则，就形成了社会文化，成为一种历史的、社会的现象，在宗教信仰、价值观念、社会态度、风俗习惯、伦理道德、行为方式、生活方式等方面均有体现，象征着一个国家或地区、一个城市、一个民族的基本素质。

（2）二维信用：合规度

对于人们经常提到的"信任"，实际上是在社会关系中，在非经济活动中体现出来的信用主题之间，是社会一般行为的范畴。它不仅仅是一个道德理念范畴的东西，既然是社会共同追求的，它就一定存在社会共同追求的一个行为准则。当这种追求成为整个社会固定范式的时候，人们对这种固定的范式就有一个基本的评价。

二维信用是获得管理者信任的社会资本，变现为信用主体在社会活动中遵守社会行政管理规定、行业规则、民间惯例的水平与能力，涉及信用主体的一般社会活动，体现的是信用主体在社会活动的信用价值取向与信用责任。如果说一维信用仅仅是一种意识形态上的潜规则，不具有对人们行为的硬性约束，那么二维信用则是具有明确的行政监管规定、行业行规要求、社会管理制度规定等，这是对人们行为的一种硬性约束，是明确的社会规则，是把一维信用中已形成的、被民间公认的潜规则上升为明规则，落实为社会管理规定。

二维信用作用于社会关系，影响社会秩序。在提倡人人诚信的行为集合中，社会秩序呈现规范、有序、诚信、公平的良性特征；在人人失信的行为集合中，社会秩序必然出现弃约、违约、欺诈的恶性循环。这种恶性循环发展到一定程度，必然要求确立健全的社会信用管理制度。在现代法治社会中，这些硬性的约束规则和社会规范即成为信用法律法规的立法精神和立法原则，通过国家意志上升为法律法规。二维信用水平成为一个国家或地区、一个城市、一个民族信用成熟度的象征，这种成熟包括信用文化的成熟与信用管理制度及法律的成熟。

（3）三维信用：践约度

在经济活动领域里，人们谈论信用问题以及信用管理问题等，实际上是从经济交易行为层面来阐述信用。在这个层面，似乎广义的信用与狭义的信用重合了。有用变成一个简单的概念，但是事实上这仍然只是一种狭义的理解，仍然只是信用的一个维度，并不涵盖一维信用与二维信用。当今社会，特别是西方金融与商业活动讨论的信用问题，都是从这个角度出发的，西方征信国家界定的信用（Credit）完全是经济交易层面的概念。

三维信用是获得交易对手信任的经济资本，表现为信用主体在信用交易活动中遵守交易规则的能力，主要是成交能力与履约能力，体现的是信用主体在经济活动中的信用价值取向与信用责任。

三维信用是诚信度和合规度在经济交易领域的集中体现，信用主体自身的诚信素质和信用形象，直接关系到经济交易的水平与能力；信用主体自身的财务实力和自我约束意识，又直接关系到经济交易的履约能力。银行、企业等授信人的信用管理的核心就是信用申请人的践约度评价。

三维信用作用于经济关系影响经济交易秩序与经济发展。在市场经济环境下，商品交换的基本原则仍是建立在信用基础上的等价交换。信用作为基本的经济关系要求，维系着错综繁杂的市场交换关系，影响交易行为的效率和成功率。任何违背诚信践约原则的人、事、机构，都会被记录、被揭露。任何人、任何机构，都可以拒绝与这个不平等、不守信的人或机构发生交易。这就要求社会建立有效的信用制度。三维信用水平已成为社会经济发达程度、经管理水平与成熟度的标准。

2. 运用品牌打造企业信用标准体系的方法

（1）消除信用与品牌战略的制约因素

就企业内部而言，相互制约的主要因素有两个方面：一方面是资源配置的制约因素，如资金、人力、物力等方面。因此，要从消除资源配置上着手，理清两者关系。如在拓展品牌的市场营销、广告宣传等方面投入，要与信用建设方面相当，在售后服务等岗位也要有高素质的人才把关，也要投入一定的财力予以保障。要加强信用、品牌两个领域的沟通，在信息交流、资源等方面实现共享，使两者协调发展，要建立"两条腿"走路机制。实施品牌战略要有相应的信用支撑，开展信用建设要有一定的品牌开路，要理顺内部各方面的关系，避免两极分化、强弱不均，造成弱者拖累强者的后果。另一方面要消除思维上的制约因素。管理层及员工的思想意识，也即企业文化的一部分，是整个企业的灵魂组成部分。对企业信用和品牌战略认识上的差异，往往是产生两者相互制约发展的根源。因此，要深刻领会两者的辩证关系，正确认识品牌、信用的各自作用及相互推动作用，全盘考虑，统筹兼顾，避免错误决策，使企业信用、品牌的"两条腿"都得到全面的发展。

（2）以信用为基础，实施品牌战略

企业要实施品牌战略，必须从信用抓起，把信用作为基础平台。在这个平台上进行品牌的一系列策划并实施品牌战略，无论在广告宣传、商标注册、品牌拓展、售后服务等方面首先要以信用为先；否则，品牌战略就难以实施，试想如果抢注他人在先的商标，利用虚假夸大或误导的广告宣传进行品牌包装，在品牌扩张和延伸方面，故意设置陷阱，诱骗其他合作伙伴或顾客上当；或者不为顾客提供良好的售后服务，商品使用、质量等出现问题无人处理、无处解决，最后只好投诉到政府部门。这样的信用，其品牌战略如何实施。这样的品牌势必会遭到顾客的痛恨和抛弃。因此，把信用放在首位，在诚信的基础上实施品牌战略，这是最起码的治企之道，是每个经营者的最低道德底线。只有遵守这一道德底线，才有发展的可能和潜力。

（3）以品牌为核心，开展信用建设

在信用建设时，必须紧紧围绕企业的品牌战略。试想，如果一家企业信用很好，但顾客不知道该企业提供的是哪一个品牌的产品，那么，这些良好的信用能给企业带来什么好处呢？让社会公众如何认可企业和产品呢？社会对企业的认可是最实在的，也是企业所追求的，就是提高顾客对本企业产品的忠诚度、认知度，体现出对产品偏爱执着的特性。企业追求的应该是社会效益和自身经济利益的统一。如果信用离开了品牌战略，那么，既会造成企业资源的浪费，又不能给社会提供一个明确的信号，以利于社会公众认可、购买企业产品。因而必定难以实现社会、企业的效益。因此，我们必须围绕品牌核心，利用信用建设打响品牌，为企业、为社会产生更多的效益。

（4）坚持品牌、信用统一策划原则

由于企业是一个以盈利为目的的经济组织，因此，企业首先考虑的是效益，企业是在不违背社会效益、道德法律的前提下谋取最大的经济效益。而信用与品牌的关系既相互促进又相互制约。两者协调统一得好，就能利用较小的投入获取较大的回报；处理得不好，两者冲突会给企业造成损失，严重的甚至使企业消亡。因此，对这两者必须有一个统一明确的战略部署，以信用为基础，以品牌为核心，进行统一策划，既可节省企业的经济支出，又可使两者发挥促进作用。统一策划的要求必须保证资金的统一调度、服务理念的制度的统一性、冲突解决机制的统一性、目标的统一性，这样才能避免两者发生冲突，才能步调一致，统筹兼顾，发挥互促作用。

（5）采用信用、品牌损害分离机制

当失信情况出现时，通过强化企业名称宣传以突出名称，弱化品牌宣传尽量使损害与品牌相分离，与名称相挂钩，这样既能反映企业为弥补失信而做的努力，又能避开品牌，确保品牌尽量少受损害。一旦失信危害消除，就要加大品牌宣传力度，转移顾客视线，使顾客更多地从品牌角度来信赖该企业，恶化对失信的印象，从而弥补失信造成的损失。当出现损牌行为时，要加强诚信宣传，开展一系列诚信活动，提升企业信用，通过信用建设对损牌的损失进行弥补，从而提升品牌诚信度。

二、品牌、信用与企业发展

（一）信用——发展之本

信用概念有狭义和广义之分。狭义上，信用是指以付款或还款承诺为内容而发生的授信活动。从其内容上看，它是资产使用权的有偿让渡；从本质上看，是让渡财产使用权的同时维护所有权，是在一定的时间间隔下的对价交易行为，是一种价值运动。广义上，信用是一种主观上的诚实守信和客观上的偿付能力的统一。具体是指经济主体之间，以谋求长期利益最大化为目的，建立在诚实守信基础上的心理承诺与约定实现相结合的意志和能力以及由此形成和发展起来的行为规范及交易规则。由此可见，信用是经济制度范畴，它与市场经济相伴而生，反映的是一种社会经济关系，并体现为规章制度，具有规范性和强制性。作为一种制度安排，信用是外在的、客观的，它不取决于个人的善意或恶意。

企业信用是社会信用的重要组成部分，它涉及银行信用、商业信用以及个人信用等方面。具体来看，企业信用涉及企业与企业之间、企业与银行之间、企业与政府之间以及企业与消费者、内部职工之间的信用行为。从理论上来说，企业信用是企业遵守诺言和实践成约的行为，体现了企业以诚实守信为基础的心理承诺和如期履行契约的能力，是企业基于长远利益和短期利益的比较，追求总体利益最大化的理性经济行为。

（二）品牌、信用与企业业绩

信用在企业业绩中发挥着怎样的作用？品牌文化中如何体现企业信用？

1. 品牌信用

信用，这个词在当今社会已越来越被人们所关注，人无信不立，企业无信不长。品牌与诚信是相互依存的关系，一个企业要想拥有一个好的品牌，就必须要有稳固的信用作为基础，而企业品牌也必须坚持以诚信为本，树立企业形象。

（1）信用

"信用"一词起源于拉丁文 Credit，原意为信任、信誉。从狭义上讲，信用是指经济意义上的借贷关系。从广义上讲，信用是一种主观上诚实守信和客观上偿付能力的统一，集中反映在经济中,是指经济主体之间,以谋求利益最大化为目的,建立在诚实守信基础上的心理承诺与约期实践相结合的意志和能力,以及由此形成和发展起来的行为规范及交易规则。

(2)品牌与品牌信用

品牌被解释为用来证明所有权,作为质量的标志或其他用途,即用以区分和证明品质。随着时间的推移,商业竞争格局以及零售业形态不断变迁,品牌承载的含义也越来越丰富。在品牌大量涌现后,于20世纪50年代开始,企业和组织对品牌及品牌资产的重要性有了实质性的认识。品牌在现代生活中,已经产生了不可替代的作用。但是这种品牌爆炸式增长的商业经济催化中,假冒现象的出现,品牌也从本质上被赋予了信誉、质量和顾客忠诚度的含义,成为诚信的经济符号。

所谓"品牌信用",是品牌传递给消费者的一种信用,即拥有品牌的企业或其他组织向消费者主观上提供承诺和客观上履行承诺的能力和行为。根据需求层次理论,可以将品牌信用划分为物质信用(功能性信用)和精神信用(情感信用)两个层次。物质信用或功能性信用,是指品牌对满足消费者的物质需求或功能性需求所做出的承诺和客观上履行该承诺的能力和行为,以培植消费者的行为性品牌忠诚;精神信用或情感信用,是指品牌对满足消费者的精神需求或情感需求所做出的承诺和客观上履行该承诺的能力和行为,以稳固消费者的态度信品牌忠诚。消费者的选择正是建立在这种品牌信用基础上的。品牌一旦获得了较高级别的信用,这种信用就会成为巨大的无形资产,同时也会带来巨额利益和利润,而品牌也就成了市场主体的最大的财富,甚至是唯一可以传承的资产。

2. 品牌信用与品牌效应

品牌信用与品牌效应是相互作用的统一体,其中品牌信用是核心,发展、塑造品牌是手段,实现规模扩张、增进效益是最终目的。品牌是企业发展获取利润的心脏,企业只有积极地推进品牌信用建设,不断加快产品创新,塑造品牌形象,才会实现市场经济条件下的双赢。

(1)品牌信用决定品牌效应的大小

主要包括以下两方面:

第一,品牌信用是消费者选择的依据。消费者选择品牌和进行购买的过程,实质上是与销售者之间进行交换的过程,从本质上说也是一种契约一是在消费者与销售之间实现的。在达成契约之前,消费者通过品牌所传递的信息对不同的品牌进行比较。而达成购买和交易契约的前提就是消费者对所选品牌的信任,在这种信任基础上形成的品牌信用通过两个方面来影响消费者的选择与购买:一是品牌信用能满足消费者需求、给消费者带来功能效用与情感效用做出主观上的承诺,在消费者购买以后品牌信用在客观上能够履行之前所做出的承诺;二是品牌信用降低了消费者在选择与购买过程中由信息不对称、自身局限等所带来的成本和风险。因此,品牌信用也就成为消费者选择和购买的基础,更是品牌效应发挥作用的先决条件。

第二，品牌信用可以创造企业持续利润。在消费者的信任基础上产生的品牌信用，使现代市场经济条件下企业在激烈的竞争中获得竞争优势，是获得持续利润的基础。现代经济是过剩经济，在这样的经济条件下，企业要想生存，甚至想得到更好的发展，就必须拥有以品牌信用为基础的较高品牌忠诚度。因此，品牌信用对于企业来说，是唯一可以获得消费者信任和选择的工具，也是与其他生产同类产品企业竞争的关键。当一个企业真正拥有较高的品牌信用时，品牌信用就会转化为一笔巨大的无形资产，即品牌资产或品牌价值。从这个意义上说，品牌资产或品牌价值是与品牌信用成正比的。当品牌资产不断提升时，品牌信用会越来越高，它的品牌效应也会越来越大，企业利润也就有持续增长的可能，然而，一旦企业丧失品牌信用或品牌信用不断降低，品牌效应将受到严峻的挑战，直接影响企业的利润和收益，给企业未来的发展带来巨大的障碍。

（2）品牌效应影响品牌信用的发展

品牌信用的好坏，直接影响着企业或厂商的存亡；品牌信用的高低，则影响着拥有品牌企业或厂商的发展潜力。而品牌效应的大小，也从一定程度上影响着品牌信用的发展。

由于经济中存在严重的信息不对称现象，给品牌所有者采取品牌失信行为带来了机会。品牌失信可以为品牌所有者带来巨额利润或收益，在利益面前，品牌信用大大降低。然而，一旦消费者获得了品牌失信的信息，对于企业来说，机会成本就相当大了，甚至可能把以前建立起来的品牌信用和品牌资产毁于一旦。在品牌效应尚未形成规模之前，由于受经济利益的驱使，品牌所有者迷失了方向，以现有的品牌信用作为代价。而与此相反的另一种情况是，当品牌发展到了一定阶段，形成给企业带来了巨大潜力的品牌效应时，品牌所有者为了使品牌能够更好地满足消费者的需求，以及企业今后的多元化发展，将加强品牌信用体系的建设与完善，进一步提升品牌知名度和品牌忠诚度。当一个企业所拥有品牌效应越大，或者品牌价值越高时，也就需要拥有较高的品牌信用与之相匹配，以更好地促进品牌性效应的发挥。

在品牌选择爆炸式增长的时代，品牌成为消费者选择的对象，而品牌效应也成为企业和厂商的一种商机。在信用危机的今天，一些大中型企业过多依靠精明和管理来塑造品牌，追求高标准的品牌效益，却忽视诚信建设，缺乏真正为消费者服务的理念，最终失去客户、失去市场。目前我们的品牌信用处于一个初级阶段。在市场经济条件下信用同资金、技术、品牌、管理、信息等一样，都是企业重要的生产要素，是企业资产的重要组成部分。信用的形成是一个逐渐积累的过程，若想在与国外强势品牌的竞争中获胜，就必须认真处理品牌信用的建设问题，积极探索品牌信用体系的建设模式，重视品牌信用在品牌效应中产生的积极作用，以品牌信用作为品牌效应的持续动力和坚实后盾，使品牌效应与品牌信用有机、高效地结合，形成良性循环的趋势，更好地服务于社会主义市场经济。

（三）品牌与信誉

1. 品牌信誉

信誉是指各类经济组织履行各种经济承诺的能力以及对可信任程度的综合判断和评定。信誉是复合词，"信"是诚信、信用、信任，"誉"是称誉、美誉、名誉。信誉就其内涵而言，是对信用、信任的积极认可，是对诚信的充分赞赏；就其表象和价值而言，信誉是指由诚信、信任所引发的社会美誉度及潜在的社会经济价值。品牌是信誉的载体，品牌信誉反映了企业向市场和客户提供有价值产品和服务的能力和诚意。品牌信誉体现在品牌内在价值的三个维度：品牌诚信、品牌信任和品牌形象。品牌诚信和品牌信任是品牌形象的基础和依据，品牌形象是品牌信誉的外在表现，品牌诚信和品牌信任的相互作用产生良好的品牌形象，经过长期积累和升华，最终形成稳固的品牌信誉。

2. 企业信誉管理

企业信誉管理是指企业管理者，为树立良好的信誉而进行的一系列管理活动，同时也是企业防范信誉风险的管理活动。塑造和维护企业信誉，是一个长久系统的管理过程，因此必须加强企业信誉管理工作。

（1）树立全员信誉意识

这是企业信誉管理工作的首要大事，信誉意识贯穿于企业的整个管理活动之中。企业信誉的建设和维护更多的是通过企业行为，也即企业员工和企业经营者的行为表现出来，所以企业员工首先必须树立"信誉第一"的意识，明确信誉是企业生存发展的大事，信誉与企业员工的利益也息息相关，只有这样才能杜绝损害企业信誉的行为发生。特别是企业的经营者的信誉意识可以说是决定了企业信誉的大方向。试想如果一个企业的经营者毫无信誉意识，失信于外界，这样的企业更何谈拥有信誉？

（2）把信誉管理置于战略的高度

信誉的好坏关系到企业的兴旺和发展，因此要把信誉当作企业经营的头等大事来抓。企业只有以提高和维护企业的信誉为出发点，严把产品的质量关，严把服务的质量关，确定合适的价格，采取适当的营销手段，才能在市场上站稳脚跟，求得发展。如果只是把信誉管理当作问题出现后的补救手段，就为时已晚了。

（3）进行全过程的信誉管理

从以上分析可知，产品信誉、服务信誉、财务信誉、商业信誉中的任何一个环节的信誉出了问题，都会引发连锁反应，对整个企业的信誉都会产生重大的影响。因此，企业要对信誉进行全过程的管理，加强产品的质量管理，提高服务的质量水平，处理好与外部各方的关系，包括竞争对手、供应商、顾客、媒体、政府等，只有这样企业才能在全局上取得良好的信誉。

（4）加强企业自身的信誉保护

加强企业自身的信誉保护，特别是在一个整体信誉缺失的环境下，企业应该加强对客户信誉的全程管理。在和客户谈判、接洽时就要调查和评估客户的信用状况,然后决定是否给予信任。这样有助于企业把握商业机会,降低违信风险。在货物销售出去之后,应对销售的货物和客户进行实时监控,既保证客户得到满意的服务,又可以随时了解到客户的资金状况,有助于贷款的及时回收。当出现货款拖欠情况时,要加强催收的力度,制定合理的催收政策。

（5）加强企业信誉的组织管理

企业的信誉管理是一个有组织的过程。有系统、有组织的管理更加有助于企业信誉的建立和维护。在发达国家,已办企业均设有信用管理部或设有信用管理经理一职。在我国,企业可以依据其自身情况,在企业内部设置信誉总监,负责保证信誉管理的顺利实施。也可以建立信用管理部门,主要负责以下方面：一是建立客户的信誉档案；二是负责对企业客户进行动态信誉管理,时刻跟踪客户的信誉状况变化,分析客户的信誉度,对于资信状况发生变化的企业要随时通知企业的销售和财务部门；三是对企业已经发生的债务进行分析以帮助企业防范坏账风险,保证企业正常运行；四是建立标准的催账程序和高效的追账队伍；五是负责对企业自身的信誉情况进行分析,随时与企业的供应商、顾客、银行、投资者等联系沟通,了解企业自身的信誉度,对信誉度薄弱的环节加以控制和改进,进一步提升提高企业的信誉度。

（6）建立信誉的惩罚与激励制度

对破坏企业形象的行为要给予严厉处罚,并对其责任人予以惩罚,对维护企业信誉的行为要予以表扬和激励。如果没有相应的惩罚措施,企业成员做出有损企业信誉的行为时没有任何制裁,那么企业成员也就没有积极性去维护企业的信誉。

三、基于诚信的品牌

（一）建立诚信文化

企业诚信文化是指企业在长期生产经营活动中逐步形成的,并为企业员工认同的诚实守信的经营理念、人生价值、行为准则和处事规范。企业诚信文化体现于企业中每一位员工、每一个单位、每一个群体对待消费者或社会公众的态度和道德标准。

根据企业诚信文化的概念和含义,可以把企业诚信文化分为表层、中层、深层三个层次。

表层企业诚信文化,指可以见之于形、闻之于声的企业诚信文化现象,其最具代表性的是企业的产品质量和服务质量。

中层企业诚信文化,指企业的质量管理体制,包括企业的组织机构、管理网络及诚信经营管理的规章制度等。

深层企业诚信文化,指沉淀于企业全体员工心灵中的诚实守信的经营意识与观念,包括诚信思想方式、行为准则、道德价值观、企业风气与习俗。深层企业诚信文化是员工对诚实守信的个人响应与情感认同，是企业诚信文化的核心与灵魂，是企业表层中层诚信文化的基础和保证。

诚信文化对企业的功能可总结为两个方面：

第一，规范员工的生产与服务行为，提高员工素质。诚信文化的价值观一旦深入到每个员工的头脑中，则员工的心理上就能产生与之相应的感觉和认识，就会在其工作和生活中，自觉或不自觉地按诚信价值观处事。一旦违反这种价值标准，无论别人知道与否，自己都会感到内疚与自责，并能在员工中形成互相监督、互相帮助以及规范其行为的局面。

第二，树立良好的企业形象，增强企业竞争力。企业产品质量优异并稳定，服务质量人人称道，言而有信，言出必行，毫不隐瞒自己的缺点与缺陷，及时纠正不利于消费者的经营行为，消除影响，天长日久，在社会公众中必然会树立起企业的良好形象，提高自己的商誉。

企业建立诚信文化可从以下四个方面着手：

第一，要树立以诚信为核心的价值观。加强诚信文化建设首先要加强经营者、经理人的诚信意识。企业管理层必须认识到，诚信与公平才是企业获得最大盈利的关键。以诚信为核心的价值观不仅能为企业赢得信誉，而且能使企业拥有更多的合作伙伴，为企业带来巨大的市场，降低企业交易成本。

第二，以诚信创建产品品牌。品牌产品的利润在很大程度上并不与其生产成本相互联系，而是建立在质量、科技含量、诚信和先进文化的基础上。凭借这些优势，品牌产品与消费者建立起熟悉和密切的联系，从而拥有较大的市场并获得比非品牌产品高很多的利润。从表面上看，品牌产品主要是依靠科技含量而拥有优异的性能和质量的，从而取得了市场地位；但从深层意义上看，真正能长久地赢得消费者信赖的品牌，靠的是企业对广大消费者诚实守信的经营承诺。

第三，以诚信推动技术创新。技术创新与诚信文化建设没有直接的关系。但是针对目前我国许多企业急功近利，不肯花钱投资于实质性技术开发，甚至有的企业把精力和智力用在制造假冒伪劣产品、以次充好、坑害消费者的特殊状况而言，诚信文化建设与技术创新便具有了直接关系。企业只有投入资金、设备和人力，研究新技术和开发新产品，才会真正开发、创新出技术成果，以自己独有的新产品占领市场，增强竞争力。

第四，建立公正合理的诚信奖惩机制体制。建立企业的诚信奖惩机制，应尽可能使奖惩制度科学化、合理化、标准化，以便对企业的诚信或不诚信行为进行奖惩。同时，建立、健全企业诚信奖惩的组织领导体制，坚持公平、公正的原则，做到责任明确，保证对企业诚信行为的奖惩落到实处，真正起到激励企业诚实守信的效果。

（二）企业诚信建设

诚信建设是我国经济社会发展和建立社会主义市场经济体制的一项紧迫而重要的任务，企业是建立、健全社会信用体系的重要主体，企业诚信建设是建立社会信用体系的重要组成部分。

近些年我国企业的诚信建设也取得了很大的进步和成就，主要体现在以下几点：

第一，企业诚信建设环境得到改善。诚信建设环境的改善主要体现在社会信用法律体系的改善、社会信用奖励和惩戒机制逐步建立和信用服务市场的不断发展等方面。

第二，企业诚信建设不断加强。目前，企业诚信建设已经突破了道德规范的范畴，转变成为企业新的管理职责，多数企业把诚信纳入了发展战略，明确了诚信建设的目标，建立了诚信管理体系。

第三，信用管理普及程度有所提高。主要体现在绝大部分企业都建立了针对商业伙伴的信用管理制度。主要管理方式有信用评级、建立档案、评估和计算机数据库等。同时，企业也采取各种措施应对失信行为。

第四，职业道德管理逐步展开。很多企业都明确提出了对员工的职业道德要求，并将其与企业的奖惩制度挂钩。

第五，企业社会责任履行受到重视。企业社会责任已经被广大企业所认识，大多数企业愿意通过履行社会责任树立良好的企业形象。

虽然企业诚信建设的成绩是显著的，但对于目前我国市场经济环境下的绝大多数企业来说，诚信建设并非是一蹴而就的事情，它需要经过长期的历练和坚持。具体而言，企业的诚信建设的实践中应重点解决好以下几个问题：

1. 共同营造企业公平有序、自律的外部竞争环境

从企业发展的外部环境来看，除了要处理好依法经营、维护生态环境、注重可持续发展这些大的关系外，更重要的是要处理好与消费者、与其他企业尤其是同行业的关系。诚信的外部道德环境应表现为理性的、规律的、自律的竞争环境。企业竞争是在合理配置资源的条件下，公平地进行质量、价格、服务、品牌等全方位的竞争。竞争中还要注重合作协调、讲求利益共享、实行双赢，否则，企业间恶性竞争就会导致两败俱伤。

2. 建立企业内部相互坦诚、相互尊重的交流气氛和渠道

诚实守信的内部环境表现为企业内部要协调好部门之间、人与人之间的关系，形成坦诚、负责、尊重的行为习惯。企业要使交通渠道通畅，创造机会并鼓励员工交流思想和工作。倡导诚实、务实的文化气氛，让所有的人都能认真对待他们的承诺，并按照自己的承诺去努力践行。这样的企业才能产生诚信文化，诚信才能转化为更加真心的承诺，才能产生更强的创造力和更多的工作业绩。

3. 注重高层领导团队对员工的人文关怀

在诚信型企业创建过程中，公司高层领导团队发挥了至关重要的作用。他们不仅仅要做诚信的榜样，而且必须具备高超的领导技巧。在加强企业诚信文化建设中，企业高管要当好员工情感的保护者，要把领导者的管理能力和领悟力、人际关系、社会资源和内部沟通技巧有机地结合起来，提供良好的情感环境，让员工感受到领导的重视，并因此感到

满意。

（三）建立诚信品牌的基本条件

企业建立诚信品牌并非易事，诚信品牌的打造需要在企业内部一整套与之相匹配的机制和措施，需要与企业利益相关者之间建立一种长期的、可持续性的合作关系。程序需要在长期的经营发展过程中慢慢积累起来，但首先企业必须得具备打造诚信品牌的基本条件，具体可总结为以下几点：

1. 企业内部明确伦理道德规则

企业组织活动遵守同一标准的"规范"。这个规范并不是一种纯粹的理念，而是指企业及其个人在经营活动的各个方面，体现在企业制度、组织机构、企业决策、决策实施、企业控制之中。从个体方面上讲，是企业员工在工作过程中应遵守的伦理道德要求；从组织层次上讲，就是企业在经营活动中所应遵守的伦理道德要求，也就是说，企业诚信品牌，一方面规范企业，另一方面规范个体，但对企业自身的约束重于对个人的规范。同时，企业诚信品牌也包含企业的经营理念与道德理想。

2. 构建以人为本的企业环境

人与人的协调交流，结合情感管理，这是企业诚信品牌建设管理的一个好方式。我们还应加强与员工之间的交流和协调，注重情感投入，改变过去那种管理者只顾宣传、员工只是被动接受的方式，真正培养全体员工的道德意识，调动他们的主体积极性，在日常生活中处理好人与人、人与社会、人与自然之间的关系。要为员工营造一种公正、公平、无私的工作氛围。管理者在人员的提拔、任用、考核等工作中做到公正、公平、任人唯贤，以增强企业凝聚力，打造良好的团队精神。

3. 品牌宣传要基于事实

坚持实事求是，善于从实际出发，做到诚信宣传、诚信生产、诚信定价和诚信营销，进行360度诚信品牌的打造。在广告宣传中要名副其实。在产品生产中要精益求精，要真诚地为消费者着想。在定价上，无论是高价策略还是低价策略，都应该让消费者真正体验到物有所值，而不是采用类似"原价"、"现价"来蒙骗顾客。只有做到基于事实，才能在消费者心目中形成诚信品牌的形象。

4. 建立内部诚信管理机制和评价制度

企业要确立以客户价值为核心的诚信经营理念，以客户价值为导向，培育基于诚信精神的企业文化，建立客户价值驱动型组织，增强全体职工的责任感和使命感，提升全体职工的境界与追求，将品牌的诚信经营作为长期经营发展战略的重要组成部分。同时，建立企业职工诚信档案以及相应的诚信评价机制、激励机制、失信惩罚机制和监督机制。

第四节　广东农产品品牌文化推广成功案例

以"千庭茶业"为例：

广东千庭茶业投资有限公司成立于2014年，是一个农业创新型企业，"千庭茶业"品牌文化是同类型企业中品牌文化推广的佼佼者。

一、"千庭茶业"的品牌定位

"千庭茶业"的品牌名称来源于创始人林伟强先生的一个梦想。千帆过尽，庭下煮茶，传递美好生活至千万家庭。林伟强先生创立品牌名称的时候认为：人的前半生是从简单到复杂，后半生是从复杂到简单。经历弱水三千，千帆过尽，最后庭下煮茶回归心灵的宁静，是人类最终追求的生活方式。"千庭茶业"就在潮州这座泡在茶里的古城，体现工夫茶慢生活。企业愿景是打造中国单丛茶创新领导品牌，给现代繁忙的人们带来一个健康的生活方式。

"千庭茶业"以工夫茶为载体，专注于凤凰单丛，以好茶，好器，茶点及潮州文创，传递一种美好慢生活方式。首先在品牌文化的定位和战略上，品牌产品定位一开始就立足与其他茶叶的差异性，只做潮州文化的茶与茶周边，品牌定位中高档人群。其次，在产品分类上。产品系列分为经典茶系列、庄园茶系列、私房茶系列、工夫茶器系列、文创系列。把产品系列分明，将单丛茶标准化，将覆盖的人群细分，精准产品营销分类。

二、"千庭茶业"的品牌解析

千庭茶业，重新定义单丛，将单丛标准化；建单丛茶文化庄园、创新商业模式、以工夫茶文化推动单丛品类发展。运用全新 S2B2C 分销商业模式，以"创意化的品牌定位"、"标准化的产品系列"、"社交化的服务体系"构建互联网＋单丛茶的生态产业链。千庭茶业是广东省重点商标企业、"粤字号"农业品牌、潮州工夫茶标准起草单位、凤凰单丛茶地理标志产品标准起草单位。产品多次获得全国名优茶评比特等金奖和金奖等；集合广东省农业科学院茶叶研究所和华南农业大学专家组成立千庭单丛茶研究院，以知识和技术赋能茶产业发展；以全新的茶生活新消费模式，数字化智能运营平台，传递人们未来生活方式。

三、"千庭茶业"的品牌应用

1. 品牌 LOGO 应用

凤凰单丛始于宋代，最早出现于 16 世纪，世人潮州知府的郭春震在编撰《潮州府志》写到："凤山名茶待诏茶，亦名贡茶"。相传宋朝皇帝赵昺南逃路经凤凰山时口渴，当地畲族人民便奉上了红茵茶汤让皇帝进行解渴，在品味该茶后皇帝大感惊喜，赐名"宋茶"。后被栽种流传至今。以凤凰单丛这个大背景，千庭延续宋代茶美学，LOGO 以盾角头、茶船、盖碗、茶罐提取符号，色块化代替原线条设计，诠释工夫茶文化生活方式。简约大气的 logo 提升品牌识别度，让品牌形象深入人心。

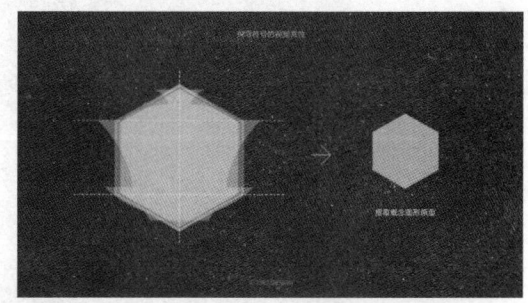

千庭茶业 LOGO

2. 品牌包装应用

在包装设计上方面产品全部融合品牌理念，融合品牌辅助图形去完成原创设计系列产品。包装设计将品牌理念图形融于产品，将好茶和慢生活传递千万家庭。产品均获国家外观设计专利。全系列包装在全国渠道上获得良好口碑，产品在全国名优茶评比上获奖无数，连续两年成为农产品包装典范。

千庭融入潮州文化周边，将潮州文化融入茶礼，形成潮人手信礼，获得众茶友的喜爱。

3. 品牌广告营销

在广告文化。千庭始终坚持以工夫茶慢生活为基点，去进行品牌营销推广。将品牌文化及理念植入千庭工夫茶体验馆里，及每一个分销合伙人的空间。从产品场景、空间茶美学、茶艺师活动、各种文化活动，跨界联合，重构"人、货、场"，以多元化的活动及户外展现形式，去做创新营销，扩大品牌影响力。

四、"千庭茶业"的品牌传播

千庭的品牌传播基于工夫茶文化为载体,将凤凰单丛,工夫茶器,潮州茶点,发展品牌,传递美好生化方式重新定义单丛,将单丛标准化、建单丛庄园、创新商业模式,构建单丛茶产业链,带给人们工夫茶慢生活方式。

第一,在品牌营销传播,开启全新 S2B2C 分销商业模式,以以工夫茶文化为基点,"创新品牌赋能/庄园供应链赋能/标准化产品赋能/茶店帮平台赋能/团队服务赋能"五大赋能迅速产生裂变,重构传统茶店,做中国茶店管家。

第二,在创新品牌进行招募,千庭以创新模式开启招募。以一个中心"工夫茶文化";通过两个羽翼体系发力"招商体系"和"互动体系",通过自身渠道市场定位和品牌扶持,探索单丛茶融合发展模式,形成迅速裂变,提供人们未来的生活方式。目前全国渠道超500+ 茶空间并不断增长中。

第三,在实力布局,千庭构建茶庄园、工夫茶博物馆、千庭茶研究院、单丛茶产业孵化基地、多家工夫茶馆、茶品/庄园/团队/创始人获奖 30 余次,全国 500 多家分销加盟体验店。千庭品牌布局渐渐完善,我们会继续努力,将千庭茶成为陪伴茶友生活的一个号。

第四,在文化传播,举办全国巡回品鉴会 1000+ 场次,参加多场茶博会,覆盖人群200+ 万人次,茶美学空间的构建,去探索人与空间的关系,致力于让好茶,好生活,走进千万家庭。

第五,在产品打造,拥有自家供应链公司,联合广东省农业学院茶叶研究所,华南农业大学成立研究院,在通过专业上,打造一系列千庭茶产品。

第六,在团队建设,培养第一代茶艺师,运营设计主训师,一系列成熟人员,共同建设千庭品牌,成为千庭背后重要的基石。

在品牌各方面的构建和努力下,千庭单丛被全国茶友成为"单丛贵族"。产品在全国各地享有非常高的口碑。其创新招商模式也成为"行业佳话"。其构建的文化活动体系,有效地将"工夫茶文化带出去,将全国茶友引进来",其融入文旅,带动了潮州农产品、旅游、美食、住宿发展。其构建的凤凰镇单丛茶产业孵化基地,推动乡村振兴发展。

第三章　农业区域品牌价值战略

第一节　企业及特色农产品品牌价值战略

一、农业企业品牌价值战略

（一）品牌双定位理论确立品牌的绝对竞争力

企业生存的前提就是拥有盈利能力，没有盈利能力的企业只有死路一条、任何企业品牌，没有差异化就必然默默无闻，没有高价值就只有死路一条。任何一个成功的品牌，在消费者心目中至少占据了两个位置，也必须回答消费者两个问题：你是什么？——品类差异定位。我为什么买你？——品牌价值定位。

所以，品牌双定位模式就是：品类差异化定位＋品牌价值化定位。

成功的定位就是品牌的绝对竞争力，没有定位的品牌就没有了灵魂。

品牌没有定位或定位不准、企业越有钱只会输的越惨。

1. 品类差异定位——差异化战略

从消费者所决定的选择或购买行为角度来讲，呈现出一种"先品类后品牌"的逻辑顺序，也就是在购物的时候，先要在头脑中决定需要哪一种东西，选择购买哪一种东西，比如牛奶，也就是我们说的品类；再来决定选择哪一个牌子的方便面，比如康师傅、今麦郎、白象等，也就是品牌。而康师傅代表了味道好、今麦郎代表了面劲道、白象又代表了骨汤营养，这就是品牌在品类中的差异化定位，也是联系品类到品牌选择的一个纽带。

而一个品牌做到极致，往往也就代表了某个品类，也就是我们说的"寡头"，比如一提到红烧牛肉面，消费者会不假思索地选择康师傅，这也是名称直接占据品类的经典案例，但相对应地，康师傅就无法完全代表面劲道或骨汤营养。

农业企业品牌也是如此，比如椰树牌代表了生榨椰汁品类，六个核桃代表了核桃乳品类。但如初级农产品品牌的选择可能还会涉及区域品牌。比如说我想买苹果，再选择买烟台苹果、洛川苹果等。当然，我们也可以把农产品区域品牌或者特色农产品也看作一个差异化品类，那么烟台苹果或烟台红富士就是一个苹果大品类中的差异化品类，这个时候就要考虑到突出区域品牌优势。

有些区域品牌和龙头企业品牌相互借力,市场优势明显,比如"乌江"牌涪陵榨菜,深度挖掘涪陵榨菜的生产技术和历史优势,在榨菜市场的知名度已远超其他区域品牌和企业品牌,比如"铜钱桥"牌余姚榨菜虽然也有一定知名度,但并不足以威胁到"乌江"。可以说,"乌江"在市场上已经完全超越了区域品牌这一层,直接代表了榨菜品类,现在很多消费者买榨菜,不再去考虑买哪个品牌,而是直接买乌江牌榨菜了。

农业企业品牌进行品类差异化定位至关重要,是进入消费者选择的第一步。那么,我们应该在哪些方面,如何进行品类的差异化定位呢?大体来讲,从农产品原料选择、加工工艺、消费场景等诸多方面,都可以进行品类分化、品类微创新的品类差异化定位。

比如果汁行业,汇源作为行业老大,深耕市场多年,形成了牢固的市场基础和份额,但这并不代表没有机会。相反,正是很多企业品牌通过品类分化,不断扩大市场布局,推动了整个果汁行业的发展。

汇源是高浓度果汁的代表品牌,以统一鲜橙多为代表的低浓度果汁通过PET(聚对苯二甲酸类)塑料瓶装逐步获得市场认可。后来美汁源果粒橙倡导含果粒的果汁饮料,农夫果园喝前摇一摇引领果粒果汁饮料异军突起。现在果汁逐渐走向高端,出现了NFC(非浓缩还原压榨)果汁,可以说是果汁行业的又一品类差异化的代表。

2. 品牌价值定位——价值感 + 聚焦战略

品牌价值定位包含品牌的价值感和品牌的聚焦战略两个层面。品牌价值感与品类的差异化定位是绑定在一起的。品牌价值感在品类差异化定位的基础之上呈现出品牌自身相较其他品牌的优势,比如更可信赖、更加专注或者更具亲和力。

为什么很多人选择鲁花花生油?一个是压榨花生油带来的"香"这个品类价值基础作支撑,另一个是品牌层面给人更多的信赖和价值感。鲁花采用的是山东半岛的上等花生作为原料以及获得国家科学技术进步奖的5S压榨专利技术,破除了消费者对于花生油黄曲霉毒素和整个食用油产业不健康生产的消费痛点。其广告宣传也更多地从"中国味,鲁花香"和"滴滴鲁花,香飘万家"等关注国民生活的宏观角度入手,给大众传递专业品牌、领导品牌和责任品牌的价值感。相应的,消费者就会感觉鲁花花生油值每桶138元/5升,而其他牌子甚至其他品类的食用油就难以卖到如此价格,或者即使接近了销量也肯定不如鲁花。

其实,用一句通俗的话来讲,价值感就是消费者认为你值并且愿意支付相应的货币来购买你。

品牌聚焦战略,就是把品牌的专业性表达出来,并持之以恒地贯彻下去,体现在品牌定位当中。很多时候,我们所讲的定位即是战略,战略即是定位,是能多贯彻百年之久的长效计划。品牌聚焦战略适用于品牌发展初期或者较具实力的二线品牌或企业。

比如德州永盛斋扒鸡作为行业跟随者,上有德州扒鸡集团的大品牌压制,下有小扒鸡作坊企业的低端骚扰。我们经过深入调研发现,大部分消费者都不知道"扒鸡为什么叫扒鸡?"我们刚好抓住这个市场对"扒"的认知空白,准确切入市场,直接定位成"正宗八扒工艺"，以工艺树品牌，工艺的传承和发扬就是企业的发展战略，就是品牌的聚焦战略，专业性表达，给消费者形成"正宗工艺做出正宗扒鸡"的品牌印象和品牌信赖。

英国立顿是全球第一家销售包装茶的企业，也是茶叶拼配技术的引领者。"立顿"之所以能够取得今天的成就，最主要是它以创新的产品开拓全球市场，长期聚焦于经营红茶包，并围绕红茶包建立了全世界的标准化茶叶拼配技术和品牌化包装茶（茶包）营销模式。

立顿依靠茶叶拼配技术和包装创新给茶业领域带来真正的革命，它颠覆了传统的饮茶习惯，根本上解决了传统茶饮消费冲泡时间长、冲泡程序复杂、茶渣不易处理、喝到茶渣不雅等弊端，在彻底解决了茶叶作为商品必备的标准化和大规模生产问题的同时，保障了茶叶的优良品质。事实上正是这些问题在基础层面上阻碍了当今中国茶业原茶产品的全国、全球品牌化发展。

茶叶在中国再平常不过，很多茶企一直喜欢走高端礼品路线。但英国的立顿就大不相同，被称为"茶界优衣库，不走高端路"。只凭一个平价黄包红茶，就打遍全球，业界更是流传40000家中国茶企，比不过一个小包立顿。可见立顿开创了一个多么巨大的中端茶叶市场。尤其是在目前中国市场，茶叶目标消费群体年轻化，销售渠道流通化、电商化的大趋势下，立顿在中国的发展更加势不可挡。

3. 消费者反定位

企业定位是品牌通过广告诉求希望抢占消费者心智资源，在商海中抢占一席之地。而"消费者反定位"则是消费者在自己的脑海中，对一个品牌或产品产生了牢固的定向认知。企业定位是企业主动推广，而消费者反定位是企业被消费者定位。消费者一旦对一个品牌形成了一定的甚至固定的印象，就难以改变，这也是为什么一些品牌始终突破不了局限，在成本上升或者消费升级的时候却不能适当提价，在试图进行品牌延伸的时候而惨遭失败的原因，再有就是提价或者做高端、做低端，都有可能是自己给自己找麻烦。

比如三只松鼠，一直以来给大家的印象就是时尚小资群体的休闲坚果零食，无论是线上售卖还是线下配送，都体现出三只松鼠为主人提供好品质坚果的情感诉求和小资情调。这是一个企业定位与消费者正确认知的典型成功案例。再有三只松鼠的广告植入，大多选择都市现代爱情职场电视剧，是一些时尚场所或居家必备；三只松鼠对线下的投食店同样要求严格，为了体现品质如一，松鼠老爹章燎原带头砸掉了不合格门店进行重新装修和员工培训。还有三只松鼠动漫、三只松鼠大电影和松鼠文化城，以上这些都是三只松鼠坚持定位中高端，打造未来超级IP，并在消费者心中形成了不可动摇的品牌定位。

为什么汇源果汁近几年来不温不火，未见有大发展，销售额下滑甚至整体亏损？就是因为汇源果汁长久以来在消费者心中的位置一直停留在"纯果汁"这个最基础的价值层面，十几年来卖的是一样的东西，即便消费者相信汇源是"100%纯果汁"，你也只是停留在产品基本品质诉求层面，不会有太高的品牌附加值。如果说消费升级可以促进消费均价提升，那么汇源果汁因为"过于成功的品牌定位"导致其并没有从中受益，可是汇源果汁却不得不面临渠道和原料成本上升、品牌老化的事实，这导致其亏损成为必然。

为什么恒大冰泉在经历短暂风光的行业首秀之后陷入巨额亏损，最后不得不上演"卖身记"？这就要提到恒大冰泉定位的混乱不堪。起初，恒大冰泉定位中高端饮用水，终端价格区间4～5元，无论是竞争激烈程度和未来发展趋势，都可以说是理论上的黄金空白带，可就是在这样的一个市场，手握重金的恒大冰泉营销队伍却有点用力过猛。广告铺天盖地，一会儿适合泡茶、煮饭、一会儿又进行体育营销，一会儿又身体健康容颜娇美，这其中并没有一条清晰明确的卖点或利益主线，给消费者的印象即是混乱不堪，不知道要讲什么。

另外，恒大冰泉的渠道布局同样让人感觉"太粗暴"，既然走的是中高端路线，也有一线国际明星代言，那为何在不考虑消费水平的同时，盲目地连乡镇市场也要"瓶瓶到位"。说得通俗一点，恒大冰泉始终没有表现出中高端水应该有的"格调"。恒大冰泉在销量惨淡的情况下被动降价2元，并实施大力度的买赠促销，更无异于重重地"打脸"自己，可即便这样还是没有挽回颓势，最后只能亏损数十亿，作价"卖身"令人唏嘘。

（二）农业企业品牌价值感升级

农业企业品牌价值感升级，以初级农产品为基础，分别向产品科技化和品牌价值化两个方向延伸。

1. 产品科技化方向——产品技术升级

通过改变产品直观属性，提升产品价值感。这里面由低到高分别是物理属性、化学属性和生物属性的变化升级。我们拿大豆这一初级农产品来举例，大豆经过研磨形成豆浆或者豆奶，这就是物理属性的变化，相应的，豆浆的价值肯定高于初级大豆的价值；再有化学属性的升级，比如大豆经过晒制提取，做成酱油，其价值得到进一步的提升；最后还有精深加工或生物技术改变，比如从大豆中提取大豆蛋白，做成营养保健的蛋白粉或者日本流行的保健品纳豆，其价值已然节节高升。

我们单独拿豆奶来讲，它有品类发展的局限。因为消费者都知道豆奶无非就是大豆磨成浆，其价值认知始终不如牛奶甚至风味奶。所以在市场上，有些豆奶品牌在与蒙牛酸酸乳、伊利优酸乳等的竞争当中败下阵来。

杭州祖名作为长三角地区豆制品行业的领军品牌，同样面临这样的问题。其豆奶产品只有在早餐渠道的自立袋包装还算销售不错，但如果想扩大豆奶市场，把豆奶以利乐包的形式进入超市卖场，不好卖也没有利润。这个时候就必须改变产品属性才能获得市场认可，于是我们把豆奶中的"大豆蛋白"这一高价值概念发挥出来，并加入乳清蛋白和鸡卵清白蛋白形成黄金配比，卖的是最符合膳食营养的黄金蛋白组合——黄金优组蛋白乳，这就完全超出了普通豆奶的竞争层面，甚至以黄金优组的概念比牛奶更胜一筹。而且为这款产品赋予了一个集原力文化、小资情调和高价值认知于一身的品牌名——"国王的早餐"，寓意早吃好，像国王一样吃早餐，早餐吃得像国王。

2. 品牌价值化方向——品牌诉求升级

通过产品概念和包装策划，提升消费者心理价值感受。一般而言从最基础的品质信任层面，上升一级到差异功能层面，再到社会心理层面，随着品牌诉求的升级，品牌价值也是不断增加的。还是拿大豆来讲，品质信任层面我们选取用安全健康的大豆做的盒装豆腐这个品类，因其方便食用、易于储藏、干净卫生的优良品质，市场份额显著提高，并不断淘汰散装豆腐。

二、农业企业品牌竞争策略

（一）造势引导策略

造势引导策略即是领导者策略。

此策略一般应用于技术领先、实力雄厚、规模优势、主导市场的行业领导者。领导企业一般能通过树立行业标准、引导消费观念等方式主导行业发展，从而保障自己永远走在行业的最前端，甚至有的时候，领导企业要负起挽救整个行业的责任，因为行业不行了，受损失最大的就是领导企业和领导品牌。

中国的阿胶行业，在经历了历史时间的辉煌之后，行业发展的瓶颈逐渐显现。一是驴皮等原材料越来越少导致成本上升，二是生活水平提高，贫血人群和直接消费需求减少，三是大量的制假售假等负面新闻冲击市场，阿胶行业几乎可以说是面临灭顶之灾。

东阿阿胶集团作为阿胶行业的领军者，面临严峻的行业态势，于是推出了桃花姬阿胶糕，开创性地将名贵药品阿胶转化成了即食保健零食阿胶糕，"吃出来的美丽"，不仅创新了阿胶食用方式，而且也开创了女性美容养颜新的生活方式。

桃花姬阿胶糕以大众可接受的价格将阿胶普及化，并引领阿胶糕品类和市场不断发展壮大，挽救了整个阿胶行业的颓势。上市之后，桃花姬阿胶糕在都市女性白领群体中颇受欢迎，同时也引来了福牌、宏济堂等竞争对手的跟进模仿。

（二）造反超越策略

造反超越策略即是挑战者策略。

挑战者是行业第一阵营里领导者的直接竞争对手，除市场份额与领导者有一定差距外，行业地位与企业优势都有很多类似之处。为与行业领导者争抢市场，突破领导者设置的行业壁垒，通常会从技术革新和扭转消费观念上大做文章。

采用造反超越策略的企业，一定要找准时机，符合国家政策和大政方针的指引，顺应行业发展和消费趋势，并能够适应企业战略持续性。河南固佳食品是一家大型肉类食品生产和销售企业，依托豫南黑猪和固始鸡的资源优势在肉制品行业深耕多年，尤其是黑猪市场，已经形成了一定的市场规模，占据了一部分市场份额。

固佳豫南黑猪在中高端黑猪肉市场面临着多个对手的竞争，尤其是北京市场直接面临广东壹号土猪带来的品牌压力。一直以来，壹号土猪强调"狠土狠香狠安全"的利益诉求，牢牢占据并引领了黑猪肉的品类利益和价值：土、香、安全，并经常通过"北大才子卖猪肉"的故事不断增进消费者信赖。

固佳豫南黑猪则充分挖掘企业产品和养殖模式优势，在"国家级生态原产地保护示范区"国家级"生态原产地保护产品"和国家级"优质畜禽品种"等一系列国家最高标准认证基础上，将企业品牌战略升级为"生态国品"战略。"生态国品，有证为证"，以有证的国家级"生态"黑猪挑战无证的"土猪"，以生态"国香"对抗土猪"香"，产品一上市就得到市场和消费者的热烈反响，取得了良好的销售业绩。

（三）造类差异策略

造类差异策略即是跟随者策略。跟随者一般为区域市场强势品牌，他们通过市场细分、产品差异化、消费者需求和消费时机等方面的深度研究进行差异竞争，利用自己的区域优势和价格优势取得区域市场与一流企业的相对竞争优势。

优秀的造类策略可以帮助品牌快速在市场上脱颖而出，并且有助于扩大市场份额，甚至颠覆市场竞争格局，但也需预防大企业的快速跟进和强势挤压。

（四）造仿跟随策略

造仿跟随策略也是市场跟随者常用的竞争策略。采取此类竞争策略的企业构成相对复杂，没有严格的界定。比如在一些成熟行业，大企业之间互相模仿跟随几乎已成常态。像光明在推出莫斯利安之后，伊利推出安慕希，蒙牛推出纯甄；冰糖雪梨面世之后，康师傅、今麦郎、白象迅速跟进。

在市场研究、产品创新、市场管理等方面明显乏力的区域品牌或中小企业，也可以在自身实力允许的情况下，进入大企业已经培育好的市场做出跟随性动作，通过名称模仿、形象模仿、概念模仿等手段来分抢部分市场份额。六个核桃之后出现的七个核桃、九个核桃皆属此类。

在植物蛋白饮料的市场热潮下，六个核桃已经将核桃露"健脑"的品类利益推广深入人心，完达山便顺势跟进，也推出了自己的核桃露品牌"脑立方"，诉求"爱脑有方，脑立方"，与六个核桃的"经常用脑，多喝六个核桃"相比，"爱脑"较之"用脑"更胜一筹，"有方"较之"多喝"更具科学意义，完达山脑立方虽然借助"健脑"的品类利益，采用的是造仿跟随策略，但绝不只是简单的跟随，更是借势超越。

三、立足特色农产品，走品牌化发展之路

（一）特色农产品是农业企业发展的利基和捷径

中国物产丰富，借助大自然的恩惠和长期的农业发展历史，大江南北形成了各区域不同特色的农产品。特色农产品是指某地特有的或者品质独特的农产品，其关键在于"特"——特定的地域，独特的品质，并且具有一定的文化内涵或历史声誉。

成功没有捷径，但农业企业要想事半功倍快速打造明星产品，建立市场优势，就必须充分利用地缘上的优势，借助自然之恩惠发展。从当地的特色农产品起步，是农业企业发展的利基和捷径。

品牌竞争的关键是心智之争，而非市场之争，只有获得消费者心智认可的产品和服务，才具备强大的市场竞争力。在心智竞争时代，企业的品牌营销活动将被分为两大关键步骤：将产品打入消费者心智中、将产品铺到市场上。无法进入消费者心智，而仅仅是产品从工厂中生产出来进入了市场，产品将无法进入消费者购买环节，最终导致竞争失败。特色农产品，在消费者心智中代表着独特的、优质的品质，并自带一定的文化内涵或历史声誉。企业从特色农产品起步，所生产出来的产品，自然承载着（至少是原料上承载着）一定的优质品质联想和情感基因，能够快速地被消费者接受和认可。

纵观市场现有的知名农业企业，很多都是从当地的特色农产品起步，逐渐积蓄力量，获得快速发展的。鲁花，是借助胶东地区特产的大花生，开辟了花生油事业；汇源果汁，是借助鲁中沂源地区丰富的水果资源，进入了果汁行业；蒙牛、西王玉米油、宁夏的泾河牧场和五朵梅等企业，无不是立足当地的特色农产品，借助现代化的加工逐步发展起来的。

因此，我们建议农业企业不要盲目跟风市场上的"热"概念，而是要立足当地的特色农产品进行开发和加工，政府推广特色农产品（区域品牌），企业推广特色农产品的市场品牌，两者相互推动，企业事半功倍。

（二）从特色农产品到明星战略单品

我们说特色农产品是农业企业发展的利基和捷径，并不意味着只要依靠特色农产品的品质联想和历史文化积淀，企业就可以很容易地建立起品牌来。企业必须立足特色农产品，塑造品牌价值，挖掘产品利益，打造明星战略单品，依托产品声誉打造品牌声誉，为长远发展打下坚实的基础。

1. 明星战略单品

所谓明星战略单品，寓意企业的某个产品，能够像"明星"一样具备与众不同的优势，并在企业的长远发展发挥战略作用。明星战略单品，具有强势的号召力和影响力，消费者对有强有力的品牌记忆和价值认知，能够成为市场上的主流产品，占据主导地位，成为企业品牌的代名词，最终带动整个品牌的兴盛长存。

依托特色农产品，打造明星战略单品，进而建立品牌声誉，是众多农业企业的共通之路。鲁花以胶东特产大花生为资源，将花生油打造成其明星战略单品，持续塑造和提升其"5S物理压榨工艺"的高度，将工艺打造成鲁花品牌的核心价值。在"5S物理压榨工艺"获得消费者的认可后，鲁花凭此核心价值具有了较高的品牌声誉，进而带动5S物理压榨玉米油、葵花仁油等油种的销量。

2. 一个明星战略单品可以开创一个行业

上述的鲁花，凭借花生油这一明星战略单品，引导开创了食用包装花生油这一行业。

在鲁花的带动下,龙大、胡姬花等品牌快速成长,把花生油行业越做越大。

六个核桃核桃露,也是"一个明星战略单品开创一个行业"的典型代表。

六个核桃以"健脑"的品牌价值,凭借"经常用脑多喝六个核桃"的宣传语和鲁豫代言,在植物蛋白饮料市场快速掀起了"核桃露"热潮,六个核桃核桃露成为战略明星单品。

在成功占据河北省的大本营市场后,六个核桃连续冠名《最强大脑》《挑战不可能》《加油向未来》等益智健脑类现象级栏目,成功完成了从区域性品牌到全国性品牌的跳跃。

在银鹭、椰树、露露等代表性的企业均出现不同程度的下滑,凭借核桃露这一明星战略单品,六个核桃却在恶劣的大环境中实现了逆势增长。

3. 一个明星战略单品可以造富一方百姓

河南信阳的固佳食品,立足固始县的特色农产品——固始鸡、豫南黑猪,建立了"优良品种繁育——饲料加工——养殖屠宰——品牌连锁销售"的全产业链,已经在北京物美、永辉超市、家乐福、河南丹尼斯等知名超市建立了肉品专柜,单专柜月销售额超过5万元。固始鸡、豫南黑猪已成为固佳食品的明星产品。

有了市场,就得有供应。固佳食品与固始县农商行联合开发扶贫开发式金融产品,由固佳食品提供担保为农民贷款,农民发展固始鸡、豫南黑猪养殖生产和饲料购买。依托这种模式,每年有几千户农民与固佳食品签订双向寄养协议,成功实现脱贫。

(三)"智造"明星战略单品

好产品不一定是好卖的产品,但好卖的产品一定是有特色的产品,这就是老祖宗说的"没有特色不开店"。特色农产品有了"特色"了,但要"开店",还必须对产品进行价值打磨,打造明星战略单品。

企业成功的基础是有好产品和好客户,有了明星战略单品就会有好客户。激动人心的明星战略单品,会让企业的销售和管理团队充满信心和激情。营销策略可以短期弥补产品不足,产品不足最终将毁掉最棒的营销团队。

企业家必须明白,好产品是可以"制造"出来的,但明星战略单品一定是策略"智造"出来的。BEST品牌形象,通过七个要素快速帮助企业"智造"明星战略单品。

品牌/名称:我是谁。

品牌定位:我有什么核心价值

利益点:我能给你带来什么利益。

概念点:我的独特之处。

支持体系:我凭什么能让你相信

广告语:让我简单告诉你

符号系统:我会让你注意并记住我

1. 触动人心的利益点,是产品的根本所在

产品的本质是什么?产品的本质就是顾客购买理由,就是产品利益点。产品无利益,

就没有存在的意义；利益点不触动人心，消费者就会无动于衷。

产品利益点的提炼方向多种多样，企业可对照"产品利益点全谱"，结合自身优势，分析提炼自家产品的利益点。

在实际的运作中，无论是视觉、触觉还是包装、场景，都可能提炼出产品利益点。

视觉：皇室麦片"好麦片，七成浮上面"。

味觉：农夫山泉有点甜。

嗅觉：洽洽香瓜子，货架喷香精。

触觉：雪碧"晶晶亮，透心凉"。

动作：农夫果园"喝前摇一摇"。

包装：莫斯利安的钻石包；盖中盖"蓝瓶的"。

形状：五粮液"五粮窖龄20年、认准方瓶五粮液"。

机能：体质能量"亲体质劲能量"。

情景：红牛"困了累了喝红牛"。

吃法：奥利奥"扭一扭，舔一舔"。

场景：厨邦酱油，有图有真相"晒足180天"。

……

产品利益点无高下之分，只要满足以下三点，就是好的利益点：

（1）有所依据，符合大众认知；

（2）生动诉求、迎合顾客需求；

（3）单一描述，焦点简单粗暴。

2. 新奇特的概念点，建立差异

所谓新奇特的概念点，就是用独特的、有意义的消费者语言来精确阐述产品的利益点。不同企业生产的同质化产品，产品的利益点基本是相同的，需要一个新奇的表达，来建立差异化。

在体现方式上，概念点一方面可体现在产品名称里，如"生榨"椰子汁、"蒸"蛋糕、"防电墙"热水器；一方面可体现在品牌名称里，果粒橙、细磨核桃、五谷蛋等品牌名称，自身就是一个新奇特的概念词。

3. 高价值的品牌名称，是战略发展的核心

一杯"潘胖子"奶茶和一杯"香飘飘"奶茶，你会喝哪一杯？

产品在终端货架上，消费者评价它的一个很重要的标准，来自消费者对品牌名的认知和解读，品牌名称引导顾客做出具体的购物选择。

品牌名称体现出来的，一是记忆单位，越容易记忆，越容易以低成本进入消费者大脑，如康师傅、小米等；二是信息载体，越能表现身份和价值，就越容易向目标顾客发出清晰的信号，把顾客召唤过来，如营养快线、果粒橙等。

好品牌名称的关键，在于降低传播成本，降低传播成本包括两个方面：第一，降低认知成本，一眼要看懂；第二，降低传播成本，一眼就记住

所以，在创意品牌名称的时候，有两个不同的方向：

（1）关联性命名

注重产品属性或利益点的关联性，品牌名称一般直接体现产品利益点或品牌属性，如蒙牛、鲁花、五谷蛋、烩功夫、果粒橙、香飘飘、农夫山泉、营养快线、三只松鼠等。

（2）独特性命名

在信息巨量化和碎片化的当下，突出品牌名称的独特性，以体现品牌的与众不同，如张君雅小妹妹、小茗同学等，引起消费者的关注和传播。我们创意的"兄弟门"品牌，是独特性命名的典型代表。

在长期的品牌咨询和产品创意过程中，下面总结出创意品牌名称的几个方向，以供企业借鉴。

①创始人：王老吉、仲景、詹氏山核桃。

②产地：北大荒、茅台、特仑苏。

③产品价值：脑立方、五谷蛋、体质能量、清心易柿。

④品类/属性：鲁花、蒙牛、烩功夫、谷多维、西薯粮郡。

⑤工艺/种植养殖方式：细磨核桃、三碾香、五福善养。

⑥产品特征：五粮液、果粒橙、孔雀苹。

⑦企业理念：新希望、君乐宝、枣原高歌、苹生缘。

⑧品牌形象化：飞鹤、金龙鱼、老干妈。

⑨传统文化：福临门、好想你、聚枣盆。

4. 直达人心的品牌价值定位，是占据心智的尖刀

品牌定位是对品牌特征和品牌价值最简单、最直接的介绍，更直接一点说，品牌定位就是在消费者头脑中占据一个的差异化价值，就是在行业内发现和抢占顾客的心智空白，在品牌层面抢先"喊"出来——谁先喊出来，就是谁的价值。

5. 直白易传播的广告语，好记忆好传播

酒香也怕巷子深，好产品、好利益点必须喊出来。广告语是品牌和产品最直接的外在表现，是用最简洁、最直白、目标消费者最容易接受的一句话来描述品牌和产品。简单一点说，就是为产品提炼出一句简洁且能打动消费者语言。

对于广告语，我们有两句话要送给企业家。第一句是"不要高估消费者的品位"，即广告语必须直白易懂，不要咬文嚼字，不能消费者回家翻字典才能知道你说的是什么。第二句是"不要低估消费者的智慧"，即不能欺骗消费者，虚假的总有一天会露馅，露馅的那一天，就是产品和品牌垮台的那一天。

6. 多方位的支持点，支持品牌和产品的可信性

食品安全事件频发，中国消费者对"信任"两字是特别重视的。你说你的产品好，凭

什么，总要给消费者一个说法。支持点，就是通过多方位的展示，让消费者相信品牌和产品所诉求的利益点、概念点、广告语等是真实可信的。

王老吉说"怕上火喝王老吉"，消费者凭什么相信？凉茶是药食同源的产品，消费者凭什么放心？加多宝一开始没有用自己的品牌推广凉茶，而是租用了"王老吉"品牌来做，原因之一就是"王老吉"凉茶创立于清道光年间（1828年），至今近两百年历史，这么长的历史，从很大程度上体现了凉茶的功效和安全。

7. 过目难忘的主视觉，让消费者一辈子记住

在人类的各种感官中，视觉是最具冲击力和记忆力的。优秀的主视觉设计能够彰显企业的实力，传达产品的思想和理念；能够体现品牌形象，展示产品的利益点，给消费者美好的联想。

从认知心理学上看，我们左脑处理的信息以语言性和逻辑性为主，右脑处理的信息以图像性和直觉性为主。利益点、概念点、广告语等，属于左半脑，品牌logo、主视觉属于右半脑。只有左右半脑相结合，消费者才能对品牌整体产生更深刻的印象和记忆。

第二节 农业区域品牌的高价值传播

一、农业区域品牌的高价值体现

过去我们提到品牌，就会提及品牌的"四度"——知名度、美誉度、忠诚度、价值度。在移动互联网时代，中国消费者变得极为喜新厌旧，从企业角度出发的"四度"品牌，已越来越难以满足消费者，"四度"品牌的存在感、参与感、幸福感、优越感理念需要向"四感"营销转变。

社会化媒体的灵魂，在于"开放"和"在线"。每个人都有发言权，而且信息传播的速度快到可怕。一场危机能够在一夜之间甚至1小时之间变得家喻户晓。公关只是被动应对，我们需要未雨绸缪，有备方能无患。所网络舆情的实时监控和危机预案的提前演练才是最好的危机公关。

（一）农业区域品牌传播的"四度"升级

过去我们提到品牌，就会提及品牌的"四度"——知名度、美誉度、忠诚度、价值度。所谓知名度，就是品牌被众人所熟知，提到品牌名称时，可以听到消费者"知道""见过""听说过"等的回答。美誉度则指消费者不单单"知道"或"听说过"该品牌，而且能够带给消费者有关品质、产品的功能性价值、消费的愉悦体验等联想，能够把该品牌与其他品牌区别开来。"好空调格力造""海尔服务到永远"无不是品牌美誉度的具体体现。

品牌的知名度和美誉度代表着品牌建设的不同阶段。知名度是重要的，但仅仅有知名

度而没有认知度是万万不够。汇源以1200万元的代价竞拍得到"旭日升"商标所有权，推出"旭日升"品牌的茶饮料。"旭日升"品牌具有较高的知名度，但其美誉度很低，更缺少价值认同，在被汇源收购两年半之后，便又悄悄停产了。

品牌忠诚度是所有企业经营追求的一个最高目标，体现在消费者对某个品牌的偏好性购买反应，用俗话讲，就是"买了还要买""用了到处讲"品牌忠诚度对一个企业的生存与发展，扩大市场份额至关重要。

品牌忠诚度必须以价值度为根基，否则建立起来的忠诚度很可能是无根之木，所谓的根繁叶茂也是一时之计，比如小米手机，其具有很高的知名度和美誉度，但其本身是建立在"低价"的基础上，缺少实际的价值支撑，只要消费者具备了更高的购买力，则其下一次的购买行为很容易转向更具价值度、价格更高的品牌身上。

就农业区域品牌来讲，我国的很多特产商品，基于历史沉淀的口碑，都具有很高的知名度和美誉度，如烟台苹果、莱阳梨、东北五常大米、赣南脐橙等；但因为缺少品牌化的发展和引领，该知名度和美誉度只限于产品层面，而缺少品牌层面的价值度和忠诚度，从而导致产品附加值难以依托品牌价值得到提升。

从另一个层面讲，新媒体和社会化媒体的崛起，也在削弱和破坏品牌忠诚度。破坏性首先一个体现在产品的同质化。标准化生产一方面提高了效率，另一方面也造就了同质化：对于同质化的产品，消费者可以很容易通过"比价"来进行购买决策。破坏性的另一个体现在于消费者"评价"，消费者可以参考其他用户的评论进行购买决策，品牌不再是消费者作为质量或品牌判断的担保物。

在移动互联网时代，中国消费者变得更加喜新厌旧，从企业角度出发的"四度"品牌，已越来越难以满足消费者，"四度"品牌理念需要向"四感"营销转变：

（二）农业区域品牌传播的"四感"营销

"感"字，只有消费者对品牌和产品感兴趣，进而引发情感共鸣，方能建设高价值品牌。在这里，我们将"感"字升级，提出品牌建设和传播的"四感"营销。

1. 存在感——从消费者角度出发，让其"对号入座"

我思故我在，我在故我买。从心理学的角度来说，人们只关注与自己有关的事情，与自己无关的则"事不关己高高挂起"

品牌的存在感，就是要让消费者把自己代入到品牌中来，让消费者"对号入座"，对品牌产生认同和共鸣。

在茶饮料行业的"小茗同学"，是品牌存在感塑造的典型代表。在乏善可陈的茶饮料市场，有点怀旧、有点蠢萌的"小茗同学"刚一上市便取得了90后的极度认同，前3个月销量超过3亿元。小茗同学可能是唯一一款有年龄的饮品，其品牌名称、包装设计、品牌内涵直指"90后"的学生群体，塑造了一个欢脱、蠢萌的小茗同学。小茗同学的营销思路也一直比较清晰，用贴近学生群体的话题和语言在微博发起话题，并冠名了《我去上

《啦》真人秀,保持了品牌统一的调性。

2. 参与感——让消费者参与,自己的孩子自己疼

参与感,就是让消费者参与到产品和品牌的研发、生产或消费过程。对品牌参与感运用最成功的,莫过于宜家。

大部分家具制造商的思维是要给消费者提供便利性,只要消费者肯掏钱,三包、送货上门、终生保修等,要什么给什么。宜家家具,价格不便宜,还需要回家自己组装就是这个给消费者"添麻烦"的宜家,在几十个国家开设了几百家门店,是全球最大的零售家具品牌。

宜家模式的成功,在于利用了人们的参与感:我们总是对于自己付出劳动或感情的事物有更深厚的感情,同样对于商品,消费者会对自己付出心血的商品更有感情且有更高的价格估值。行为学家艾瑞里教授甚至把这种经营模式叫作"宜家效应"。

对于农业区域品牌而言,农旅一体化的结合,使品牌的参与感是相对容易实现。每年一度的查干湖冬捕节,都会吸引以万计的游客前来观冬捕、品鱼。

借力新媒体和社会化媒体,即使是政府之外的个体,也可以策划和实施参与感很强的品牌营销活动。"山药哥"赵作霖邀请了30多名微博网友,到他家里进行山药体验活动,取名为"第一届网络怀山药文化节暨第一届微博小伙伴挖山药线下体验活动",内容有说山药、看山药、吃山药、挖山药,还可以捎山药。山药节在新媒体取得了上千万的曝光量,并引发传统媒体的关注。

3. 幸福感——愉悦消费者身和心,幸福才能相爱

消费者精神层面的需求随着时代的变迁而越来越强烈。他们绝不仅仅满足于一个产品的价值、一次有趣的体验,而且希望得到更多的幸福感受和对未来生活的憧憬。这意味着品牌工作的重点除了产品和体验之外,幸福感的满足将成为关注的焦点。

可口可乐的昵称瓶营销,通过消费者的自我代入,让消费者获得了存在感,然后通过精神层面的满足,消费者获得了满满的幸福感。

4. 优越感——激发消费者自豪,诱导分享传播

优越感来自消费者体验和使用品牌后的情感感受,这种感受,可能是满足了消费者彰显个人身份和地位后的感受,也可能是品牌理念和消费者个人理念相吻合后体现出来的满足。

必须明确的是,优越感绝非仅仅指劳力士、雷达、阿玛尼等奢侈品带给消费者的身份体现,更多的,是来自理念的吻合。捷达车,即使是汽车里的中低端车,若是吻合了消费者"精明消费"的理念,也能给车主带来某种程度的优越感。

中国消费者对世界主义、民族优越感、乡土情怀、品牌产地意识以及全球消费文化等越来越深层次的理解,扩大了品牌与消费者在理念层面的对接,企业可能在多个层面与消费者完成链接,增强消费者的优越感。

近年来,国人对动物福利的认识越来越充分,并产生了部分对动物福利特别关注的中

高端人群。基于企业的福利养殖理念和消费者对动物福利的关注，山西晋龙集团作为国内最大的蛋鸡饲料企业、蛋鸡养殖规模前五的养殖企业，面向市场推出了"五福善养"品牌鸡蛋，从福利养殖入手，传递"鸡好蛋才好"的品牌理念。"五福善养"品牌在北京市场获得了中高端消费人群的欢迎。

褚橙是体现消费者优越感的典型代表。依附于创始人褚时健先生的个人经历，褚橙塑造出了"人生总有起落，精神终可传承"的品牌理念，被媒体称为"励志橙"。基于对创始人和品牌理念的认同，国内的企业家纷纷为褚橙站台发声，消费者买到褚橙后，也快速拍照发到自媒体，形成了自发的传播。

从"四度"品牌到"四感"营销，实质是从企业角度到消费者角度的转变。农业区域品牌，其立基点在于区域的优越性和自豪感，最适合采用"四感"营销进行品牌传播。

（三）社会化媒体环境下的舆情监控和危机公关

社会化媒体的灵魂，在于"开放"和"在线"。开放和在线给用户提供了极大的参与平台，让他们有充分的言论自由权利，导致了品牌危机出现的频率之广是以前国可一个时代都无法相提并论的。每个人都有发言权，而且信息传播的速度快到可怕。一场危机能够在一夜之间甚至1小时之间变成家喻户晓。

危机一旦爆发，公关只是被动应对。我们需要未雨绸缪，有备方能无患，对网络舆情的实时监控和危机预案的提前演练才是最好的危机公关。

二、农业区域品牌的传播策略

新闻相比广告传播．具有更强的公信力和权威性，应当成为农业区域品牌首选的传播方式。

新媒体环境下，信息量暴增。品牌不仅要吸引消费者的眼，而且更要粘住消费者的心。所谓"内容为王"，品牌传播必须从产品思维转向内容思维。

"广告已死、公关为王""广告是自己说自己好，公关是让别人说你好。"在社会化媒体盛行的今天"让别人说你好"，所以"公关造势，口碑传播"成为更好地传播途径和更有力地传播方式。

广告时代品牌信息以"广而告之"的方式硬塞给受众，定位时代"准而告之"成为信息传播的显规则。随着新媒体的崛起，品牌传播方式迈入了"互动时代""动而感之"成为这个时代品牌传播的精神内核。农业区域品牌是建立在区域优越性和区域自豪感基础上的品牌。"互动体验，圈层推广"已成为这种优越性和自豪感最佳的传播手段。

（一）价值第一，新闻为上

农业区域品牌，本意是依托政府的公信力和权威性，打造公用品牌的价值力，为区域内的涉农企业和个体提升品牌和产品附加值。从这个本意出发，树立公信力和权威性，提升价值，是品牌传播的根本所在。

新闻相比广告传播，具有更强的公信力和权威性，应当成为农业区域品牌首选的传播方式。当然，在选择新闻媒体时，在力所能及的情况下，我们建议尽量选择价值度比较高的媒体，如央视、凤凰卫视、人民日报、新华社、农民日报等。

在进行新闻传播时，虽然我们主张事件营销，主张造势传播，但基于品牌价值这一核心必须坚守。所有的新闻传播，不能为了传播而传播，必须围绕价值，为了价值提升而传播。

除了新闻媒体的选择外，农业区域品牌的推广更需重视"新闻事件"的推广，即以新闻事件而非硬广的方式进行品牌传播。新闻事件包括品牌发布会、LOGO征集、品牌研讨、企业和个体受益、品牌活动报道等。

（二）信息泛滥，内容为王

新媒体环境下，信息量暴增。为了吸引消费者的目光，品牌的需要必须从产品思维转向内容思维，所谓"内容为王"。

产品思维是以消费者的需求为出发点，内容思维是以读者（品牌信息的浏览者）喜欢为出发点。读者思维的核心是八个字——赏心悦目、喜闻乐见。

从内容为王、读者思维的角度理解，所谓的流量转化，就是读者转化，由读者到消费者的转化。概括说，所谓的流量转化就是从读者到消费者的转化。

特别在电商系统，更要注重内容为王和读者思维。我们分析一下，一个消费者点击电商页面完成购买的流程，其实，12秒就决定了最后的购买动作。第一个4秒，是兴趣建立时间，消费者通过页面风格、布局等决定是不是喜欢、决定是不是把这个页面"X"掉（关掉）。第二个4秒，是喜欢与否的建立时间，如果喜欢，那第三个4秒，才是决定消费者要不要购买的时间。在这个过程中，消费者的需求是一直存在的（产品为王的需求思维），但是不是在这里实现需求，则完全是内容为王的读者思维。

因此，在公用品牌传播的过程中，必须摆脱传统的新闻式、行政公文式行文，从读者思维着手，用读者喜欢看的方式进行品牌内容的传播。

（三）公关造势，口碑传播

多年前有一句话叫"广告已死，公关为王"。前半句"广告已死"虽然有些危言耸听，但"公关为王"却是不假。著名广告人大卫·奥格威（David MacKenzie Ogilvy）很多年前就总结："广告是自己说自己好，公关是让别人说你好。"在社会化媒体盛行的今天，"让别人说你好"有了更好地传播途径，公关造势，口碑传播成为更有力的品牌传播方式。

每逢新年，百事可乐都会推出《把乐带回家》的微电影为品牌进行推广宣传。正值猴年的新年，而一提起"猴"，恐怕大多数中国人都会自然而然地联想到《西游记》，联想到美猴王，想到最经典的美猴王形象的演绎者—六小龄童。因此，百事可乐的猴年广告就选择了从六小龄童及其家庭的角度，来讲述一个关于传承和坚守的动人故事。该广告片一播出，感动了国内众多消费者，引发了无数的转发和点赞。百事可乐的此次公关营销，可谓出尽了风头，提升了消费者对品牌的好感。

（四）互动体验，圈层推广

农业区域品牌是建立在区域优越性和区域自豪感基础上的品牌。这种优越性和自豪感，最容易打造互动体验和圈层推广。

圈层推广实质上就是在同一圈子里的人际传播推广，它把目标消费群体锁定在一个圈层或者营造于一个圈层，通过制造该圈层的共同文化氛围、兴趣品位，从而形成一种归属感，实现圈层推广和内部营销影响力的最大化。在过去传统媒体当道的时候，消费者更多的是信任权威、信任专家。随着社会化媒体的兴起，消费者转向信任体验者，特别是与自己同属一个圈子的体验者。消费者对消费者的信任，高于消费者对专家的信任。当消费者看到自己圈子里的人在评论和推荐一个品牌、一个产品的时候，这种品牌的传播是最有效、最具信任的。

三、广东四会兰花区域品牌的传播策略

广东四会兰花的区域品牌传播策略充分运用全媒体宣传途径，构建全媒体传播矩阵，通过父爱如兰征文、四会兰花标识和产业宣传片发布，以及兰花与父爱结合的快闪、微电影等活动，在全网联动发起预热话题，广泛推广四会兰花区域公用品牌。

成功推出全国首个乡村振兴剧本控《父爱如兰》，并在广州新华网总部举行首发仪式，以四会兰花为符号，创新引进VR、全息技术、元宇宙等潮流科技元素，探索兰花产销对接新模式，促进"兰花+"新业态发展，取得全网关注热搜的良好成效。

加强兰花科研投入，建立博士工作站和3个产学研基地，启动研制"兰花茶"工作，推出父亲节专属之花——兰花新品种"齐天大圣"（又名"父兰"）。

创作首支兰花父亲节专属之花主题曲《父爱如兰》，在社会流行传唱；精心设计"父亲节专属之花"礼盒包装，进一步塑造"四会兰花"品牌，强力塑造"父亲节专属之花"大IP。

成功举行广东四会兰花"12221"市场体系建设系列活动启动仪式暨"父爱如兰 用兰勇敢表达爱"推介活动，邀请广东省、肇庆各级多位领导亲临现场参加启动仪式，创新实现"玉兰相会"联盟，表彰了一批"兰花达人"、授信了一批兰花产业市场主体、进行兰花抖音电商孵化中心进驻、兰花直通大市场采购商等一系列签约。

通过在广州塔亮灯四会兰花，引起社会各界强烈反响，进一步提升四会兰花知名度和美誉度。

把四会兰花送给胡润百富董事长胡润，当他收到了孩子们赠送的四会兰花时，把四会兰花推上父亲节礼物的"最佳榜单"，赋予父亲节送兰花的文化内涵。

举办全国首个兰花主题音乐会——"父爱如兰 为爱而歌"父亲节云上音乐会在南方+直播间、视频号等新媒体网端，以及移动、联通、电信等通讯平台开播，吸引了百万人在线观看。当晚，四会兰花同步点亮广州塔"小蛮腰"，亮屏各大商圈屏幕，向大湾区市民发出"父亲节，用兰勇敢表达爱"的号召，将四会兰花父亲节推广推向高潮。

第四章　农业区域品牌协同运营管理

第一节　五位一体农业区域品牌运营模式分析

农业区域品牌天生的"公共性"就注定了它生而不俗,但又必将命运多劫的坎坷之路。设计适合的运营模式可以事半功倍由于农业区域品牌的"公共性"和"行政性"原则,再加上我国政策体制的特殊性,这决定政府在农业区域品牌中处在既特殊又无法取代的位置。

农业区域品牌的管理和运营需要适度灵活,即要发挥政府引领的"行政性"原则,又要避免因政府远离市场,把脉不准而造成"外行指导内行",规划不切实际,推广不接地气。所以,模式没有好坏之分、关键看是否适合当地现有的农业现状。

管理的最终目标就是不断追求效率或效率的最大化,而中国式管理的最高智慧就是"无为而治"。真正的管理智慧是善于"因势利导"制定科学的"管理机制"和"激励措施",立足当地的具体情况,将各利益相关方合理定位,并明确各自责、权、利,让其形成一个科学的自动运转机制最终使各相关主体在这个科学的机制下自动运转,各取所长、各司其职、各尽所能、各善其事、各有所成、各取所需。

一、农业区域品牌管理运营模式探索

（一）十年树木百年树人，品牌塑造也是如此

虽然我们看到过无数个农业区域品牌在国内市场甚至是国际市场上叱咤风云、风光无限,但我们也必须清楚"一将成名万骨枯"的道理。要想成就一个农业区域品牌需要很长时间的正确努力、探索、创新和积累,而毁掉一个品牌往往只需要一个负面因素或者一个偶然因素,就可能让其之前所有的努力功亏一篑、前功尽弃。

外人看到的往往只是光鲜的外表,而每一个成功农业区域品牌的成长史,一定是一个艰苦创新的奋斗史,任何成功的区域品牌背后一定是一个长期的探索、试错、学习、创新和长期积累沉淀的过程。

（二）农业区域品牌的规则性

农业区域品牌天生的"公共性"就注定了它生而不俗但又必将命运多舛的坎坷之路。区域品牌打造是一个跨部门、跨行业、跨学科、跨领域的系统性工作,没有任何一个人能

够在所有相关行业同时具有专业能力。所以，农业区域品牌打造一定是一个权威部门领导、专业机构运营，多部门联动，全区域协同推广的系统性工作。

（三）农业区域品牌的规划

设计适合的运营模式可以事半功倍。方向对了不怕路远，方向错了跑得越快，偏得就会越多。世界各国农业发展基础和发展阶段各有不同，所处的农业体制和政策背景也千差万别，自然就造就了许多不同的农业区域品牌运营模式。经过各地多年的探索，目前世界上主流运营模式有以下几种：政府主导型、国企主导型、协会主导型、龙头企业主导型等，另外还有一些以此为基础的延伸模式。各种模式在国外都有成功的案例，而且在我国也都有类似模式的尝试和探索。这些模式没有谁好谁坏，只有适合与不适合。到底哪个模式更适合当地农业区域品牌的特殊性，需要具体情况具体分析。所以，我们即要学习借鉴，同时更应该学会消化、吸收和再创新。

综上所述，农业区域品牌打造的关键点：

第一，在于能否深入诊断、系统规划、精准定位、差异表现、精准溯源、全程监督。策划和创造一套有吸引力的品牌符号表现系统和具有亲和力的品牌定位及理念系统，是充分发挥农业区域品牌"产业名片"的"品牌引领优势"的前提。

第二，三分规划七分执行。一个再完美的农业区域品牌规划和差异表现也只是品牌打造的第一步，能否组建一个有凝聚力和号召力的组织领导系统和有专业管理运营能力的管理运营团队是能否充分发挥农业区域品牌"产业大旗"的"资源凝聚优势"的重要根本。

第三，未求胜而先知败，未雨绸缪，有备无患。农业区域品牌的推广和管理是一个纷繁复杂而有变数频生的过程。如何制定科学推广、全程监管和持续提升的运营机制，如何广泛调动全区政府、协会、企业、服务机构以及广大农户等决策主体、运营主体（服务主体）、经营主体、市场主体以及消费主体的最大积极性和自觉性，是能否充分发挥农业区域品牌"组织联动优势"，全面实现和提升农业区域品牌"产业金牌"价值力的重要保障。

二、政府在农业区域品牌管理运营中的作用

农业是立国之本，是民生之基。农业区域品牌的"公共性"和"行政性"原则，加上我国政策体制的特殊性决定，政府在农业区域品牌中处在特殊重要而又无法取代的位置。农业区域品牌的责任和使命也要求政府必须在区域品牌的建设和管理运营中发挥重要的引导和辅助作用。

（一）制定区域农业品牌发展规划

地方政府要树立积极的农业区域品牌意识，立足产业实际、吃透产业政策、打开国际视野，积极学习国内外农业区域品牌建设的先进经验，结合当地农业产业或特色农产品的发展和市场竞争力现状，把农业区域品牌建设纳入到区域农业产业发展战略之中，合理引

导区域农业产业化升级和品牌化战略实施。这也是我国农业供给侧改革、农业产业价值升级和农业品牌化战略的需求和关键。

（二）完善农业科技化教育与推广体系建设

通过加快推进农业科技示范园区建设及相关工作推进，积极对接国际国内的农业科技机构，加快引进和尝试培育适合当地生态环境特征的优良品种。扶持地方科研机构提升科技转化水平，加强区域农产品良种培育及栽培技术的创新，确保区域特色农产品的优良品质。加大科学种养和生产管理技术培训，提升地方农民科技意识、生产管理水平，从根本上提升农业标准化和专业化生产水平，保障农产品品质。

（三）推动农业营销及服务体系建设

农产品营销及服务体系建设是实现区域农业规模化和专业化基础服务保障，农产品流通体系是区域农业实现市场化和品牌化的基础保障，地方政府应充分调动行政资源和社会力量，加大推动农业金融与农产品流通服务体系建设速度和质量，确保区域内企业和农民没有后顾之忧。

（四）扶持农业区域品牌建设、保护与公共推广

积极鼓励和支持区域农业产业化升级，加大对"三品一标"农产品、特色优势农产品、涉农龙头企业、优势产业协会及优秀农业服务主体的宣传和奖励，努力推广打造农业区域品牌、涉农企业品牌和特色农产品品牌和农业服务品牌矩阵。对农业区域品牌保护、宣传应提供财政支持和工作协调支持扶持品牌建设。发挥政府资源整合优势和政策号召力优势，加强区域内农业产业各相关主体公共品牌意识引导和培训，强化区域内农业特色产业的特色节事活动、文化活动、民俗活动的支持和宣传。

（五）理顺体制做好组织领导和监督服务

定位好政府角色，以农业区域品牌的"行政性"原则为指导，发挥政府组织领导作用，指导农业区域公用品牌组织管理系统建设，监督和服务农业区域品牌管理运营系统工作。

三、企业在农业区域品牌管理运营中的作用

（一）农业区域品牌是"魂"，企业为"体"

任何农业区域品牌，脱离优秀的企业品牌支持就将魂不附体，必然走向灭亡。农业区域品牌的公益性和区域公共品牌意识的缺失，给管理和维护带来了极大的不便。再加上农业区域品牌大部分以集体商标或证明商标的形式存在，这就决定了农业区域品牌"拥有者不经营，经营者不拥有，政府、协会推广而不使用，企业、个体使用而不维护"。

所以，农业区域品牌就像丰姿优美的"大众情人"，秀外慧中、有品有色却是"名花无主"。而作用区域内的农业企业或个体经营者，为了自己的利益谁都想占点便宜，拿来装点门面、提高品位，但是谁又都不想对其负责。所以，很多农业区域品牌总是"命运多

舛"，不是"高产低价，丰收伤农"，就是品牌疏于管理出现"以次充好，以假乱真"导致"公地悲剧"屡屡上演，一不小心就可能糟蹋在个别无良无责的企业或个体商贩之手。

（二）产业为本，企业为根

企业才是市场经营的主体，企业品牌及企业特色农产品品牌的发展和提升才是区域农业产业升级的最直接动力和表现方式。在我国大部分地区，区域农业都是以区域内农业企业的产品标准化和品牌化为基础。没有企业品牌做支持，区域农业的产业化和竞争力几乎无从谈起。

所以，发挥企业市场主导作用，运用"背书品牌模式"，以企业品牌为主体，以农业区域品牌为背书，支持企业品牌形象和价值升级，激发市场内生动力，提高市场竞争力，鼓励企业走出去，并通过自身销售渠道、品牌宣传和市场行为将农业区域品牌以背书品牌的形式带出去，以企业发展推动产业升级和农业区域品牌影响力提升，以企业销售能力提升带动农民脱贫致富，是我国大部分区域农业产业化发展和品牌化战略的首选之路。

一、协会在农业区域品牌管理运营中的作用

农业区域品牌是集体资产，任何部门都不能掉以轻心，管理太松就会造成品牌滥用，长此以往必然损坏品牌的公信力和美誉度。而如果管理太严又不能充分发挥品牌价值，影响品牌知名度和影响力的提升。

同时，即要发挥政府引领的"行政性"原则，又要避免因政府远离市场，把脉不准而造成"外行指导内行"，规划不切实际，推广不接地气。所以，农业区域品牌的规划和管理运营还必须遵循执行的"灵活性"原则。如果完全交给市场交给企业，又可能出现企业"即当运动员又当裁判"有失公平竞争或奖励政策"肥水不流外人田"又为农业区域品牌的"公共性"原则。

所以，农业区域品牌的管理和运营需要适度灵活。

区域行业协会（或商会、联盟等，以下统称"行业协会"）一般是在特定区域范围内，某一特定行业的生产主体、经营主体、相关服务主体或自然人，为了共同的目标而成立的非营利性法人社会团体。虽然，我国因政策或体制环境的特殊性，部分区域行业协会也存在半行政化特征，但行业协会大部分还是以提高行业自律、维护公共利益、规范市场竞争或共同塑造区域公用品牌等公益性服务职能为宗旨。

因此，在我国行业协会与政府相比显然更贴近市场，了解企业需求和市场发展趋势，更容易觉察行业存在的问题、潜在危险和未来发展的前景，对行业内不同企业的产品优势、管理水平、技术储备和竞争力水平等情况也更加熟悉。同时，与企业和农户相比常常又具有半官方色彩，具有一定的组织力和公信力。

行业协会是政府和企业之间的桥梁和纽带，比政府更了解市场，比企业更接近政府。

协会应该充分发挥自身的资源整合能力，加大对协会成员区域公共品牌意识的宣传教育，利用自身凝聚力和号召力，组织会员企业共同参与和支持农业区域品牌打造和推广。

发挥自身贴近市场、体察民企的条件优势，积极参与和支持农业区域品牌相关政策、法规、制度和规划的制定、完善和落实。另外，还应该积极争取政府授权，参与或主导农业区域品牌的管理、运营、推广和监督工作，并帮助政府处理好政企关系。

二、农业区域品牌常见运营模式分析

管理运营模式选择和设计是农业区域区域战略执行落地的关键环节。不同社会背景造就不同的农业经济模式和农业体制，而不同农业经济模式和农业体制又催生出不同的农业区域品牌管理运营模式。不同的农业区域品牌运营模式有各自产生的背景，同样也有各自的优势和局限性。

所以模式没有好坏之分，关键看是否适合当地现有农业现状。判断一个模式是否适合，主要是看模式管理运营过程中各相关主体关系和责、权、利能否得到合理定位和分配，并最大化的发挥各自的优势和作用。

（一）农业区域品牌运营模式的选择与设计方法

1. 领导组织建设坚持三大原则

（1）坚持公共性原则

坚持以公共服务为宗旨，避免个别单位或个人徇私舞弊、以权谋私、假公济私，必须保证农业区域公用品牌的公共属性，品牌共建，利益共享。

（2）坚持行政性原则

支持公共事业生政扶持原则，充分发挥政府及相关部门的行政优势和作用，强势推进和引领农业区域品牌良性发展、健康成长，在品牌规划、决策和造势推广的关键时期，更应该发挥重要的"大手"扶持作用。

（3）坚持灵活性原则

坚持市场化运营的灵活性原则，充分发挥市场在社会资源配置中的主导作用，发挥协会和企业贴近市场、嗅觉灵敏的先天优势，保障在农业区域品牌管理和推广中的反应速度和工作效率。

2. 运营主体选择和确定关键看是否具备三大优势

根据运营模式的不同，运营主体也有多种不同的选择。主管领导应该充分考虑到当地产业发展的实际情况，如市场成熟度、品牌集中度、农业区域品牌影响力基础，以及当地协会或龙头企业实力和积极性，深入分析农业区域品牌运营和管理权交给谁，才能够最大限度发挥其三大优势。

（1）是否具备资源整合优势

拥有良好的行业资源和社会信誉，有能力整合行业优势资源及发挥区域行政资源，有能力打造农业区域品牌这张"产业名片"。

（2）是否具备组织联动优势

拥有良好的区域号召力和行业口碑，有能力组织行业主流企业及产业上下游及全社会参与联动,共同造势共同推广,有能力扛起农业区域品牌这面"产业大旗"。

(3)是否具备品牌引领优势

能够主导或协调区域优势企业、优秀特色农产品品牌,及产品营销、渠道建设及品牌宣传等资源,可以快速协调品牌联动、搭建品牌矩阵,最大限度发挥区域内产品价值、产地价值、产业价值及文化价值合力,实现"产业金牌"的农业价值的塑造。

另外,根据农业区域品牌打造的阶段性原则,如果确实在当时条件下难以选择合适的运营主体,也可以采用"先推广,再过渡"的方式,政府主管部门前期先主动承担品牌管理运营职责,同时积极组建行业协会、股份公司或邀请龙头企业进行运营模式设计。待条件成熟,再将管理运营权逐步转交给新的运营主体。

3.管理运营流程要定位好五大主体,协调好三大关系

农业区域品牌运营五大主体是及角色(职责)定位:

决策主体——组织领导

运营主体——运营造势

经营主体——推广受益

市场主体——经营受益

消费主体——消费监督

农业区域品牌运营三大关系:

要处理好农业区域品牌管理运营首先要解决品牌关系的问题:品牌谁拥有、谁管理、谁监督?

农业区域品牌的"商标所有权"和"商标管理权"是品牌管理运营中的核心问题。我国目前的农业区域品牌一般为"集体商标"或"证明商标"属性,商标注册一般通过行业协会来申请和拥有。而我国之前的行政体制,导致现有的很多行业协会仍然与政府部门还保持一定的隶属关系。有些地方政府为了保护农业区域品牌,专门成立行业协会来注册保护区域品牌。同时,也有不少农业区域品牌被社会企业或个人抢注,商标所有权不在政府或协会手中。

(二)农业区域品牌都必须坚持"公共性"原则。

1.战略决策者与品牌运营者关系

品牌所有权,必须公有化。如果品牌所有权不在手中者,要么转让,要么购买,要么重新注册。总之,必须坚持"品牌公有制"。

2.品牌运营者与使用者关系

想要使用农业区域品牌就必须加入管理组织,必须遵守相关管理规定、制度和产品标准化要求。谁运营,谁组织,谁授权,谁管理,但必须坚持"行政性"原则,接受政府领导和监督。总之,品牌管理必须坚持"谁加盟,谁使用,不守约,不授权"原则。

3.品牌使用者与监督者关系

管理、使用、监督要到位，原则上要分离。品牌使用企业必须诚信使用，承诺对产品负责。政府完善监督、管理、考核、奖励、处罚措施。所有使用农业区域品牌的商品，必须达到"可视化、可量化、可追溯"要求。

第二节　农业区域品牌运营模式

一、农业区域品牌五位一体运营模式

管理的最终目标就是不断追求效率或效率的最大化。而中国式管理的最大智慧就是"无为而治"。

真正的管理智慧是善于"因势利导"制定科学的"管理机制"和"激励措施"，立足当地的具体情况，将各利益相关方合理定位，并明确各自责、权、利，让其形成一个科学的自动运转机制。最终使各相关主体在这个科学的机制下自动运转，各取所长、各司其职、各尽所能、各善其事、各有所成、各取所需。

所以，"无为"并非无所为，而是有所"为"有所"不为"。

有所"为"是"因势利导"搭建科学体系，制定科学的"管理机制"和"激励措施"激发各主体自发求成，让体系进行自动良性运转。

有所"不为"则是各取所长、各司其职、各尽所能，每个主体都要清楚自己的定位和责任、权利及义务。不该自己插手或参与的事情不要过多参与，以免多此一举。决策者不要插手运营，运营者不要插手监督，监督者不要插手决策。最好的运营模式就是将品牌运营和各个相关主体责权明确、定位清晰，让各个相关主体之间达到最佳的优势互补效果。

五位一体农业区域品牌管理运营模式：

（一）决策主体：组织领导，以立"权"

决策主体拥有农业区域品牌的"商标所有权"或"决策权"。同时掌握区域农业相关的规划编写、政策起草和法规制定。

主要负责农业区域品牌的组织领导，是农业区域品牌运营的"心"。可以通过相对宏观的政策手段调控区域产业的发展方向和运行机制，为区域产业升级和区域品牌打造提供持续的"原动力"。

决策主体作为农业区域品牌的决策者，有义务引导区域产业升级和品牌化升级，制定有利的规划、制度和扶持政策、协调相关资源帮助农业区域品牌实现成长。

（二）运营主体：运营造势，以立"势"

运营主体拥有农业区域品牌的"管理权"。

主要负责农业区域品牌的策划、运营、管理和推广造势,是农业区域品牌运营的"脑"。可以通过推动产品的标准化建设和区域品牌授权管理,实现区域市场规范和区域品牌保护。

运营主体作为农业区域品牌的管理者,有义务通过区域品牌的号召力和i凝聚力,策划和组织各种有利于提升区域公共品牌意识和扩大区域品牌影响力的比赛、节庆、评选等推广宣传活动,造势并引导区域内的所有主体共同参与和推广宣传农业区域品牌,让农业区域品牌保持持续的活力和良好的发展势头。

(三)经营主体:推广受益,以立"名"

经营主体拥有农业区域品牌的"使用权"。

主要负责区域产品的销售和农业区域品牌的推广,是区域品牌的"脚"。经营主体是农业区域品牌走出去的重要载体,经营主体的品牌宣传到哪,区域品牌作为品牌背书就被带到哪,经营主体渠道开到哪,区域品牌就跟到哪。

经营主体作为农业区域品牌最核心的受益者,有义务不断提升产品品质,持续加强区域品牌宣传,始终维护农业区域品牌形象,处处以区域品牌"实际拥有者"的身份提升自信、提高自律,推广提升农业区域品牌的"知名度"。

(四)市场主体:经营受益,以立"誉"

市场主体是经营主体的延伸,主要从事区域产品的终端销售和服务,是区域品牌的"手"。

主要负责与消费者和客户的直接互动对接,是农业区域品牌最前沿的活的"代言人"。市场终端呈现好,则区域品牌形象好,市场服务形象好,则区域品牌体验好,市场产品口碑好,则区域品牌口碑好,市场销售业绩好,则区域品牌业绩好。

市场主体作为农业区域品牌的销售者和"代言人",也有义务推广区域品牌形象,传播区域品牌理念,维护区域品牌信誉,帮助区域品牌提升"美誉度"。

(五)消费主体:消费监督,以立"忠"

消费主体是区域产品的最终消费者,也是"评价者"和"监督者"。

消费主体以自己的真金白银来表达对区域产品和区域品牌的喜好和忠诚。

同时,也可以发挥自己的"反向监督"权,通过"举报""点赞"或"重复消费"来表达自己对农业区域品牌"满意度"或"忠诚度",从而为区域品牌的成长提供最真实的意见和反馈。

(六)打造区域农业"品牌价值共同体"

农业区域品牌是五大主体存在的前提,也是五大主体各善其事、各有所成、各取所需的保障。一荣俱荣,一损俱损。所以,通过各种培训会、宣导会、交流会和经验分享会,组织深入市场、深入企业、深入农村、深入农户的区域品牌宣传引导工作,强化提升区域"公共品牌意识",宣传、倡导和强化"品牌价值共同体"观念是统一区域思想,统一区域战线的必要工作。

二、农业区域品牌一体化协同运营

（一）农业区域品牌"一体化"协同管理运营模型

一核三品四度六体系的一体化协同关系

1. 一核：区域品牌核心价值观

以强化区域公用品牌意识，打造区域农业"品牌价值共同体"为区域品牌核心价值观。先统一思想，再统一战场。

2. 三品：区域农业品牌矩阵

凝聚"农业区域品牌""企业品牌"和"区域特色农产品"三品，共同组建"区域农业品牌矩阵"。发挥农业区域品牌的凝聚力和号召力，利用资源整合优势、组织联动优势和品牌引领优势，将区域品牌宣传从单兵作战升级为集团军一体化协同作战。

3. 品牌四度和推广四感：区域农业品牌影响力提升

整合现代融媒体传播策略，运用"存在感""参与感""幸福感""优越感"四感营销思维，全面提升农业区域品牌"知名度""美誉度""忠诚度""价值度"四度品牌影响力。

4. 运营管理六体系：一体化协同运营体系

遵循和兼顾农业区域品牌的"公共性""行政性"和"灵活性"原则，统筹协调"品牌规划体系""领导组织体系""管理运营体系""产品营销体系""协同推广体系"和"监督服务体系"六大体系统一思路，一体化协同推进共同致力于强化区域公共品牌意识，打造区域农业"品牌价值共同体"，推动区域农业产业价值升级和农业区域品牌打造。

（二）农业区域品牌一体化协同运营流程

1. 品牌规划体系

（1）主要工作

第一，区域农业产业化升级战略规划；

第二，区域农业品牌化战略规划；

第三，农业区域品牌形象策划；

第四，农业区域特色农产品品牌形象策划；

第五，推进区域农业产业化升级及品牌化战略相关政策制定等。

（2）解决问题

解决区域农业产业化、品牌化发展方向和政策驱动力问题。

（3）遵守原则

规划的前瞻性原则，政策的适用性原则。

2. 领导组织体系

（1）主要工作

第一，建立规划工作领导小组与决策组织；

第二，制定规划工作领导与决策机制及工作管理制度；

第三，规划工作关键项目及关键点控制与决策等。

（2）解决问题

解决规划工作如何高质高效推进，区域资源及行政资源如何进行整合，区域组织联动力如何发挥的问题。

（3）遵守原则

资源整合与组织联动的行政性原则，和方案论证的民主讨论集中决策原则。

3. 管理运营体系

（1）主要工作

第一，确定（或组建）区域品牌运营主体；

第二，设计区域品牌运营管理模式；

第三，区域品牌商品等级标准体系建设；

第四，区域品牌商标使用授权制度及申请审批流程；

第五，区域品牌商标标准化系统；

第六，区域品牌商标使用与管理规范；

第七，受权企业质量标准承诺书等。

（2）解决问题

解决区域品牌规划及运营模式设计及品牌管理制度体系。

（3）守则原则

运营管理以服务区域农业产业升级及品牌化建设为宗旨，遵循品牌公共性、制度适用性、运营灵活性原则。

4. 产品营销体系

（1）主要工作

第一，整理汇编农业区域品牌、企业品牌、特色农产品品牌目录；

第二，搭建区域农业品牌矩阵（包括：农业区域品牌、企业品牌和区域特色农产品）；

第三，整合并搭建区域农业流通渠道体系（包括：传统渠道、现代渠道、特殊渠道等）；

第四，搭建区域农业市场对接与销售推介平台等。

（2）解决问题

解决区域农业品牌凝聚力、区域农产品销售和宣传渠道建设问题。

（3）守则原则

借助政策行政性原则，发挥区域品牌凝聚力和号召力。

5. 协同传播体系

（1）主要工作

第一，搭建区域农业品牌宣传媒体矩阵（包括：官网、官微、公众号、传统媒体、节事活动）；

第二，制订年度一体化协同推广计划；

第三，打造矩阵式品牌宣传推广体系；

第四，围绕品牌四度，采用融媒体公关思维，策划实施四感宣播策略等。

（2）解决问题

解决散、乱、差，高成本低效率的碎片式品牌传播问题。

（3）守则原则

遵循区域品牌不同时期的阶段性原则。

6. 监管服务体系

（1）主要工作

第一，搭建产品溯源体系；

第二，建立制定被授权企业信用评价体系及奖罚管理办法；

第三，健全农业质量监管、监测、执法三大体系；

第四，筹建企业农资、金融、检测、培训、营销等综合服务体系建设；

第五，搭建农业科技研发与推广体系；

第六，搭建企业培训与品牌孵化体系；

第七，策划区域品牌危机公关处理预案及商标维权方案等。

（2）解决问题

解决区域市场规范化运营、区域产业健康发展问题。

（3）守则原则

以强化区域公用品牌意识，打造区域农业品牌价值共同体为核心价值理念。

三、我国农业区域品牌运营需要培养强势的运营主体

经过各地多年的探索，农业区域品牌运营主流的几种运营模式作者都有尝试，而且基本都有成功的案例。那么一个区域品牌，我们可以选择政府主导型、国企主导型、协会主导型或者是龙头企业主导模式来运营，如果是整个区域或多个产业、多个区域品牌同时需要运营管理，我们应该如何应对呢？

我国，在各种农业区域品牌的模式中，政府似乎始终将自己定位成一个不可替代的大家长。近些年，为促进企业转型升级，各级政府出台了不少的政策措施。包括：各种专项资金，各种示范评选，各种项目改造升级等。综合评价，虽然起到了一定的引领作用，但总体来看政策精准度不强、效率不高、覆盖面不广。

究其原因，还是由于政府很难真正了解企业真实的发展状况和发展需要，也很难准确把握市场的变化，以致"外行指导内行"，不但浪费了行政资源、容易滋生腐败，而且也有可能破坏企业公平竞争的发展环境。

而很多离市场更近，企业自己组织的行业协会、商会、联盟或是已经有一定企业化基础的各地供销合作社系统，都更能够深刻而敏锐地察觉到所处行业的生存状态、存在的问题、潜在危险和发展前景，对于行业内不同企业的管理水平、技术储备和核心竞争力等情况非常熟悉。

在深化体制改革的过程中"市场的事交给市场去做"，随着"去行政化"和鼓励"市场在资源配置中发挥主导作用"的主流趋势发展，我们的确应该更加注重引导行业的成立或规范行业协会，支持和鼓励有影响力、凝聚力和号召力的行业协会、商会、联盟走上前台，积极发挥更大作用。

第三节　农业区域品牌的影响力评估

一、农业区域品牌影响力评估的意义和作用

随着市场经济的深入发展，品牌具有的无形价值已经被全世界所认知。品牌影响力是体现农业区域品牌竞争优势、获得品牌长期持续收益的基础。因此，农业区域品牌的影响力评估及对于评估体系的深入研究具有重要意义。品牌影响力是品牌战略的核心支点。打造农业区域品牌的终极目标，是为了创造和持续提升该品牌的价值，以实现产业价值延伸、产业价值投资和产业价值化运营的目的。农业区域品牌的影响力，即是持续稳定的销售力、产业链的资源整合力、区域产业经济的引领和带动力。

（一）品牌影响力评估是学习和借鉴品牌建设工作的有效途径

农业区域品牌是区域农业产业和经济发展规划中的重要构成部分，需要建立在品牌战略规划的基础上，通过前瞻性的顶层设计和一体化协同运营管理，塑造其特殊品牌价值，确保品牌的长远发展。品牌影响力评估通过对各地区农业区域品牌的横向比较和评估，发现区域品牌影响力的构成要素和关键指标，及探索获得高品牌价值的增值路径。因此，品牌影响力评估有助于农业区域品牌的建设者互相学习借鉴，并深刻理解品牌影响力的构成要素和相关要素及他们之间的关联性和系统性，为进一步拓展品牌建设思路、提升本地农业区域品牌的品牌影响力综合实力提供有效参考和指引。

（二）作为公共投资绩效的评价参考

近年来，全国在农业区域品牌的建设当中，各级政府投入了大量的人力、财力、自然资源、公共资源和大量资金。诸如地标产品保护、证明商标申请、行业协会组建、合作社

引导和规范、农业龙头企业扶持带动以及区域品牌打造和推广等。那么，公共投资的效果究竟如何，投资是否科学，收益如何评价？对此，农业区域品牌影响力评估也将成为评价此类公共投资绩效的重要参考。

（三）作为衡量区域产业竞争力的参考指标

农业区域品牌影响力是区域农业产业综合实力和整合能力的体现。通过评估农业区域品牌，有助于分析区域竞争环境中的产业发展状态和产业综合竞争力及产业资源凝聚力。在这个意义上，农业区域品牌影响力也成为区域产业竞争力的直接表现。

所以，农业区域品牌正在当下品牌消费盛行的时代，快速萌芽、发展并日渐崛起。农业区域品牌从产业萌芽到企业聚集、从品牌成长到快速壮大，已经对各地区域经济的发展产生了不可忽视的力量。农业区域品牌的建设和发展、崛起和壮大，正在为中国农业的成长与发展、中国农村的城镇化与现代化、中国农民的脱贫致富和素质提升，提供更有尊严的出路和更有想象力的空间。

当然，由于市场的关系我国绝大部分地区的农业区域品牌建设工作都处在尚未启动，或处于摸索前进阶段。此时，开展和推广农业区域品牌影响力的研究与评估，即是对区域品牌实践者和先行者的巨大鼓励，也是对区域品牌后来者的有益引导和思想教育。

二、BEST农业区域品牌影响力评估指标体系

随着国人对农业区域品牌重要性认识的不断提升，区域品牌及其影响力评估也越来越得到政府及企业的重视。随着农业品牌化战略步伐加快，和农业政策红利的到来，全国范围内各种农产品品牌和农业区域品牌的评选也层出不穷。

当然，组织评选活动容易，但想让评比结果服众却比较难。市场形势迫切需要一个公正、公平、公开的品牌影响力评估方法来规范我国的农业品牌市场。

所以，应市场需求为读者推荐"BEST农业区域品牌影响力评估指标体系"（以下简称BEST影响力评估体系）。该体系基于我们多年农业品牌化咨询服务经验和农业品牌评选组织经验，结合国内外多种品牌价值评估理论和工具模型，将农业区域品牌影响力评估的核心要素总结为"八大核心一级指标"和一个一级"负激励项"，一个一级"正激励项"，共"39个主要二级指标"。期望以此来引导各评选组织机构规范操作，指导品牌主体打造品牌科学投入，从而推动我国农业品牌快速提升品牌影响力，提高品牌市场竞争力

"BEST影响力评估体系"基本应用介绍：

（1）BEST影响力评估体系采用1000分制，十个核心一级指标权重分别为10%，即各占100分。

（2）由于各行业产业化程度发展不同，区域品牌建设发展阶段性不同，所以依据行业通用的动态性和适用性原则，评估规则可根据评估行业具体情况对十大指标的评估权重略做调整，39项二级指标也可随之相应调整。

（3）评比的宗旨是"择优推荐"和"重点激励"，所以结果不是最终目的。因此，我们增加一个"正激励项"和一个"负激励项"，权重也各占10%即各100分，用以平衡和调控评估体系，评估规则可酌情变化。

第四节　广东农业区域品牌推广进行中的四大变化

近年来，随着乡村振兴战略的全面实施，广东农业农村的高质量发展，迎来了新的发展契机，全省农业农村的发展形态，也出现了一系列深刻变化。在广东省农业农村厅相关负责人看来，市场化、国际化、食品化、数字化，是广东农业农村品牌推广的四个最大"变化"。

一、农产品市场化

一直以来，广东农业部门的工作重点从以往专注种养生产，直到目前聚焦市场需求、开展市场体系建设，倒逼生产端转型升级，广东农业农村的"市场化"变革得以实现。

广东农产品12221市场建设体系将市场导向作为其要素与农业生产经销的其他环节共同把握，提高了市场导向在产品供应和品牌打造中的重要性。它首先便是从数据时代下农产品市场的大数据出发，将市场各项指标和动向以数字化形式呈现，掌握市场实时变化和一手信息。在此数据网络下，农产品的供应需求和经销数量便得到了有力保障。12221中第一个数字2表示搭建两支队伍，分别对采购环节和生产环节进行专业化管理，使得生产和销售两个环节质量得以保证，形成"生产有质量，销售有门道"，良性沟通互动链条。

生产适应消费，倒逼产业升级

先看一组数据：2021年，徐闻菠萝上市销售约69万吨，占年产量的99%，产值为22亿元，同比增长36.2%；广东荔枝产值140.8亿元，均价为9.6元/公斤，在荔枝连续大年的情况下实现了丰产优价，高州荔枝区域公用品牌品牌价值达122.2亿元；化橘红通过封坛活动，典藏级化橘红认购交易额达8750万元，收购价约4元/斤，精品11元/斤以上，价格较往年翻了一番；德庆以果树认养为突破口，开通预定预约预支的新模式，每棵1111元，9天内被认养一空，贡柑价格超过10元/斤，已经有3000多棵果树名果有主。

《2021广东统计年鉴》显示，2019年以来，广东水果年总产值大幅增加。2020年，广东水果(含果用瓜)、坚果总产值为1084.18亿元，比2019年的1017.53亿元增长6.56%，比2018年的803.23亿元增长35%，远高于同期的水果种植面积增长率。这与广东大力推进"12221"市场体系建设时间相契合。

广东农业资源丰富，产业特色突出，拥有诸多区域特色明显、国际竞争力强、文化底蕴深厚的农产品品牌。广东菠萝、广东荔枝、广东(梅州)柚、阳西程村蚝、惠来鲍鱼、澄海狮头鹅、德庆贡柑、翁源兰花、遂溪香蕉、广东丝苗米等一批特色农产品得益于"12221"市场体系建设，成功"出圈"，打响了品牌、打出了市场、提升了价值。

农业产业要做大做强，市场是动力源。广东用实践证明，"12221"市场体系改变农业农村传统发展重生产、轻市场的理念，改变过去"一条腿"走路的情况，强化生产、市场两端作用，从市场端发力，让生产去适应消费，构建出一套农业生产、市场有效运行的系统解决方案，实现农业生产组织化、品牌打造、销量提升、市场引导、品种改良、农民致富等一揽子目标，从而带动整个产业链产业方式、经营方式、生产方式变革。

徐闻是"12221"的策源地，徐闻菠萝产业发展曾遭遇市场瓶颈，因"12221"成为致富果。徐闻县委书记罗红霞说，"12221"因破解"销售难"而诞生，因助推"农民富"而引领，因实现"产业兴"而有未来。

"12221"模式从一地到多地、从一品到多品，快速推开、成效显著，得益于处理好了生产与市场"两手抓"、有效市场和有为政府有机结合两组关系。在"12221"市场体系中，前期政府统筹配置各种生产要素，有效配置和协调市场；后期市场机制自行"造血"，市场动力持续激活，政府"淡出"作为辅助，依靠"有效市场＋有为政府"，共同推动了全产业链发展。

二、农产品国际化

被称为"农业WTO"的RCEP将于2022年1月1日正式生效，作为农产品进出口大省，广东的农业农村国际化迎来了新的机遇与挑战。恰逢RCEP正式生效，广东不少地方正加快RCEP农产品国际采购交易中心建设运营；推动农产品精深加工产业集群发展，加大农产品出口RCEP的市场份额；并鼓励和引导企业"走出去"；建设RCEP农业贸易公共服务平台；建立健全农产品质量安全体系，培育RCEP领军企业及打造RCEP品牌，全力推动农业国际化。

农业的地缘性造就了农产品的独特性、互补性，热带生产不了寒带的产品，温带生产不了热带的产品，跨区域贸易是实现农产品价值最大化的必由之路。为应对RCEP的开展，目前广东正着手主抓市场体系建设，推动产业升级，发展数字农业技术、设备，实现农产品食品化、工业化，最终形成"工出农进"的良好局面。广东农产品的销售半径也从全省、到全国、再到全球，这体现了广东农业农村的"国际化"变革。

广东是改革开放的前沿，也是世界观察中国的重要窗口之一。近年来，在"12221"市场体系引领下，广东打造"六个一批"，即一批"走出去"的领头企业、一批"走出去"的特色产品、一批"走出去"的生产基地、一批"走出去"的专业人才、一批"走出去"的政策机制、一批"走出去"的创新举措，走出了一条国际贸易和国际传播相辅相成、相互促进、相得益彰的新路，农业"走出去"步伐逐年加快，示范带动农产品贸易持续健康发展，以农产品对外贸易"小切口"推动了农业产业大变化。

此外，广东也已启动农业领域对接 RCEP 十大行动计划，并着手筹建遂溪县 RCEP 香蕉国际采购交易中心、广东德庆县 RCEP 柑橘国际采购交易中心、广东高州市 RCEP 荔枝（龙眼）国际采购交易中心、广东梅州市 RCEP 柚子国际采购交易中心、广东徐闻县 RCEP 菠萝国际采购交易中心等市县 RCEP 农产品国际采购交易中心等六大中心。

立足双循环，农产品"组团出海"

2021 年以来，广东农产品出口频频传来喜报。徐闻菠萝出口俄罗斯、日本、吉尔吉斯斯坦、阿联酋迪拜等国家和地区约 530 吨，货值 440 万元，同比增长 76.4%，并实现徐闻菠萝出口跨境电商"零突破"。广东荔枝海外市场开拓取得历史最好成绩，上半年广东荔枝出口量同比增加 79.8%，国际品牌影响力显著提高……

立足双循环，打通国际国内大市场，广东农产品"走出去"才能实现价值最大化。RCEP 是促进农业国际贸易的难得机遇，广东已在谋划一系列具体实事，拟成立 RCEP 香蕉、柑橘、荔枝（龙眼）、柚子、菠萝国际采购交易中心。

"广东要强化推进农产品'走出去'，以荔枝'走出去'作为小切口，通过标准化、国际化竞争，倒逼产业质量水平提升，同步推动菠萝、龙眼、柑橘和柚子等广东特色农产品'组团出海'。"

三、农产品食品化

随着产业升级发展，农产品食品化趋势日益明显，发展预制菜产业，成为广东农业高质量发展的下一个风口。目前，广东已举办召开预制菜产业发展大会，发布十条政策措施推进预制菜产业发展，公布 18 项关键技术成果，并在"保供稳价安心"数字平台上线预制菜专区，谋划创建预制菜产业园，多举措、全方位助力粤式预制菜发展，推动预制菜产业在更高层次、更高水平、更高质量上迭代升级，争取成为中国预制菜产业先行区。

中央厨房为抓手，连接田头与餐桌

适应现代人生活方式的改变，美味便捷的"预制菜""通吃"全球，衍生出万亿级大市场。据行业人估计，中央厨房正在孕育着大市场，年增长率将达到 6% 至 10%，预估近 5 至 10 年内，市场规模将达到 6000 ~ 10000 亿元。

中央厨房是农产品食品化的重要风口，广东自然不会放过。

看看粤东。"把潮州菜中央厨预制菜产业打造为百亿元产业！"时任潮州市委副书记崔建军表示，"潮州加强与省盐业集团合作、成立潮州菜中央厨房研究院、提高科研能力弘扬潮州味道、举办中国厨师大会推一批潮州菜大师傅、建设潮州菜示范基地和制定标准、推动潮州菜中央厨房联盟建设、引进金融保险撬动产业高质量发展。"

看看粤西。湛江吴川要把罗非烤鱼打造成湛江的"螺蛳粉"。吴川市现有上规模的淡水养殖户 610 多户，2020 年罗非鱼产量超 10 万吨，年产值超 8 亿元。以切片加工、冷藏等技术处理的吴川烤鱼，实现了从原始食材到预制菜品工业化量产、从"养殖"到"餐桌"

的转变。目前，吴川烤鱼已经深度布局国内餐饮、流通、商超、电商等市场，遍及全球40多个国家和地区。

从东向西，农产品食品化的东风吹遍了南粤大地。地方在实践，省级在谋划。"湾区央厨，全球共享"2021中国（东莞）农产品食品化工程中央厨房（预制菜）峰会近日在东莞召开，会上提出搭建中央厨房（预制菜）专馆、建设中央厨房（预制菜）线上家园、创办人才实训基地、培育龙头示范企业、广东农产品食品化工程—中央厨房（预制菜）联盟等十件实事。

据了解，广东将农产品食品化工程列入农产品市场体系建设中，以水产企业为突破口，鼓励农业企业变水产品加工为海洋食品制造，培育中央厨房龙头示范企业并向外辐射，以构建中央厨房全产业链集群，打造"中央厨房特色产业园"。

四、农业数字化

近年，广东农业农村数字化发展成效突出，通过数字赋能，将湛江市遂溪县界炮镇江头村打造成全省首个圣女果亿元村；通过发展农业大数据，初步建成了一批田头智慧小站，打造集便利仓储、分拣包装、直播卖货、冷链运输、金融保险于一体的田头仓储冷链体系，推动仓储冷链地头化、移动化；制定了数字农业五年计划，举办世界数字农业大会，建立数字农业联盟、推出数字农业擂台大赛等。"加快数字技术与农业产业体系、生产体系、经营体系、消费体系融合。""农村数字化管理水平日趋完善。""实施数字农业发展联盟、数字农业试验区、大湾区数字农业合作峰会'三个创建'。""推动数字农业产业园区、'一村一品、一镇一业'建云上云、科技示范创新团队、数字农业农村重大项目、数字农业示范龙头企业、数字农民专业合作社、数字农业农村新农民、数字农业农村重大应用场景（模式）等'八个培育'"……

日前广东省农业农村厅日前印发《广东数字农业农村发展行动计划（2020-2025年）》，提出到2025年广东数字农业农村发展取得重大进展，有力支撑数字乡村战略实施。

《行动计划》指出，广东省以"政府引导、市场运作、企业主体"的建设模式，建设覆盖农业全产业链条的数字农业试验区，鼓励引导非农企业、数字技术产学研机构进驻，打造数字农业硅谷，推动广东数字农业跨越式发展。包括继续推进创建佛山市南海区里水镇"农产品跨境电子商务"综合试验区、茂名等全国农业农村信息化示范基地、阳西县省级数字农业示范县；推动广州市增城区5G智慧农业试验区、江门市5G智慧农业科创园建设，创新孵化5G智慧农业核心科技、推进5G智慧农业产业要素聚集；在湛江开展5G+智慧水产示范应用，促进水产养殖、加工、冷链物流等产业链条有机融合。

"八个培育"是广东省数字农业农村发展行动计划的重要支撑，广东省将"培育一批数字农业农村重大项目"。

"互联网+"农产品出村进城工程，将加快推进信息技术在农业产业链全过程的广泛应用，建设广东农产品"保供、稳价、安心"线上平台等，促进农产品产销高效对接，探索大宗农产品远程交易新模式。

推动现代农业产业园、特色农产品优势区、农业龙头企业、菜篮子基地和农民专业合作社等与国内、国际知名互联网企业开展合作对接，拓展平台应用覆盖面，实现多平台融合线上销售，加快推进"菜篮子"车尾箱工程建设应用，推动粤港澳大湾区"菜篮子"供应链数字化应用，畅通农产品营销渠道，助推农产品出村进城。

建立完善适应农产品网络销售的供应链体系、运营服务体系和支撑保障体系，促进农产品产销顺畅衔接、优质优价，带动农业转型升级、提质增效，拓宽农民就业增收渠道，以市场为导向推动构建现代农业产业体系、生产体系、经营体系，助力脱贫攻坚和农业农村现代化。

一只鲍鱼，搭上数字化翅膀，会"飞"得多远？走进惠来，寻找答案。惠来是广东最大的鲍鱼产区、全国优质鲍鱼的著名产地，总养殖面积 5000 多亩，产苗 40 多亿粒。2020年，惠来在全省首创举办网络节，全县鲍鱼产业销售收入整体提升 6 亿多元。2021 年惠来升级云展会，网络曝光量超过 2000 万。

再看看其他地方。广州白云区策划"云上花市"解决了销售难题，澄海筹办了 2020年中国汕头澄海狮头鹅国际网络节暨农产品跨境电商发展峰会，云签约了 28 个狮头鹅产业重大合作项目。

数字农业"新业态、新功能、新技术"蓬勃兴起，广东已在"数字销售 - 数字供应链服务 - 数字生产"各阶段进行了有效实践，农产品"保供稳价安心"数字平台、菠萝大数据、荔枝大数据、云展会、"广东百万农民线上免费培训工程"、植保无人机飞防、水稻精准种植"5G+ 智慧农业"、数字农业试点示范县建设等成为广东数字农业的创新措施。

广东数字农业建设步伐紧凑：2020 年 6 月，省农业农村厅印发《广东数字农业农村发展行动计划》（2020-2025 年），提出"三个创建""八个培育"重点任务；2020 年 12 月，广东首创举办世界数字农业大会；当前，广东正在筹备世界数字农业博览会，举办数字农业擂台大赛，评选数字农业的先锋人物。

农业数字化于"12221"而言，就是要充分做好"1"个农业大数据的文章，开展农业全产业链大数据应用示范，以数据的共享、开放、挖掘、利用，服务城乡要素融合、精准对接供需、助推产业升级。菠萝、荔枝大数据已在发挥作用，其他品类也跟上步伐。

肇庆市委副书记杜敏琪说介绍，肇庆将重点打造中国德庆柑橘国际采购中心和建设柑橘大数据的平台。梅州市人民政府副市长温向芳分享喜讯，梅州柚官方旗舰店（梅州店）10 月 30 日正式揭牌，打造为只卖优质、高端梅州柚的电商首选渠道。

中共中央党校（国家行政学院）经济学教研部教授徐祥临认为，大数据技术有望消除生产严重过剩造成"谷贱伤农、果贱伤农、菜贱伤农、肉贱伤农"等现象，让生产优质农产品的农民增产增收。

"广东正在建设农产品数字化高地，以数字化力量推进广东农业跨越式高质量的发展，为广东农产品插上互联网的翅膀，飞向全国，飞向全球。"

第五章　系统化农业品牌营销策略

第一节　品牌营销系统

一、品牌营销是系统战

在农业经营环境发生深刻变化的今天，许多企业严重扭曲市场营销的基本职能，特别是市场职能。企业过分强调销售花样的翻新的红海争夺，甚至期望通过一招一式打败主要竞争者。这是不现实的也是不长久的，因此，品牌营销的系统整合显得尤为重要。

市场营销资源的系统整合是解决市场高效运营的最好途径。在农业品牌运营的实战中，企业往往忽略公司与市场资源的系统整合，并有机地与宏观环境相匹配。为此，处于调整、整合和迷茫阶段的中小农业企业在思考自身发展战略的同时，还需深度考究战略发展的市场营销资源系统整合举措，并借势拓展自身产业又好又快发展的视野与空间。

农业企业特别是中小型企业必须具有市场营销的系统整合意识，要有全局观，要正确处理市场职能与销售地位、过程管理与结果达成、企业长远战略与眼前利益、现实所得与可持续发展等关系。

农业产业有形与无形资产经营的有机结合。中国农业市场大多企业处于有形的产品经营阶段，容易忽略无形资产特别是企业形象、产品品牌的堆积与沉淀。处于创业时期的中小农业企业承受着巨大的竞争环境压力。但在企业的运营中必须两手抓，两手都要硬。

解决企业生存与发展遇到的问题必须是从企业各经营管理链条的每个环节抓起，不可忽略任何一个细节。

企业经营管理素养提升不是一蹴而就，而是可持续的改善过程。不能不急，也不能操之过急。要符合企业战略与远景。要有步骤、有谋划地展开。要先想到，后做到。要客观分析自身资源，不可贪大勉强，要客观面对竞争，只要比主要竞争对手快半步就能赢取竞争。

在农业产品同质的竞争态势下，在夯实产品相关基础的同时，要将企业带给终端用户的利益从仅靠产品向包括产品在内的整体解决方案转变。但目前许多农业企业却是在进行同质化的宣传与运营，当然带来不了差异化，究其原因在于大多数企业并没有真正体现整体解决方案带给真正客户（农业企业真正的客户是动物自身）利益。

造势在前，务实跟进的系统策略是有效解决目前市场徘徊不前的有效途径。在实际的操作中，企业必要的造势是打开消费的一个重要手段，但实体经营不能沉迷务虚，这里有一个度；与此同时，企业真正取得竞争优势是靠实力打拼的，必须有一系列的务实举措来保证某个阶段的经营目标实现。如前所述，农业企业要真正解决客户端利益，那就得从健康养殖观念、模式上下功夫。要建立独具特色的一套简单易行的实用方法，要掌控节奏。企业要学会组合与匹配，还要及时防范风险、策略纠偏。

二、品牌营销系统的整合与提升

　　针对目前农业企业面临的市场营销整合系统问题，品牌营销的系统整合与提升可以采取以下策略来改善农业企业的经营素养，并取得独树一帜的市场竞争核心优势。

（一）变革与现代市场匹配的组织架构

　　要进行市场营销特别是市场要素的系统整合，必须有专门的市场部或者有专门岗位来保证。要体现市场职能的领导地位，要将市场规划、品牌策划、产品谋划与销售操作有机结合。要树立品牌营销的全新理念，并在此基础上形成精细的操作步骤与标准流程，要有分级培训体系保证标准流程演变成营销团队的潜意识与职业习惯，要强调营销标准流程过程控制与纠偏。

（二）农业企业信息流的建立与管理

　　信息流、物流与现金流被认为是农业经营新的利润来源，管理信息流对于农业产业的经营十分重要。企业要有客户运营中心的专门岗位负责信息流管理，信息流管理要从内部各岗位职责确保扩展到外部市场各环节的流程运转，更要体现市场与竞争的信息全貌。要重视信息的收集筛选与整理分析，更要促使信息的自上而下、自下而上地有效流动。

（三）强调管理各环节的精细观念，要深挖内部管理潜力

　　要加强管理流程再造，要突出非常态成本（时间、体力成本、精神成本）的控制；要强调管理经济学的运用，要建立一套与市场营销系统整合相匹配的后勤保障系统。

（四）强调销售控制与监督

　　要正确处理结果与过程的关系，要突出营销过程的控制，要引入时间管理的先进理念，学会利用激励职能来实施销售的监督管理，用标准的流程管理取代传统的感性管理，要强调市场规则，要体现人文关怀。

（五）团队建设与激励机制构建

　　未来企业的竞争归根到底是人才的竞争，要将人力资源作为投资而不是增加成本。企业管理者要有长远视野，在收获业绩的同时必须注重人才的培养、团队的固化与激励机制的建设。要给团队以成长空间，要造就企业的高层级职业经理人，要有舍得的企业家胸怀，要搭建真正的职业经理人平台。

（六）核心市场与核心客户的建设

农业企业特别是中小企业要善于运用经济学的手段整合资源，将有限的能力放在最能出业绩的区域或市场上。要突出企业的核心市场布局，要培育自己的核心顾客群，同时市场要注重网络建设。在未来农业产业区域化集中的趋势中必须加大市场的建设与客户的关怀工作，并善于总结提炼，最终形成自身独一无二的、不可复制的商业模式。中小规模的农业企业应寻找适合自身发展的产业边界与蓝海，使自身快速成长，在锤炼优质经营管理内涵的同时，收获独特的竞争优势。

第二节　品牌营销流程

一、品牌是为团队立志

信念是金。一个人的成功最大程度上取决于他的志向，立志的坚定和方向铸就了一个人的价值观和人生态度，而价值观和人生态度却正是人在困苦中能够苦苦支撑与勇往奋进的唯一理由。正如古人说："志者，士之心也，而士不可以不弘毅。"

企业如人生，企业发展也并非是呈直线上升，而是同人的成长一样螺旋式地递进。每一次的量变与质变，都是那么的泣血锥心；每一次的改革与反思，总觉今是而昨非。我们经历着时代的增变而不自知，经历着企业的涅槃而不自觉。没有哪个企业可以是一蹴而就，即使它很有管理经验。

那么，支持着这些企业管理者能够承受着常人不能承受的压力，能够坚持地顶着风暴在大海上航行的唯一理由，就是那心中的梦想和坚定的信念。

而实现梦想，除了个人的力量，还必须依靠强有力的团队。团队建设就是要把一个人的梦想变成一个团队的梦想，让所有的人为之努力和拼搏，让所有的人为之付出努力与行动。

品牌建设就是为团队立志。因此，团队建设，品牌先行。

品牌就是企业标杆，品牌就是团队建设的标准。当我们导入品牌，品牌就在向世人大声宣布：我有这样一个梦想，我要将它这样实现！它向消费者宣布：我就是你眼前这样的企业，请你信任并支持我！它向同行和竞争者宣布：我来了，我将以这样的方式和姿态站在你们的面前，与你们同行！

因此，企业因品牌而对世人有了承诺，于是，团队因承诺而有了责任。当一个团队有了责任，它就必须履行承诺，当它不断地在实现承诺时，企业便获得了诚信。古代商鞅立木为信，有了信，才有了伟大的商鞅变法，才有了秦朝的繁荣与最后的统一。企业有了信，才可以获得更多的生存机会与发展支持。

当我们有了责任，并为之倾力付出的时候，我们的灵魂就得到了升华，我们会不畏艰险和困难，我们也不会因个人得失而计较，因为，我们是在为梦想而奋斗，为心灵而付出，强烈的归属感让我们有力量去承担更大的责任。

一个企业，就是一支打仗的团队，它需要精神，它需要志向，它需要激励。那么，品牌可以去最好地展现、整合并进行表达。

二、品牌建设的关键——定住

中国农牧企业经过多年市场经济的洗礼，被推到了改革大潮中的浪尖之上。在这场澎湃的涌动之中，催生出了如希望、通威、大北农、六和、海大、双胞胎等令行业为之仰目、全国为之聚焦的一流企业。然而，在这个探索与追逐的过程中，竞争让每一个奔跑者都不敢放慢脚步。面对越来越近距离的对峙，短兵相见的残酷让更多的企业在寻找生存与发展的出路。为提高生产率，保证质量，追求速度，最大限度地降低成本，一些优秀的农牧企业相继导入了ISO质量管理、标杆法、联盟、企业流程再造、规模效益以及变革管理，等等。尽管很多企业通过这些管理工具使运营效益得到了极大的提高，但是他们却因无法将这些进一步转化为持续赢利而倍感挫败。

定位是企业必须在外部市场竞争中界定能被顾客心智接受的定位，回过头来引领内部运营，才能使企业产生的成果（产品和服务）被顾客接受而转化为业绩。

企业经营的目的是赢得顾客，获得利润。缺乏定位的运营活动将停留于"产品经营"，难以打造出品牌，从而有效赢得顾客。品牌是竞争的基本单位，实现品牌打造需要选择好符合企业自身特点的差异化，以明确的市场竞争定位为前提。

不能明确定位的企业，将很难评估各项运营活动的真正有效性，甚至会因为追求运营效益而伤害企业既有蕴藏的定位。围绕明确的定位来设计企业运营活动和建设品牌，将有利于使各项活动都指向同一方向而发挥出应有作用，并使它们通过定位联结产生超越其本身应有的效用，最终令企业所有活动实现最优化，品牌价值最大化。

没有定位的企业，还将陷入同质化竞争，从而带来利润的降低和可持续发展能力的下降。

没有定位的企业，品牌建设将难以顺利开展，最终只能停留在表面，而不能发挥品牌真正的效用与价值。

可见，战略定位是何等的重要！但是品牌建设的前提，也是最关键的基础—企业战略定位，却被很多农牧企业所忽视，其间不乏大公司、大企业。大多数企业对战略定位的回答，通常都很模糊，或者还没有真正去思考过。"区域第一"或"多少年拥有多少家子公司，成为全国前几名"是大多数企业的理想定位。

为什么这么多公司都没有战略？为什么管理者回避做出战略选择？或者管理者曾经做出过选择，现在却常常让战略逐步退化或变得模糊不清？

大部分公司基本有这样一些原因：忙于应付日常事务。当一些企业在第一桶金赚足以后，通过二次创业进入企业的发展阶段时，管理水平的提升和规范成为重点，管理者整天忙于处理各种事项，无暇顾及战略；而一些企业组织中因循守旧的现实情况也不利于战略。取舍总是让人担心，管理者有时宁愿不做选择，也不愿由于选择失误而受到责备；企业采取从众行为，彼此互相模仿；在一些成功的企业中，充斥着浓重的自满自足的优越感，认为销量还不错，根本无须制定什么战略计划。然而，今天的成功并不代表明天的成功！还有一些企业认为战略规划是浪费时间，纸上谈兵，并不能产生即得的效益，因此不愿意花费时间。而有些企业却是由于惧怕失败，因为曾经做过战略定位和计划，但战略本身带来的是不切实际和不便于操作或不够灵活的问题，不但不起作用，还阻碍了一些正常的发展。

企业还会因为其他一些原因回避或者模糊战略选择。一个行业中的传统观念通常都很强大，使竞争走向趋同。有些管理者误以为"以顾客为中心"就是满足顾客的所有需求或者对经销商有求必应。有些管理者则认为企业要保持灵活性。

不管是什么原因，当企业从产品经营走向品牌经营的时候，建设品牌首要基础就是企业必须要有自己明确的战略定位。战略定位者必须从纷繁复杂的日常管理中脱身，深度思考企业未来的发展方向，找出保证可持续性发展的差异点。

三、品牌的核心——差异化

企业唯有建立起一种可以长期保持的差异时，才能打败竞争对手，定位，就是使品牌实现区隔。

今天的消费者面临太多的选择，企业想要生存，关键之处，在于能否使品牌形成自己的区隔，在某一方面占据主导地位。如何让企业真正地区别于其他企业，需要做到以下工作：

（一）分析行业环境

首先，要对企业所处的行业进行大环境分析。了解行业趋势、行业热点、国家在行业方面的政策与支持以及在整体行业中企业上、中、下的基本运营水平。

其次，分析企业自身的优势与威胁，机会与挑战。从市场上找出企业现在和未来的竞争者。弄清竞争对手可能存在于消费者心中的大概位置，以及他们的优势与弱势。

分析企业和竞争者之间的相同处，找出与竞争者在消费者心目中所占位置不同的真正原因或是差别，也就是建立区隔的行业环境。

（二）寻找区隔概念

分析行业环境之后，我们需要寻找一个概念，使自己与竞争者区别开来。企业不要大而全，只需要专而精，有舍才能有得，有别才能有区隔，有区隔才会有特点，有特点才会有真正的差异化。

（三）找到支持点

有了区隔概念，还要找到支持点，让它真实可信。区隔不是空中楼阁；消费者需要你证明给他看，企业必须能支撑起自己的概念。那种只会炒作概念，而没有实际支持能力的品牌定位，其结局可想而知。

（四）传播与应用

有了品牌定位以后，企业要将其定位用创新的途径对其进行演绎和固化，并在企业每一方面的传播活动中，或品牌要素中，如广告、手册、网站、环境等系统表现出来，尽力体现出区隔的概念。只有概念和支持，没有品牌形象的创新表达的固化与传播应用，品牌的价值是非常有限的，甚至会是失败的。

一个真正的区隔概念，也应该是正确的行动指南。

当企业的区隔概念被别人接受，而且在企业的销售、产品研发、设备工程，以及任何大家可以着力的地方都得到贯彻的时候，可以说，我们为品牌建立了定位。

战略定位和品牌定位都不是火箭科学，然而它也需要努力寻找品牌的所有要素。这些都可以在室内完成，但是如果有自由顾问或专业的品牌研究机构的支持，则他们可以为你提供客观、新颖、没有偏私的建议，并帮助你确定战略的独特性、专有性和可靠性。

四、品牌保障——执行

（一）让企业明确方向

品牌建设对农牧企业的意义因公司的阶段不同，因管理者重视的程度不同而不同。

管理者们大部分都已意识到：品牌建设是每个企业需要重视并必须要做的工作，品牌导入必须是管理者考虑并着手主抓的重点之一。但是，并不是每个企业都可以随时导入品牌建设。因为，不同的农牧企业，有着不同的情况、不同的资源配置和发展阶段。

有的企业可以一开始便导入品牌建设，让自己一出生就有一个高贵的血统，好的市场造势，以最快的速度在行业里产生最强的影响力，为公司的前期进入开辟一条最捷径的道路，为后期的可持续性发展奠定最坚实的基础；有的企业却需要发展一段时间，有足够的支持后才能导入品牌建设，是一个锦上添花的作用；有的企业可以以品牌建设为切点，全面带动企业内外改革，重塑老企业、老产品的新形象，借此让企业以最好的状态进入一个全新的发展阶段。由此，品牌建设带给企业的是真正的改头换面；有的企业导入品牌建设主要是配合新产品上市与推广，全面支持市场营销的作用。因此，品牌建设给企业带来的意义有多大，主要是根据企业的发展阶段与资源配置而言，更重要的是企业管理者对品牌建设的意识与重视程度。

因此，如果企业想导入品牌建设，一定要在此之前明白：究竟希望品牌为企业带来什么？这是要企业明确方向的首要条件。

在品牌建设之初，要对企业的情况进行调研和考证，清楚企业的意识状态和实力匹配，并对企业的战略与规划进行了解，制定符合企业实际情况的品牌建设方案。

实践表明，那些战略思路清晰的企业，往往一导入品牌建设，就能很快地做出品牌定位并挖掘品牌的特点与企业内在的气质，在最短的时间里制定出品牌建设的推广方案并加以实施。这类企业的品牌定位往往快而准，在市场的影响力也来得非常的强大。

但大多数的企业却存在企业方向不明确，战略思路不清晰的问题。

实际上，很多企业的管理者在意识层面上是非常好的，也在努力构建和营造各种自己所理解的品牌氛围，对企业可以说是呕心沥血，精心呵护。只是企业没有找到一套好的方法来帮助自己科学、深度地去思考与制定战略。

指出问题并不难，关键是如何解决，这需要运用智慧，投入精神，展现个性，为企业营造品牌。需要针对企业的现状开发出一系列如何制定战略的工具与流程，引导并帮助企业制定出符合自身实际情况的战略思路。

要通过分析，让企业真正地看清自己的结构与脉络，点与点之间，线与线之间，点线面之间是如何交叉又分离的。问题在这些点线面的哪个位置，它们是怎样摆放和布局的，这些问题重要吗，需要立即解决吗，哪些问题才是最重要的，最需要解决的。在点线面的外围是怎样的现状，资源在哪里，威胁在哪里？这些问题可帮助企业去深度思考和决策。

另外，在确定方向或进行重要决策的时候，管理者或企业高层很容易被一些小小的问题与利益关系所纠缠制约。因为得与舍的两难，让高层决策者顾虑太多而犹疑不决，或决而不断。管理者的锐气常常在层层压力与分散的协调斗争中被剥离瓦解。让企业明确方向，还有很多工作需要去做，去开发，去探索创新。一个企业要想长远地发展，必须建立长远的品牌，而要建设好品牌，方向的明确是首要而最关键的工作。

（二）让团队达成共识

与管理者或企业高层沟通，达成共识，明确方向通常能较顺利地做到。但是，当企业方向一旦被明确，需要分解成战略战术去执行时，困难与障碍就比较大了。这是为什么呢？思维方式决定行为习惯，工作习惯成为团队上下达成共识的最大障碍。

不管是企业管理及其战略管理，还是品牌概念，中国都是引进的西方模式。但相比西方 100 多年管理水平的提升过程，我国企业的发展历程、企业获得更多的是壳，而缺少质。

国内多数企业由于管理水平的现状，通常制定方向与目标后，不能制定全面的战略战术与分步执行的步骤与计划。所以，最初制定的方向与战略目标往往在执行的过程中被阶段性地抛弃或篡改。最后，企业的目标或品牌战略变成所谓的口号或一纸空文。

因为思维模式与工作习惯的差别，很多管理者与团队不能达成共识。企业管理需要的是科学认真的做事态度，品牌建设更是企业不可以儿戏视之，不可仅凭感觉的重要工作。它是企业的方向与形象，也是企业对内对外的承诺，更是企业综合管理水平的标准和集中体现。因此，品牌建设容不得一丁点儿的马虎和尝试的心态，它要求每走一步对企业都必须有价值与贡献。所以企业导入品牌建设后最容易面临的变革就是要求原有的思维与行为习惯的改变。

打破障碍，坚定方向，这时企业领路人的魄力与坚持尤其重要。

企业家们为了提高管理水平，其实学习力都是非常强的。ISO9000质量管理、HACCP认证、品牌营销、标杆法、联盟、企业流程再造、规模效益以及变革管理，等等，企业家们都在不断地学习与实践。

但是，很多企业在过程中不能坚持。刚开始，从总经理到员工都有一种渴望与急迫的心情。有的甚至认为只要一引进，很多事情就好做了，方便了，简单了，效益就会立竿见影了。看着那些优秀的企业心中无限地憧憬与向往，似乎只要自己一引进，就立即会变成优秀企业的模样。这就看出企业和员工都缺乏一种较为客观的心态，缺乏与困难和不良工作习惯做长期斗争的心理准备。

于是，当新品牌、新思维与先进的管理方法带给公司和员工的不是想象中的工作量减少，相反是成倍工作量的递增、与原有工作习惯的矛盾，员工与管理层的怨气就会日益增多。

管理者只要稳不住，就会开始怀疑自己当初的决策，是不是错了，或是太快了，要不就是根本不适合自己企业。于是，企业很容易陷入反反复复讨论决策与思路对与错的状态中，以至于后期的跟进与执行也就放缓了。到最后，有的公司干脆就是不了了之，改革就此夭折。

要知道，那些优秀的同行企业在当初引入先进管理模式或品牌建设的时候也不是什么都具备的。取得最后的成绩都是经过血与泪的较量与斗争，甚至是以一部分人的利益牺牲为代价。更为重要的是领路人能有在一片责难声中勇敢坚持的魄力与强势态度。

只要企业已经明确了方向，领路人就必须要求团队无条件执行，不允许在执行的过程中有任何的杂音以及对方向质疑的观点。更不允许在执行的过程中再回过头来讨论对与不对的原则问题。这个阶段，领头人的魄力与果断必须体现，将精力用在执行的监控中，而不是做与不做的纠缠里。

所以，企业领路人的魄力和坚持是打破障碍，坚定方向，让团队达成共识的前提和保障。营造氛围，清除障碍，与团队达成共识，是推进工作，让方案能够执行的最好方法。

当然，达成共识不是传统管理意义上只做人的思想工作，而是如何将原有的感性思维逐渐转变为理性思维方式。

在企业制定战略的时候，就要让团队（不仅仅是高层，应是中层和一线管理人员及骨干员工）参与，并要将战略分析工作在团队里进行详细的演示，达到上下共同分析与讨论，直到认可的目的。企业为什么要建设品牌？为什么要有新的思维模式与方法？企业以往的工作或流程是怎样的？其间存在什么样的问题？为什么会有这些问题存在？这些问题给公司或员工带来的后果是什么？影响是什么？内外数据的细致统计与理性剖析很重要，很有说服力，有总经理说、中低层不需要了解这些，只需要执行。其实最大的问题就出在执行这个环节上，究其原因，就是执行层面不知道为什么，意识不清楚，目的不明确，行为当然就会无意识中不支持，也不会改变。调动不起执行层面的主观能动性，执行永远有障碍。

还有总经理说，分析这些已有的问题和损失的大小，有意义吗？是要追究责任，还是要将责任人拉出去"斩立决"？

回答是肯定的，非常有意义！但不是追究责任人，更不是要"斩人"，而是支持斩去已有的不适应发展的做法的决心！分析问题是让团队达成共识的一种方法。因为，公司存在的问题并不仅仅是由高层的决策所造成的，而且每一个员工的行为都有责任。公司存在问题，是天经地义的事，任何企业的发展，都是通过积累问题而累积经验的。可怕的不是问题的多少，而是团队对问题实质的漠视与无知。

还有一些管理层的员工要求避开烦琐的分析，直接提供解决企业问题的方案。

没有人天生就是解决问题的高手。方案就在分析问题的过程中，方案是否可行的答案就在那些善于问"为什么"的思考者那里。

在这个过程中，团队如果出现不和谐音符，扰乱视听，影响达成共识的道路，领路人要想办法将该音符拿掉或换走，为下一步措施的执行营造一个好的氛围。

只有勇敢地直面问题，认真细致地去发掘它，剖析它，不断地质问"为什么"，找到问题的实质与原因，解决方案才会一步一步地呈现在眼前。一定要让从前的错误为今天带来成功。

营造氛围，清除障碍，让执行层参与管理，通过对问题深入的剖析与热烈的讨论达成团队共识，只有思想的认同，意识的统一，才会有行为的支持和勇于挑战原有工作习惯的心理准备。要让方案执行，与团队达成共识是完美执行方案的必要过程！

（三）让方案具有可操作性并执行

方案要执行，执行要彻底。让执行能够彻底，达到品牌战略目标最终要求的关键词是："可操作性"。

什么是"可操作性"，可以借鉴外资企业的管理。西方管理往往比较明确，通常是5W1H："who\what\when\where\why, how"，即"由什么人，做什么事，在什么时候，什么地点，达到什么样的目的，具体怎样去做"。非常注重过程、细节与标准，让人立即就能知道怎么去做，这叫"可操作性"。如果对达到的目的与做事的步骤比较粗放，或是模糊，让人可以这样做，也可以那样去想，甚至让人不知道应该怎样做才好，这就叫"不具备可操作性"，当然这样的执行就很容易出现大的偏差或过程失控。

在执行过程中，这种问题比比皆是。例如，会议议而不决，决而不落实的现象。团队在达成共识的过程中可以通过很多次会议的商议、争论，或是对问题的分析与研究。可是，一些团队意识很好的公司曾面临一个相同的问题：争论或讨论的场面非常激烈，也有对问题剖析得够清晰的团队，可是当会议要结束的时候，大家都作鸟兽散。因此，会议一结束，问题也就结束。接下来，问题的解决方案由谁去执行，怎样执行，什么时候完成，标准是怎样的，每个人似乎都已清楚了，可最后没有一个人去执行，问题还是原来的问题，做法还是原来的做法。当相同问题再次出现，大家再一起讨论，结果同样没有人去执行。如此循环两三次，也就麻木了。这种时候，最需要的是组织责任人将会议程序化，在会议中将讨论和解决的问题与方案明确化，制定可操作性的追踪制度，落实人员后的监督执行。

还有种现象是：既有方案，也有具体执行人，但方案中对要求的标准不够详细，所以执行人往往容易按照自己的思维模式或理解度加以发挥或篡改，造成方案走样。例如在包装袋印制上面，如果仅仅把设计方案传给用户，没有将印制要求具体化，或没有进行追踪，执行人员在选择印制厂商的时候，很容易以价格的高低作为首要条件，忽视质量，从而造成结果误差。

同样，在原料采购中，如果没有原料标准，或原料标准不够详细，就会造成采购难度与技术要求矛盾的问题。对营销方案而言，如果能够具体到业务员怎样进行调研，调研的步骤与方法，报告撰写的格式与标准，细化到怎样向客户提问，怎样获取信息，怎样去伪存真，后续的核实工作会如何进行，相关资源会如何支持的话，那么业务员也不会为调研而感到苦恼，进而制造假信息了。

因此，一旦执行过程中出现偏差和问题时，不应将矛盾指向同事或客户，而是应该更多地检讨自己：思考在方案细化过程中的问题，思考如何让方案更能方便执行人，如何制定更有利于让方案快速执行的方法或措施。

提出解决问题方案的责任人如果经常都以这样的状态和思维模式来考虑问题，解决问题的方案就真正具备可操作性了。

具备可操作性的方案，需要方案与方案之间形成系统化，直至模块化。

任何方案都必须以已确定的品牌方向及定位标准而拟制，不能有原则上的相悖。

方案与方案之间要围绕品牌系统形成层次与接口，通过不断地实践进行修改和完善，最后系统化，直至实现模式化。

（四）执行与保证

企业管理的很多思想与做法，其实都源自军队管理。实际上，在方向的确认、团队的共识、方案的可操作性与细化，以及系统性模块化直至完善都是在为执行奠定基础，营造氛围。再强化过程监督与配套完整的奖惩激励制度加以保证，执行最后就会变成习惯。

第三节 广东凤凰单丛品牌建设策略研究

中国作为四大文明古国之一，本身有着极为灿烂悠久的历史文化，其中茶文化是其重要组成部分。广东潮州凤凰单丛茶至今已有超过 700 年的种植生产历史，当地凤凰山有着优越的地质土壤条件，能够促进茶树的健康茁壮成长，并有效形成茶多酚和芳香物质，因而被人们称誉为"形美、色翠、香郁、味甘"四绝。近几年，伴随着凤凰单丛茶知名度和影响力的不断提升，茶树种植工艺技术开始向周边省份推广应用，广东潮州市的凤凰单丛茶叶逐渐走向专业化、标准化、品牌产业化以及规模化的发展道路，为当地创造出众多稳定的社会经济效益。

潮州凤凰山上六百多年树龄的古茶树

一、凤凰单丛茶及其历史文化

  凤凰单丛茶属于我国青茶品种之一，产自于广东省潮州市凤凰山上。凤凰单丛是在凤凰山水仙种的群体种中选育出优异单株，根据各个单株形态或品位的不同特点，自成品系（株系），进行单株采收、单株制作，故称单丛，因其是众多优异单株，故在1950年总称为凤凰单丛。潮州不止形成完善的茶文化体系，充分展现出潮汕独特文化内涵，单丛茶种也是我国茶树品种中韵味极为特殊、花香类型多样以及滋味醇厚清爽的名茶品种资源。

  凤凰单丛始于我国宋代时期，根据相关史料记载，凤凰单丛茶最早出现于16世纪，时任潮州知府的郭春震在编撰《潮州府志》时，有这样描述到："凤山名茶待诏茶，亦名贡茶"。凤凰单丛茶从古代南宋发展至今，在当地先民长期实践生产工作中，发展形成了一套具有鲜明潮汕地域特色的茶叶生产与文化体系，其不仅仅涵盖了凤凰单丛茶中的先进生产理念，还融入了潮州工夫茶文化、工艺技术以及生态化茶园保护管理等内容，让我国这一古老农业文化遗产绵亘700多年仍然充满了生机与活力。相传宋朝皇帝赵昺南逃路经凤凰山时，天气炎热让人感觉极为口渴，当地畲族人民便奉上了红茵茶汤让皇帝进行解渴，在品尝该茶后皇帝大感惊喜，赐名其为"宋茶"，从而引起了后人广泛种植。

  根据《凤凰单丛茶古茶树丛谱》统计，该镇现存树龄100年以上的古茶树约15000株，树龄200年以上的4682株，其中最著名的一株树龄600多年，称"宋种"。其规模数量之大、集中分布面积之广属国内罕见，是我国独有的栽培型单丛古茶树资源宝库。这些古茶树被茶叶专家誉为"中国之国宝,世界罕见的优稀茶树资源"。它的成品茶具有形美、色翠、香郁、味甘四大特点。形美,指其挺直、肥硕、油润的外形;色翠,指其青蒂、绿腹、红镶边的叶底和橙黄、清澈、明亮的汤色;香郁,指其清雅的自然花香;味甘,指其浓郁、甘醇、爽口、回甘的口感。此外,凤凰单丛茶还具备独特的"山韵"。其"山韵"离不开生态条件优越、茶树品种良好、采制工艺精细三大要素。

二、凤凰单丛茶的产业发展

潮安区凤凰镇位于潮州市的北部片区,面积227.06平方千米。东与饶平为邻,北与梅州大埔衔接,西邻梅州丰顺,交通便利,距离潮州城区、潮汕机场、潮汕高铁站均不超过50公里。1995年,凤凰镇被评为"中国乌龙茶之乡""中国名茶之乡";2003年被定为"中科院无公害茶叶生产示范基地""广东省现代化农业示范基地"。凤凰单丛茶是潮汕人冲泡工夫茶所喜爱的茶叶。凤凰镇拥有悠久的茶叶栽培历史,要做好凤凰单丛茶的产业发展,潮州市政府从各方面做好产业发展:

1. 建设"茶叶+旅游"发展模式

在社会发展新时期,潮州市在推动凤凰单丛茶产业建设稳定持续的发展基础上,为创造出更多的社会经济效益,通过大力建设"茶叶+旅游"发展模式,将凤凰单丛茶与旅游项目创新开发工作融合在一起,打造出具有鲜明地域文化特色的新型旅游产品,吸引到更多旅游消费者,刺激了当地茶文化产业消费经济水平的增长,打响了当地茶文化的知名度,推动创新传承发展。凤凰单丛"茶叶+旅游"发展模式有:

科学延伸茶俗茶事开展旅游节日活动。潮州凤凰山的石鼓坪村作为畲族的聚居地,当地有着自然优美的旅游景观、绚烂多彩的畲寨风情以及奇香卓绝的凤凰茶。潮州市将特色地域文化与旅游产业、健康产业有机结合在一起,精心打造出凤凰单丛茶文化旅游节,融入民风民俗活动内容,沿途介绍茶文化与茶功效作用,最大程度发挥出会、展、节、庆与养生活动的联动效益。此外,还利用各种渠道展开对应营销推广活动,让更多旅游消费者与茶文化爱好者认识到凤凰单丛茶的文化旅游品牌,吸引他们到当地进行旅游体验,并深入品尝认识凤凰单丛茶,引领品茶旅游新风尚。

科学彰显凤凰山茶区的文化底蕴。潮州凤凰镇加强与文化馆、博物馆的合作交流,邀请专家学者撰写地方文化史志,建设单丛茶博物馆,并综合运用新媒体渠道推广宣传凤凰单丛茶的历史文化,讲好当地故事,充分彰显出特色茶文化底蕴,吸引到更多的游客与茶文化爱好者。与此同时,还利用好当地畲族文化、红色文化以及工夫茶文化,积极拓展文化载体,在旅游项目中开展融入当地特色的茶文化历史博览馆、茶艺展览、文化汇演等表演活动。

2. 打造茶旅长廊综合体

潮州市政府围绕凤凰单丛打造出具有鲜明特色的茶旅长廊综合体,茶旅长廊综合体发展模式的构建从几方面着手：

大力培育龙头企业，科学构建现代茶园。当地政府为有效提升凤凰单丛茶在茶市场上的竞争力与影响力，帮助当地茶农获取到更多的经济收入，除了一方面重视提高茶叶本身品质和规模产量外，另一方面则加强对了龙头企业的培育工作，发挥出它们在市场上的运作效应作用。他们及时制定颁布相关政策，采取社会融资、村集体出资的方式大力培育凤凰单丛茶龙头企业，将凤凰山作为凤凰单丛茶的核心产业基地，以龙头企业作为产业模范标杆，鼓励广大农民共同参与到茶产业建设活动中，将各家各户的茶园资源优化整合在一起，科学有效构建出具有现代化、标准化、规模化等特征的凤凰单丛茶园，合理引进应用先进的生产工艺技术、互联网信息技术等，最大程度提升当地茶叶种植生产规模质量，并依托大数据平台展开互联网营销工作。此外，还加强对凤凰山茶旅长廊综合体的对外宣传工作，明确潮州茶文化宣传主题，有效发挥凤凰山茶旅长廊综合体的景区效应，吸引到更多的潜在消费者用户。

深耕茶山特色，加强文旅开发。在打造凤凰山茶旅走廊时，潮州市政府始终坚持保护与创新开发并举方式，不盲目开发生态自然资源，追求短期经济效益，而是结合当地特色茶山风光资源，强化对自然风光的保护利用开发工作，实现茶旅走廊与天池生态自然环境保护建设的协调发展。当地凤凰山天池周边本身有着极其丰富的自然旅游资源，为了发挥出资源的价值作用，政府加大对文旅产业的建设投资力度，潮州市依托凤凰单丛茶成功打造出先进完善的茶旅走廊，坚持生态优先、产业主导、茶旅融合、文化聚力，充分利用凤凰山自然风景，挖掘茶文化系统内涵，连贯乡村生态文化景观，建设"跨山统筹、多业融合"的产业功能配套，规划打造省、市级乡村旅游精品线路 6 条，科学开展茶园观光开发活动，确保各项资源能够得到健康有序的开发利用。

以农业为本，促成三产融合。潮州市政府加强不同产业之间的紧密配合工作，加强茶产业园建设的科学指导工作，明确以农业为本的核心发展目标，带动其他产业的建设发展，做好中长期产业规划布局工作。政府部门加快推进凤凰古驿道、凤凰山革命纪念公园等红色遗址、李工坑畲族特色村建设，完善酒店、客栈民宿等服务配套，打造成集观光、生态、文化于一体的旅游体验区，提升凤凰山茶旅走廊空间与产业高质量共融发展水平，将凤凰山茶旅走廊打造为全球农业文化遗产地典范、潮州乡村振兴金名片、产业融合大平台。

除此之外，潮州市政府还通过加强与各大高校的合作联系，推行"四统一"标准化体系，提高茶叶标准化水平和品质，充实茶叶制作和茶产品研发人才。加强专业机构设置，增强单丛茶产业发展专业化技术力量。邀请专家能手进行现场培训指导，科学立足茶园创新，开设凤凰单丛茶培育生产基地，以最新的茶叶培育经验与工艺技术培训茶农，为社会培养出更多优秀的实用型培育茶人才；同时政府部门发挥市场监督管理作用，深入市场调研分析，结合市场发展趋势要求优化打造茶产业集群，完善配置产业设施，并科学依托一二三产业融合推进凤凰单丛茶产业朝着纵深化的方向发展，充分凸显出潮州茶文化品牌特色。并合理设置凤凰单丛龙头企业的准入门槛标准，综合考察企业的综合实力、信誉水平以及科技生产能力等内容，引进优质的企业，从而保障当地产业融合建设发展的长期稳定效益，避免影响到凤凰单丛茶的品牌声誉。

三、凤凰单丛茶的品牌建设

1. 加强地理标志保护，建设凤凰单丛品牌

在凤凰单丛茶品牌建设实践工作中，潮州市政府高度重视加强地理标志保护，即凤凰单丛茶品牌的原产地保护，地理标志其实质是指对用特定地域原料、在这一地域以传统方法加工生产、具有丰富人文含义的产品，经国家法律审核批准后，用产地地域名称进行合法保护。潮州市围绕凤凰单丛茶积极开展地理标志保护专项行动，科学规范凤凰单丛茶的地理标志专用标志使用，有效梳理公开潮州凤凰单丛茶的地理标志保护信息，通过加强对凤凰单丛茶的原产地及地理标志的保护工作，避免了在市场上被中间商随意滥用、冒用凤凰单丛品牌，切实维护好凤凰单丛茶品牌的声誉形象，让凤凰单丛茶品牌为当地农民创造出更多社会经济价值。

与此同时，潮州市政府积极开展凤凰单丛茶原产地与地标的宣传工作，通过现代新媒体渠道平台进行宣传讲解工作，加强与市场消费者之间的友好互动交流，让广大消费者深入了解凤凰单丛茶的品牌文化与地理标志相关信息。

2. 实行生产标准化，建设凤凰单丛品牌

在凤凰单丛茶品牌建设实践工作中，潮州市政府加强对凤凰单丛茶培育生产质量的监督管理工作，要求凤凰单丛茶叶生产企业必须严格按照标准制度内容，高度重视日常生产质量管理工作，配合好政府做好质量追溯工作。凤凰镇的各茶叶种植户在政府的引导下学习科学有效推行凤凰单丛茶的标准化、科学化生产技能，强化茶园与茶厂的一体化建设，努力大规模产出绿色无害的有机茶，赢得更多市场消费者用户的认可和支持，创造出更多的经济效益。当地茶协与促进会协调做好各家企业的有序生产工作，在各个环节中有效实施质量控制，结合生产规模和市场发展趋势要求，合理引进应用先进的技术与设备，大力推动凤凰单丛茶的机械化专业生产发展，充分保障凤凰单丛茶叶的培育采摘质量水平，有效的保护好凤凰单丛茶叶品牌。

针对凤凰单丛茶的生产标准化实行工作，潮州市政府科学系统落实茶园基地建设发展道路，合理划分不同品种茶叶的培育种植区域，优化配置好茶叶加工生产与运输销售的基础设施，促进当地无性系良种茶园的发展。通过大力培育龙头企业，发挥出他们的产业模范标杆作用，引导茶企业做好技术生产工作，带领各家各户在苗种、栽培、施肥和采摘等一系列内容中做到标准化操作管理，实现高品质茶园基地建设的科学全面发展。政府通过当地茶叶协会、促进会等组织加强对当地茶农的专业培训工作，严格按照《凤凰单丛茶综合标准》切实落实好标准生产工作，督促茶农规范使用好各项加工生产技术与设备，认真做好自然无害有机茶的培育生产工作，避免在茶树、茶叶上残留农药成分，影响到凤凰单

丛茶的茶叶品质。并且打造出一支高能力、高素质的生产技术监管队伍，结合企业实际生产情况与产业标准要求，合理制定质量监督制度规范内容，并在内部严格执行下去。

3. 创新营销策略，建设凤凰单丛品牌

在凤凰单丛茶品牌建设实践工作中，潮州市政府通过出台各类政策，指导茶企业加强品牌营销工作，树立起先进的营销管理工作理念，结合自身发展情况和市场营销工作需求，打造出优秀的品牌营销人才队伍。不少茶企创新利用"互联网+茶叶"的营销工作模式，基于不同社交媒体平台大力推广凤凰单丛茶品牌文化与不同品种茶叶产品，促使大量网络消费者能够方便深入了解凤凰单丛区域品牌。比如，如今火热的抖音短视频带货方式，不少茶企已经建立起官方品牌账号，利用茶叶专家、优质名人等效应进行直播宣传带货，吸引更多用户关注并购买凤凰单丛茶，实现茶叶销售量的增加，并打响凤凰单丛品牌在市场的知名度和影响力。

此外，市政府部门大力鼓励茶企茶商通过利用互联网信息技术建立起具有地域特色的官方网站，在网站上向广大网民介绍品牌文化与产品信息，带动了更多优质茶叶的溢价出售，同时提升了凤凰单丛茶在互联网平台上的推广影响力与知名度。

最后，政府部门也联合传统媒体部门与各类营销资源公司共同去完成凤凰单丛茶品牌的营销工作，将鲜明地域文化与茶品牌文化融合在一起同时进行线上线下推广宣传，着力构建走向世界走向国际的凤凰单丛茶多元营销模式。通过借助线下茶业博览会平台，举办各类活动，为凤凰单丛茶品牌茶企业、茶商搭建起与外界的沟通桥梁，推动凤凰单丛茶品牌文化发展，向社会展示"中国乌龙茶之乡"的成就。

在广东省农业农村厅公示的2022年省级现代农业产业园推荐名单中，凤凰单丛茶跨县集群产业园入选，将在全市范围内建设，通过依托广东省凤凰单丛茶跨县集群产业园、潮安区凤凰单丛茶产业园、潮州市饶平县茶叶产业园3个省级现代农业产业园，湘桥区茶叶市级现代农业产业园，以及59个"一村一品"涉茶项目的建设，推动茶叶产业的全链条发展。更值得一提的是2022年国际茶日主会场暨潮州工夫茶大会获得了令人可喜的成果，会议活动精彩纷呈，展销成绩优秀，引起了社会各界的强烈反响，进一步提升了潮州市的整体形象。在凤凰单丛未来的品牌建设中，做好谋划推动国际茶日在潮州市生根发芽，更好地推动潮州凤凰单丛的品牌建设。

综上所述，凤凰单丛产业发展与品牌建设并不是一项短期工作，需要政府不断合理制定出相关扶持规划建设工作政策措施，指导当地茶企茶商努力打造出成熟完善的产业园，优化整合好当地丰富的茶文化资源，凸显出地域特色，充分发挥出凤凰单丛田园综合体的景区效应，不断提升凤凰单丛茶在市场上的品牌知名度和影响力。

潮州标准化有机茶园

第六章 农产品品牌线上线下结合推广

第一节 农产品品牌线上及线下推广模式和必要性

农业品牌推广在我国开展的时间并不长,在过去,仅有的推广形式就是新闻播报相关农业信息,农业企业的广告十分少见,农产品的品牌广告更是凤毛麟角,在这样的情况下,相关理论研究几乎没有。在20世纪80年代前后,有关农业品牌推广的学说、理论和研究,从引进到学习,从学习到草创,从草创到成熟,从成熟到发展,经历了一个漫长的过程,但在这个过程中,理论的研究力度很大,发展很快,整体呈现繁荣景象。然而,遗憾的是,行动滞后于理论,相关理论研究、学术成果并没有及时转化成为行动,对农产品的推广并没有形成有效的推动力量。

"推广"这个词,在中国古典文学中早已出现过,"推而广之"可能就是"推广"的最早出处。农业推广的理论研究开始于20世纪30年代,随着理论研究的不断深入和发展,相关研究逐渐有了分化,即所谓的纯理论研究和应用型研究。

一、农业品牌推广网络的现实状况

信息对于当代世界的重要作用做出怎样高度的评价都不过分,可以说,谁掌握了信息,谁就赢得了竞争。在我国,农业领域的信息,无论搜集、发布,还是反馈、评价,都相当滞后于市场的需求和发展,农业生产更多的是根据当时的市场供需滞后反应,所以经常出现农产品量与价,间隔一年大幅起落的现象,这就是信息滞后、信息不畅、信息平台缺失带来的落后的苦果。当然,我国很早就重视农业信息网络的建设,早在20世纪80年代,国家层面的农业信息中心就已建立,20世纪90年代,网络发展大潮中,国家级农业信息网站也应运而生。随后,这种带有行政体制色彩的农业网络推广模式形成了省、市、县三级网络,并涵盖了农林牧副渔、农产品生产、加工、流通等多方面信息。

在政府打造农业网络信息平台的同时,随着互联网走进农村和电子商务的异军突起,一部分"先知先觉"的农民掌握了网络——这个"新农具",开始在网上进行农业产品、技术的交易,并利用网络平台有效地对自家农产品、手工艺品进行了宣传推广,农产品品牌的建设有了初步的发展。农民自身的示范意义或许更大,年青一代通过网络打开了更为广阔的市场，赢得前所未有的成功，这带动了一大批新农村的新农民对于网络的兴趣和意识。

当然，不能否认的是，政府为主导打造农业网站，更多的是公益化的，网站自身并不产生效益，管理、运营网站的人既没有市场竞争的紧迫感，也不是熟悉农业生产第一线的人，这样的网站更多的是政策宣讲台、农业科普报、先进典型宣传栏，不足以在真正的农业生产中起到一定的效果和作用。更为现实的是，广大农村、广大农民，真正了解网络、运用网络的仍是一小部分，更多农民虽然告别了"面朝黄土背朝天"的完全盲目的生产，但对于市场反应的滞后，信息渠道的狭窄，以及"网盲"来说都是客观存在的制约因素。可以说，这样的现实是我国农业现代化的最大阻碍。

二、线上线下理论基础

这里所提及的"线"，是一个广义的概念，并不单指某一种具有实际传输功能的线材，这里提到的"线"，主要是指信息传播和利用传播渠道进行产品信息推广的"线"。

所谓"线上"，即通过包括传统媒体和各种新兴网络媒体在内的传播渠道，进行的农产品品牌推广、宣介活动。

所谓"线下"，即在信息传播渠道之外，通过菜市场、实体店、农超对接、农业生产基地、农家乐和其他现场活动等，与目标群体实现直接"面对面"的方式，进行农产品品牌的推广、宣介和销售。

无论"线上"或是"线下"，在承担农产品品牌宣介、推广任务的同时，也可以相互促进、相互补充，并直接参与销售、流通环节。也就是说，线上可以销售，线下也可以推广。从功能的角度出发，线上、线下只有侧重的不同，没有本质的区别，线上、线下都是为农产品的品牌推广和实现农产品销售而服务的。

"一切为了销售"，才是线上、线下两种推广模式的最终目的。

三、农产品品牌市场线上推广模式

线上，这不仅指互联网，也是指包括互联网在内的，所有的传播媒介。现在谈到电子商务，往往只注意到以互联网技术为基础的新兴媒体、流媒体等，当然，不可否认，在电子商务大行其道的今天，新兴媒体、流媒体功不可没，但是包括广播、电视等在内的各种传统媒体也不应被忽视。

第一，在我国农产品生产、消费群体中，很大一部分仍然是传统传播渠道拥护者，收听广播、收看电视、阅读报纸是广大农村和城市老年群体的生活的一部分，在部分偏远地区，邮递员的影响力不亚于政府官员；这说明了传统传播渠道对于农产品品牌的推广、营销有着不可取代的地位和作用；

第二，传播学的理论告诉我们，传播的影响力包括传播的范围，传统传播渠道面向大众,虽然在精准度上不理想(这里不包括邮件方式,邮政数据库营销恰是较为精准的营销模式),但在广度上,不亚于任何新兴媒体。

第三,由来已久的获取官方信息的习惯,让传统媒体拥有着重要的信息权威地位,对网络推广、营销的可信度是一种很好的补充。

第四,广播、电视、报纸的传播手段适用于新媒体的信息内容的制作和发布,从品牌推广角度来说,任何一种具有传播效果的方式、方法和渠道都应视为农产品新型推广方式的组成部分。

当然,这里主要探讨、推崇的仍然是真正意义上的互联网发布手段和营销方式。无论选取哪一种方式进行品牌的推广和产品的营销,都需要根据受众的不同,不同的产品特性,相对应选择更为贴近百姓、更为"有效打击"的传播渠道,围绕着百姓家居生活、农产品消费习惯和容易形成记忆点的信息,展开推广策划与实施。

四、农产品品牌市场线下推广模式

线下的方式,五花八门,根据自身不同的特色和渠道,进行有选择地使用,往往会事半功倍。

任何一种销售的本身,其实就是品牌的推广过程。侧重于销售的线下方式,在过去,更多的被认为是"买与卖"的关系,其实不仅如此,即便是以实现销售为目的的活动,在买卖的过程中,实际上也已经完成了农产品品牌的推广,进行了农产品品牌的建设。

除了买卖之外,线下方式还有许多与"现金"无关的形式,通过邀约消费群体参观、参加公益性活动,进行沟通,增进了解。这种方式以往被房地产企业和生活消费品企业大量运用,随后,公用行业和媒体也引入进来,现在,农业行业的运用也已开始。运用这种方式进行推广和营销,不能单纯地以投入产出来计算绩效,不能只强调短期的销售效果,不能以逐利为目的,企业应把眼光放长远,应该看到线下方式对于消费群体的培养有着特殊的功效,应该看到这种方式对与消费者建立、维持牢固的关系有着特殊的功效,应该看到这种方式对于树立农产品企业形象和品牌有着特殊的功效。

这种模式的最大好处,就在于"百闻不如一见",让消费对象直接感受农产品的质量、口味、香气等等,能最为有效的刺激购买,并迅速形成农产品品牌印象。也就是说,线下的方式的优越性,不仅体现在线上很难达到的销售额上,更重要的是线下也是线上宣介的有效补充。

五、农产品品牌推广线上、线下相结合的必要性

农产品品牌的推广、营销是一个很复杂的过程,其本身就是一个值得大力研究的综合体,它涉及的领域和专业性都不能与其他行业进行简单的类比,它有着自身独有的特点和难点。在实际操作过程中会发现,任何一种品牌推广方式的单独使用,都有着不可避免的

弊端，都不能理想的实现经营者的诉求。比如，仅以线上方式进行推广和营销。首先，农产品品牌的推广成本很高，传统媒体的方式目标不明确，新兴媒体的方式影响面有局限，操作有难度，推广的效果令人怀疑；其次，线上方式用于营销、结算，对于农业产品零售来说不现实，很难想象，一位家庭主妇正在准备晚餐，发现少了些佐料，她会选择通过网络方式购买酱油、醋。由于这些原因，我们是不是会选择舍弃线上的方式而选择线下的方式呢？线下方式的缺憾则更为明显，首先线下方式推广的人群十分有限，线上一秒钟可以让一条信息传播到百万、千万终端，但对于线下来说就是"天方夜谭"；其次，线下的方式需要的是经营者和消费者双方的时间成本，这对于现代品牌营销来说，过于浪费。

由此说来，正确的选项已呼之欲出——单纯的线下渠道或单纯的线上渠道，任何一种模式都难以满足农产品经营者和消费者的需求，单打独斗不行，市场的法则是合作，是共赢，对于农产品品牌的推广来说，线上线下就好比乒乓球运动一样，必须通过混双，才能让两者进行有效的结合，实现真正的互补，也只有这样才能有利于农业的发展，有利于农业市场长远的利益。

（一）线上模式必须有线下店支撑

农产品品牌线上模式在宣介推广和电子商务方面有着强劲的发展势头和优势，但仍需与线下模式相结合，经过实践检验，最好的结合方式就是充分考虑消费者的用户体验，通过线上模式吸引眼球，导入流量，再通过线下实体店等"面对面"的形式强化消费感官，特别是相对于农产品，更多的是需要实际现实的体验感。

第一，城市居民购买蔬菜水果、鱼肉粮米，都喜欢"眼见为实"，这是一个根深蒂固的消费习惯，人们"一手交钱、一手交货"心里才会踏实，采用线下实体店的方式就能极具针对性的解决问题，通过店面的商品陈列，除吸引眼球之外，最重要的是可以配合"线上推广"，让顾客直接感受农产品，挑选更新鲜、品质更加的食品，从而完成交易。

第二，实体店的存在可以提升消费者的信赖感，他或她能确定自己从谁哪里购买了农产品，而这些食用的农产品通常会关乎健康，所以给予消费者需要的那一种信任感，对于农产品品牌的营销十分重要。

第三，实体店是线上网络店面的很好补充，能够强化宣传效果。同时，实体店可以利用自身靠近居民生活圈的优势，积极展开线下活动，拉近商家与消费者的心理距离，培养"熟客"，即形成约定的消费习惯。

（二）O2O(Online to Offline)模式是线上线下相结合的必然选项

B2C、B2B、C2C等这些电子商务模式，在近些年众所周知，而在如今"互联网"行业发展之迅猛的时代之下，O2O模式的概念被更多人提起，此处的O2O模式也就是明显的线上与线下结合的模式。对于一笔交易，开始于线上，完成于线下，这就是O2O的简单解释。

农业O2O在当前还是新生事物，被运用的实例不多。对于农业企业和经营者来说，已拥有的线下资源很丰富，只需增加靠近消费终端的实体店，便可完成O2O中的线下部分。而需要努力的是完善线上部分，这不仅是指线上展示的内容，更多的是线上营销的理念和手段。

当前，很多农业企业只把网络当作"黑板报"，顶多派专人值守，定期更新发布内容而已，这就放弃了在"互联网"时代的优势资源和商机。农业O2O在现实的情况令人遗憾，只能是一种概念和说法，并没有真正成为推广平台和产业推动的力量。

当然，有关方面对农业行业O2O的推广仍在努力，有互联网企业（深信信息）完全向农业领域大数据、云计算公司转型。待转型完成后，将实现农业大数据运营，如农产品（行情，问诊）价格指数、农产品供求信息服务等将构成深信信息主要盈利模式。这将对农产品生产者、经营者、流通者和消费者产生影响。

第二节 农产品品牌线上推广方式

一、农产品品牌线上推广方式综述

线上推广方式，由来已久，可以说是伴随着大众传播媒体的发展而发展，广播、电视等传统媒体在线上推广，早已有了很多成功的探索和尝试。然而，传统的线上推广模式，种类单一、互动性不强、不能实现交易。在互联网技术的带领下，网络推广平台和电子商务异军突起，实现了真正意义上的"线上"推广和运营，打开了企业、商品和交易的天窗，为线上推广模式带来了革命性的变革和无限美好的前景，也为农产品品牌推广带来了翻天覆地的变化。

农产品品牌线上推广方式，包括但不仅局限于网络方式，线上方式通过大众传播渠道，面向特定或不特定人群（传播渠道的不同，会带来传播效果的不同）广泛发布信息，这样的推广理念，带来的最大变化就是，包括农业在内，几乎所有的行业，都不再单纯的是某一种行业，每一种行业都具备了信息行业的特点。在每一个个体都已成为"自媒体"的今天，所有的经营性行业当然也都可以成为信息的发布者和受益者。

同时，相较于过去，现在的线上模式最具优势的莫过于可以采用电子商务形式，通过第三方支付，在线上完成农产品销售。当然，线上销售对于农产品来说，种类、规模和流通相比起其他行业，要求更多，分类更细，形成品牌推广的完成难度也更高。

（一）通过传统媒介发布农产品信息

大众传播媒介的最大特色就是传播的面很广，具有长期以来形成的信息权威，在中国的广大农村，广播、电视、报纸及邮政，都具有不可替代的地位，人们通过这些渠道获知信息、了解世界、指导生产，总的来说农产品品牌线上推广方式的最佳选择就是传统媒介。

（1）平面媒体发布的信息应偏重图文并茂，发布信息量大、介绍内容多、读者可留存、具有使用功能的内容，如：在农业博览会门票印制品牌宣传、农产品优惠券打上品牌LOGO等，目标受众应以中老年为主。

（2）选择广播电台最好的发布形式，应偏向可直接互动有深度、需解读、的内容，如：采用访谈式专题节目的形式，可以用邀请农业专家介绍某农产品的药用、滋补功能，现场还可接听听众来电，回答有关提问，或选择限时拨打电话，发放奖品等方式刺激收听率，不断强化农产品品牌的洗脑歌曲等手段。

以往，广播电台被认为是老年人媒体，如今，汽车的普及让广播电台已成为白领媒体，适宜较为高端的农产品进行推广。当然，广播电台为适应激烈的媒体竞争，也可采用现场直播的方式，在农业企业或者区域品牌的生产基地进行广播直播。广播电台的优势在于发布价格较为低廉，且地域化限制在传统媒体中最小，广播电台也被认为是历史最悠久的"移动媒体"，它对有车一族的传播效果最为直接。

（3）电视台是传统媒体中最具影响力的传播渠道，电视机在今天仍然稳固地占据大多数家庭的客厅，被称为"第一家用电器"。电视传播的覆盖面比较大，跨越好几个年龄层，选择卫星频道进行投入也可打破地域限制。同时，电视推广的形式非常丰富，可选择的余地很大。并且直观、生动、真实、及时等都是电视传播方式的优势。

但是，顺序播放、转瞬即逝的特点让信息的停留时间很短暂，虽然ITV已实现电视节目可点播、可回放，但只不过是增加了信息的重复率，信息传播途中仍未改变停留短暂的特性。另外，电视传播的成本较高，对农产品品牌的推广有力度，但不适用于更为详尽的、需耗费大量时间的内容发布。

（4）通过邮政系统进行推广，在很多企业来说，似乎很陌生，认为邮政是一种已经落伍的信息传递方式，邮政应该连媒体都算不上，这是一种"过时的"看法。

现在的邮政企业已经发生了很重要的变化，邮政企业参与到了电子商务的物流体系中，可以说，城市中"快递"一词，几乎伴随了所有年轻人的日常生活。

在农村，邮政有着极为特殊的地位和作用，在不少农民的心中，邮政就是政府。邮政的村邮站可以实现信息的发布，在农村拥有很强的信息权威地位。

同时，邮政系统拥有很丰富的名址资源，其数据库营销具有精准性极高、信息发布打击性极准的不可替代的优势。

选择邮政系统进行农产品品牌推广，主要面向农村，这对于品牌化的农业生产资料、农业生产工具和农村生活用品是一个不错的选择。部分小众农产品、高端农产品则可利用邮政数据库资源进行"点对点"信息发布。

（5）杂志和期刊，具有与报纸相类似的信息发布特点，但受众面更小，更合适高端农产品品牌的体系建设与推广。

（二）通过互联网、移动新媒体发布农产品品牌信息

农产品的销售终端以城市里的千家万户为主，在新媒体大行其道的今天，忽视互联网、移动媒体的发布能力，将是一件非常可怕的事情。新的传播方式带来全新的信息发布和获取，正如有人说的那样，"其实信息竞争，简而言之就是经济竞争"，信息的两端，信源与信宿都在发生着巨变，不去接近、掌握、运用，就难以在新的时代获得利益。

首先，新媒体拥有巨量信息优势，也就是人们常说的大数据时代。传媒走过了人际传播、大众传播，进入了分众传播和个众传播。个众传播，是个全新的概念，"个"与"众"两个词意相对立的字，竟然联手走在一起，互搏的双方变成了一个统一体，这就是当今传播学正在经历的"神奇"。对于每一条网络发布的信息，每一个人都是接受的个体，都有个体的理解和反馈，这就是传播中的"个"，而无数个"个"就组成了庞大的"众"，当"个众"形成一定的传播规模，并加以整理、分析、分类、调用，就形成大数据工具，由信宿端形成的统计工具反过来作用于信源，指导信息的发布者，进而指导线下的生产、配送、销售和售后，就形成了网络信息营销链，这就是所谓的数据库营销。

然而，选择新媒体进行农产品品牌的推广其主要方式有以下几点：

第一，使用网络新媒体进行"关键词"推广，推广要先选择客户脑海里面的会搜索的关键词。

第二，使用免费的网络形式进行推广，包括新闻、视频，邮件，博客，微博等。

（三）运用电子商务促进销售

阿里巴巴、自媒体，这样的词汇在中国已人尽皆知，它所代表的就是时下最为火红、最为时尚的商品交易模式——电子商务。电子商务行业突破了所谓的地域，甚至是国界的限制，它让企业的生产、经营、结算和投产比计算发生了彻底的颠覆，它带动了成千上万的创业者的激情，它带动了物流配送行业的起飞，它引发了更多关于维权、支付、立法等方方面面的全新思考。总的来说，如果一家企业从未考虑利用电子商务，那就算不得现代企业，很遗憾，农业领域中，的确还有很多企业与电子商务绝缘，的确算不得现代企业。电子商务在农业领域各个环节的运用，尤其是在农产品品牌推广、销售等方面任重道远。

二、线上推广方式的种类

对于农业产品来说，除了采用新闻、广告的方式对传统媒体进行品牌推广之外，最省钱和最常用的方法就是线上推广，我们选择新媒体、新方式进行线上推广，其种类主要包括：

（一）自建网站

通过自建网站，拥有最为忠实的反应传播意图的媒介。自建网站对于企业形象也有着不可低估的意义，网站设计应摆脱"农就是土"的传统印象，要做好农产品品牌的整套完

整的 VI 设计，做好完整的营销体系建设，要把网站功能最大化利用起来，实现品牌推广，营销造势，信息发布、产销互动、订单交易和服务追踪等。只有自建网站，才能起到留住忠实消费者的目的，才能更好地实现线上、线下的对接。

（二）搜索引擎优化

农业电子商务化最好 以及最有效的推广办法就是推广搜索引擎来实现的。它的优势就是能给企业商家的网站带来更多的乃至不断的潜在客户和潜在消费者。

搜索引擎的优化包括站内优化和站外优化。

站内优化：标签优化；布局优化；内容优化；代码以及 url 优化。

站外优化：外链；空间服务器速度；软文推广。

（三）论坛、博客推广

就是把农业产品的信息进行整理后，通过品牌营销包装的方式制作成比较吸引人，但又不像广告帖的软文，到相关的农业网站上发布，让更多目标客户看到。

论坛、博客信息发布广告的优势在于第一针对性强，例如新浪博客已经具体化的分为了体育圈、地产圈、娱乐圈、IT 圈、财富圈、草根圈等多个细分行业圈子，并且每个圈子里都有非常有名的代表人物在使用博客；第二交互性强，例如论坛、博客信息发布的广告主、发布者和广告受众群体都可以通过网络的快捷实现互动，受众群体可以自主的选择对他来说有用的广告信息，然后广告主和信息发布者也可以及时得到受众群体相应的反馈信息，根据不同的反应还能对发布信息作适当的调整及修改，这就体现了它的交互性；第三时效性强，论坛、博客的信息千变万化，它的内容可以不断更新，不断变化；第四传播能力强，论坛、博客不仅仅在互联网上可以看到，大多数人们使用的手机上也有独立的 APP 或其他终端可以看到；第五受众数量可以准确统计的优势。

（四）与其他知名网站合作

这个方法是寻找跟自己网站有互补但竞争性不是很强的网站进行合作，互换会员，或者互换广告、联合举办线上活动等方式一起共同发展。

（五）电子邮件群发

电子邮件群发虽然是最原始的营销推广办法，但还是有一定的效果的。这种办法能否更好地体现它的价值在于有没有找到最精准的数据，也就是精准数据库营销。首先调研我们农产品的目标受众群体是哪一部分，然后按照不同地域不同种类，设计特定的活动，吸引不同人群进行群发邮件。

（六）手机信息发布

当今社会很多人都在使用手机，不少商业信息都是通过手机微信、朋友圈等形式进行发布，农产品也可选择手机微信、朋友圈信息发布形式。手机信息发布的优势之一是可以通过手机 APP 或者自建的网站对自己的目标群体进行发布信息，不仅内容没有局限性而且目标群体可以自定义化，其次通过手机微信、朋友圈的动态展示，更形象生动的突出产品特性，让消费者更具体化、直观化的了解产品信息，这样的方式多适用于小众高端产品及农产品知识的普及推广。

（七）院线信息发布

无论在都市还是在农村，电影院线已经成为信息发布的平台之一。院线信息发布形式包括两种：第一种为随片广告，即电影制作方在影片制作时，加入商业信息，也有将商业信息插入电影内容之中。

还有一种方式为院线影片的插播广告，它又分为前置广告和后置广告。选择院线形式发布推广农产品信息的优势在于，信息传播的准确性、有效性、到达率极高。观影者在无从选择的情况下必须接受相关信息的发布。但其劣势在于信息发布的成本较高，尤其是选择影片植入的方式将会耗费大量的成本投入，农业企业在选择此类方式时，应该持有谨慎的态度。

（八）交通工具信息发布

在现代都市社会原本与信息传播无关的领域、行业和形式，如今也随着信息化革命浪潮的到来，有意识无意识也成了传播媒介中的一分子。例如公交车、出租车、旅游大巴、飞机场、飞机内、火车站、列车上、高铁、地铁，甚至包括城市免费租用自行车，都可以作为农产品信息发布的平台。

使用交通工具信息发布既有优势，也有局限。优势主要体现在"抢占眼球"，公交、地铁、出租车等，就在城市居民的"眼前"晃悠，想不看都难，这在广告、覆盖面、到达率和曝光频次方面都是广告人梦寐以求的效果，这也就是公共交通广告平台从不缺少广告客户的原因所在。

公共交通信息发布还有一个很明显的优势就是价格优势，相较于大众传播媒介的广告费用，公共交通工具上发布广告要便宜很多，这对薄利多销的农产品来说是一个很好的选择。

另外，公共交通工具还具有与生俱来的"亲民感"，它让人感觉到浓郁的"生活气息"，家居生活的吃与喝在这样的平台上发布信息、推广品牌，会拉近与受众的心理距离，让人产生购买欲望。更重要的是乘坐公共交通工具的人大多数就是家庭里负责采买农产品的人。

当然，公共交通工具的信息发布也有自身不可改变的局限性，主要是传播对象较为局限，传播数量有限，人群同质化很明显，不能和大众传播媒介的公信力、影响力相提并论。

（九）各种视屏信息发布

除了传统方式如电视、视频网站等发布相关产品视频信息之外，如今还出现了很多视频发布平台，如楼梯间视屏、电梯内视屏、楼宇外墙巨幅视屏、户外电视大屏、卫生间电视屏、公共交通内部及椅背视屏、金融（银行、证券公司大厅等）及公用系统（水、电、天然气等）收费大厅视屏，这些视屏都属于分众发布形式，对特定人群拥有较好的信息传播效果。

视屏发布最大的好处就是"眼见为实"，让人有"身临其境"的感受，对于需要展现局部特征、使用细节的相关产品是广告发布的首选，但视频发布也有着顺序播放、转瞬即逝和制作、播放成本较高的劣势。

因此，建议选择这种方式发布信息的农产品，应着重品牌的推广，简单、重复，不要冗长、复杂，是选择视频信息发布的原则。

（十）线上活动策划

在农产品营销推广的过程中，使用成本最小，最吸引消费者的就是线上活动策划，商家用户可以根据不同人群的不同特点来设计策划组织一些线上活动，带动消费者的积极性、促进人气。

三、不利于农产品线上推广的因素

农产品线上推广至关重要，方式的选择有很多，效果的检验也不错，但为什么在现实的经济生活中，选择线上推广方式的农业企业并不普遍呢？从市场环境、政策环境和社会环境等方面来看，确实存在着许多不利于农产品线上推广的因素，主要包括：

（一）农产品质量安全标准体系建设滞后

食品安全问题的报道，在媒体上从来就不缺少，给人们的印象是——没有食物是可以放心吃的！这是媒体传播的失败，更是农产品质量安全体系的失败！我国农产品质量安全监测、跟踪、投诉、处罚和立法等一系列安全标准体系相对滞后，不能跟上市场经济的发展速度，不能满足农产品市场发展的需要，这样的薄弱环节让人不只是遗憾，更是着急，甚至是害怕。食品安全，关乎人民身体健康，具体到农产品线上推广来说，连菜市场看得到的商品，买回家都让人不放心，更何况网络上看得到、摸不到的农产品，那不是更让人不放心？信心比黄金更珍贵，农产品质量安全体系就是老百姓信心的保障，就是农产品品牌的保障，就是农产品网上交易的保障。

（二）农村信息化基础设施薄弱

广大农村一直在随着改革开放进步、发展，从乡村通到村村通，国家各级政府下了大力气，公路、水电气、电话，包括有线电视，逐渐地走进农村，但现状是互联网的基础设施在很多农村并没有实现完全意义的村村通，而且多年来积累的建设欠债，很难在短期内有重大的改观。

农村信息化建设在没有网路铺设，没有接收端口，没有通信速度，没有信息安全的基础上，很难实现全国全覆盖，即便在当前强烈的信息需求背景下，也很难实现迅速的铺开，这是制约农村信息化发展的"病根"。

（三）农村信息人才缺乏

任何竞争归根结底是人才的竞争，在互联网高速发展的今天，表现出来的是信息的爆炸式传播，而归根结底仍然是人才的扎堆效应。随着互联网一同产生、演变、繁盛的各种新兴商业业态、商业模式、营销手段等等，归根结底是人才在发挥着决定性作用。

人才的流动是有规律可循的，但在农业领域，相关企业的互联网意识仍相对滞后，对互联网人才的吸纳显得力度不够，这是一方面；另一方面，有意识地培养既熟悉互联网，又熟悉农业生产的人才，则显得更加的滞后。人才短板，是制约农村信息化发展的"瓶颈"。

（四）网络诚信与网络安全形势严峻

自从互联网进军商业领域以来，诚信与安全问题就一直如影随形，困扰着管理者、经营者和消费者。当然，对于这一方面并不是完全没有进展，可是进展的步伐和速度令人遗憾。在这样的网络商业整体环境下，农业、农产品当然也受到影响，甚至比一般产品受到的影响更大。

如何解决网络交易的诚信问题，如何处理相关的商业纠纷，如何通过法律形式规范交易各方的行为，又如何提升互联网企业自身的相关意识，这是农村信息化发展的"症结"。

第三节　农产品线下推广方式

一、线下推广方式综述

在我国农村，农产品推广意识整体不强，但相较于"线上"，线下的方式还算能被接受、理解和使用。线下的推广方式被认为是对品牌建设、产品营销最为直接的方式，甚至就是销售手段之一。线下推广方式主要包括"请过来"和"走进去"两大类。

"请过来"，即邀约目标人群到农产品生产基地进行体验，以优惠的价格和乡村游的形式，吸引人流量；"走过去"，即在靠近消费目标人群的地点，建立专营店，或者组织现场活动，宣介品牌、销售产品。这两大类方式又分为许多具体的手法，但大多以"口碑效应"和"人际传播"为主。

线下推广方式，直接、直观、短期内效果明显，但影响范围有限，如果不与线上方式结合，就很难形成注意力资源，对销售量的贡献度也极为有限。

二、政府主导的线下推广方式

线下推广方式最直接、最有效和最有组织性的当推以政府主导的线下推广方式，各级政府的指导性、积极性和行动力是农产品线下推广的决定性力量，其方式主要包括：

（一）政府主导下的农超对接

在过去，农产品从田间地头，到百姓餐桌，要迈过一道道"门槛"，其间需要耗损大量的时间成本、人力成本、物流成本和交易成本等，特别是农产品的新鲜程度也受到直接的影响。为了减少中间环节，减轻企业和农民的负担，让城市居民尽快享用到新鲜的农产品，由政府主导、企业参与的"农超对接"工程在多地齐发，目前这一形式已不是新鲜事物。

由于政府的主导，这样的方式具有一定的强制性，压缩了中间环节的利润，直接受益的是农民、是百姓，而且成交量和交易价格还只是农超对接带来的好处之一。

当前的农超对接主要呈现三种形式：第一，靠近农产品生产地的农超市场，这种形式主要体现为规模化、中转性。商家在靠近农产品生产地，建立农超市场，集中收购农产品，并安排物流企业对接。这种形式的农超对接，主要表现为批发、中转，并不是农产品与消费者的直接交易；第二，靠近城市生活圈的农超市场，这种形式主要表现为将农产品以订单形式引入城市里的超市，和百姓日常生活用品一起供消费者选择，这和城市里常见的集贸市场还有不同，目前已有向品牌化、高端化发展的趋势。靠近市民生活区的菜市场、集贸市场往往在经营时间、产品档次方面不能跟上城市生活节奏和水准，而农业生产基地直供大型超市的这种农超对接则较为方便的向快节奏生活群体提供新鲜农产品；第三，在有些地区已出现"老农民"品牌农产品直供形式，即将农产品进行品牌包装，在政府指定的区域，以路边形式向城市居民进行销售。由于地点设在百姓生活必经道路上，能很快吸引人群，同时，由于不收摊位费、占道费，物流及中间成本也被省去，这样的农产品价格低廉，也很新鲜，在武汉广受欢迎。

农超对接虽然减少了中间环节，降低了交易成本，但仍然停留在较为传统的线下模式，大多数与线上"绝缘"，线下生产的农产品只被生活在交易地点附近的人了解，交易的形式只有现金方式，交易的优惠方式只有在蔬菜、水果即将下柜时才随意推出，没有形成有策划、有目的、有网络的营销手段，这是政府主导下的农超对接方式的局限性。

（二）选择具有示范意义的农业科技示范户

我国各级政府为了更好地指导农户运用现代科技手段进行农业生产，并带领农户根据市场需求改变过去的组织生产，基层政府应依托农业企业、先进农业生产者，并在农户当中，选择具有示范意义和带头作用的农户设为农业科技示范户，集中进行主导品种、主推科技的指导和培训，让农业科技示范户的积极性、创造性充分发挥出来，并通过他们的示范效应，辐射带动周围农民提高科技生产水平，促进农产品生产发展，推进农业科技的普及和推广。

农业科技示范户是经历了市场洗礼，由基层政府通过各项技术指标、经济指标考验、选拔出来的，代表先进农业技术推广的样板户，政府和企业在农业生产物资、农业技术含量，和农业科技人员的配备上给予一定的扶持，帮助各农业示范户率先掌握先进的农业科技技术，并大力促成示范户先发展、先致富，并在农业示范户成功效果的辐射带动下，带动更多农业生产者一同致富。

(三)政企联手打造各色农业节

线下推广模式中很重要的一项就是以旅游推动农业，由此产生出来了旅游农业的经济模式。最初，是农民自发推出的"农家菜"项目，各家各户根据城市居民的要求推出农家菜，搞餐饮业，随后，基层农村组织集中推出了"农家乐"项目，丰富了服务项目，以餐饮、住宿、垂钓、种植和低价推销农产品为主，小规模吸引城市居民来到乡村。近几年，各级政府通过财政支持，还有招商引资，根据当地农业特色，打造农业旅游景点，推出形形色色的农业节，诸如"莲藕节"、"玉米节"、"虾子节"等等。这样的活动，由于由政府主导，往往用时较长，服务项目较多，吸引人群规模很大。各色农业节已经发展成为具有我国特色的区域经济，是由政府搭建平台，企业出资创办，促进农民增收的具体措施，这种方式表现出来了广阔的前景，在吸引来大量人群的同时，不同程度上有利于当地农业经济的发展。

农业节的举办虽然方兴未艾、红红火火，但仍有隐忧。不少地方的农业节，一味追求声势浩大，投入大量资金，销售的产品和服务却停留在粗放和低端层面，投入产出不成正比，经济账很大算不过来，甚至有地方把农业节当作某些官员的政绩工程，只重宣传，不重效果，只讲规模，不问效益。热热闹闹的农业节闭幕后，在当地往往只留下了节会期间的热闹场景和短期收益，以及大量的旅游垃圾，不少参与到农业节的农民并没有得到真正的实惠，当地农业也没有收获预期的口碑效应，这是开发、开展农业节不得不思考的问题。

三、企业自行主导的线下推广方式

在政府主导的线下推广模式中，农业企业是直接参与者和受益人，但政府的推广更多的是着眼行业、产业的发展，更具宏观考虑，企业在市场竞争中面对的是更为直接的要求，更加挑剔的需求，如何开展自行主导的线下推广，是农业企业必须思考，并加以解决的问题。

对于企业来说，进行线下推广，首要考虑的是如何根据自身特色和产品属性，进行有策划、有组织，并尽量控制成本，增大收益来开展一系列的推广行动，当前，较为常用的企业线下推广方式，主要包括以下几种：

(一)建立体验式农庄

大部分农业企业的消费终端以城市人口为主，城市人群远离农村，在钢筋水泥的包裹下，快节奏的生活着，他们更需要农村的空气、田野的味道、原生态的农业产品和慢节奏的生活，打造一个服务城市人群的农庄，用"请过来"的方式，让城市里的人放慢脚步、走进农村，直接感受农庄的生活，是一种不错的农业营销方式。在这样的市场需求下，体验式农庄应运而生。

体验式农庄强调的是农业生产状态下的生活，但提供的却并不是完全意义上的农村生活，在体验式农庄里更多的仍是酒店式管理和服务，体验式农庄更像一个商业综合体，娱乐、观光、餐饮、住宿和农耕体验、农产品销售捆绑在一起，增加了用户体验环节的农业营销方式在当前很受市场欢迎。

仅就推广而言，体验式农庄原本可以做到更好，但大部分企业被眼前利益左右，更多的是直接销售服务，农业要素只是点缀，推广的目的被大幅弱化，这是需要引起思考的地方。

（二）组织考察农业生产基地活动

农业企业拥有的资源优势就是农产品的生产基地，发挥这一优势的魅力，定期或不定期的通过邀约消费者、媒体和中间商走进农业生产基地，直观感受农业生产环节和流程，直接接触农业生产的第一线，让合作者、消费者和社会公众提升对企业信任感、亲切感，这是一个无可替代选项。

（三）举办农产品美食节活动

在参与政府主导的农业展会、农业节的同时，农业企业应主动策划、执行"以我为主"的线下节会活动。农产品大多与百姓餐桌相关联，举办与自家产品特色相契合的美食街活动是一个不错的选择。

在举办相关活动的时候，应充分考虑到活动的权威性和影响力，如和当地厨师协会、知名饭店酒店联手，借用合作伙伴已成功推广商业品牌和行业影响力，增加活动的吸引力。

举办这样的活动，其目的是为了扩大知名度，进行农产品的推广，那么除活动本身之外，还应充分考虑到线上的传播，与当地媒介合作，既可增加活动的可信度，也能借此进行相关报道，可谓一举两得。

任何线下活动，都应强调互动，在商业运作中叫"用户体验"，活动不能只是一种展示，也不能只是借活动卖产品，活动的设计应将消费者纳入活动环节中来，比如，由企业提供自家农产品，请消费者进行烹调，对消费者进行有奖评比。这样的互动环节，增强了活动的参与感、趣味性，并可定期举行，使活动具有可持续性。通过举办类似活动，对企业的品牌知晓率、影响力和美誉度都有很直接的影响。

但是很多活动的组织者并不能因为举办这样的活动而感觉长期受益，问题的关键在于，农业企业对举办类似活动，不像万达、万科这些商业企业那么有经验，同时，农业企业在投入此项开支时，也没有采用复合举办活动投产比的财务核算方式，在账面上呈现持续亏损，是农业企业对举办大型互动类营销活动望而却步的主要原因。对此建议：第一，与专业活动公司合作，迎合社会分工，让专业人做专业事，往往会事半功倍；第二，应更多地看到举办类似活动的社会效应和长远的经济利益，在企业整体的财务预算中，按比例设置活动投入经费，评价体系采用人流量、传播面、预期效应等宏观指数；三、在活动结束后的一段时间内，观察市场反应，根据不同反应，及时调整产品投放，并修正下一次活动的方案。

（四）组织协销队伍

大多数生产型企业对于线下推广并不在行，更不用说农业企业对城市消费人群的喜好更为生疏，要想融入城市消费群体中，根据城市人群的感受制定推广策略和营销计划，就必须培养一支专门的队伍，进行长期培训，这对于企业来说，成本较高，产出较慢。基于此，建议农业企业考虑委托相关公关公司、广告公司、活动公司，组成协销队伍，专门开展服务销售的推广活动。

将线下推广的重点，摆在市民生活必需的场合；将线下推广的功能交由专业公司，企业只需对具体内容进行干预，对效果进行评估；将线下推广的考核，与企业长期发展的目标相结合，灵活的掌握推广的节奏和方法。

第四节 农产品市场线上及线下相结合

农产品市场的推广主要有两种方式，即线下与线上，这两种方式各有优势，但"单打独斗"又力有不逮，两者的关系互为补充、彼此依靠，只有将线上、线下结合起来，农产品市场的推广才可能卓有成效。

一、单一推广模式到组合式推广的必然

农产品的推广是为品牌服务，但归根结底是推动产品销售，无论线上、线下，推广的投入都需要转化为销售的产出，推广与销售的关联性决定了推广方式由单一到组合的必然。

（一）单一模式的弊端

1. 由线上来看

单一的线上推广模式，虽然可以凭借高速发展的电子商务进行交易，但其弊端在农业领域也显而易见，存在着诸多问题和制约因素。

从实践角度看，农产品的线上交易对于零售领域较难实现有效突破，这不仅仅只是生产者、商家和消费者的网上交易意识问题，而且有更多的实际操作难题困扰着农产品网上交易，这是不争的事实。造成问题的原因，主要包括以下几点：

第一，农产品中的一大部分是以批量经营盈利的，而网上交易更多的则是零售，销售量很难保证网上交易的成本回收，交易的冷清严重影响了生产者的积极性，网上交易成了一个噱头，不过是"摆摆样子"而已；第二，农产品大多关乎百姓餐桌，消费者在购买时更加谨慎，而农产品质量标准化程度不足以让百姓放心，也制约了百姓的购买热情；第三，大部分农产品体量较大，物流成本较高，但附加值很低，成本核算之后，很难如其他网上商品一样物美价廉，由此也很难形成规模化交易；第四，分散的生产者和分散的消费者在网络平台的交集，其焦点无碍乎价格和配送，农产品网络在分散的经营链两端始终难以形成真正有效的快速物流；第五，基于农产品季节性强、地域性强等特点，也很难形成线下购买的有效取代；第六，城市居民生活圈的便利，线下物流网络的发达，菜市场、仓储、

直通车、农超对接等线下形式也从某一方面制约了农产品网上交易的发展。

2. 由线下来看

农产品交易单一模式最大的弊端就是影响力的局限性，这制约了推广效果。在某地有一个石榴红村，早些年，通过开发农业旅游和特色餐饮吸引了大批人群，使得当地经济火红了一阵。但由于当地基层政府和农户对线上推广的忽视，没有将线下利润的一部分转化成线上推广成本，在口碑效应达到最大化之后，周边人群去腻了，新增人群没有，人流量逐渐减少，石榴红村的火红成了"值得夸耀的记忆"。线下的推广，在一段时间内有效，但很难形成持久性和规模化，线上推广没有跟上，到头来只是浪费了线下积累的成绩。

（二）单一到组合的必然

线上、线下两种方式之间存在着很强的互补性，单一模式向组合模式的转变是一种必然。单一模式的弊端制约了发展，发展的必然就是模式的转变和整合。其必然性主要体现在以下几点：

1. 信息化发展的必然

在以往，农产品的生产者对市场的反应迟缓，但如今，信息化社会中，没有任何一个领域是隔绝在世外的。在信息浪潮的冲击下，农产品生产者中佼佼分子早已先知先觉，利用网络平台嫁接供需双方，一大批原本"养在深闺人未识"的土特产走向网络，并通过网络走向了国际市场，这样的实例比比皆是；

2. 市场竞争的必然

农产品的市场竞争日趋激烈，竞争就是发展的催化剂，身处竞争中的生产者、经营者顺应新技术、新方式和新市场的能力强弱决定了竞争的成败。农产品线上、线下多种模式的组合，为竞争带来了致胜的利器，不少成功的先例指引着竞争者朝着组合模式前行。

3. 市场需求的必然

当前社会，各行各业的需求都在发生着改变，对于农业、农产品来说，这种改变早已悄然形成，人们对农产品的需求更趋向精细化、多样化和便捷化。尤其是"网络一代"，他们更为熟悉网络购买环境，更懂得网络购买规则，而这一批消费者势必成为农产品消费的主力军，他们对网络购买的需求，以及对线下便利的需求，会倒逼农业市场、农业企业和农业经营者向线上、线下相结合的模式靠近，并且会不断研发出更适合两种模式相结合的推广方式、经营方式、物流方式，以及成本核算方式等等。

4. 政府主导的必然

"互联网+"的提出，展现了中国政府与互联网计划无缝对接的决心、能力和智慧。在工业4.0到来之际，农业网络化不会再是简单的政绩装饰，更多专门人才的培养、更多专项资金的投入、更多政府主导的项目，将极大地向前推动农村网络化建设，由此带来的与时俱进的观念更新、生产更新、推广更新和经营更新势必成为一种必然。正是在这样的"春风"之下，农业O2O模式现已在农业领域展开了示范运用，如雨后春笋般，各式农产品网络商城纷纷涌出，凭借早已形成成熟布局的第三方物流平台，线上线下的结合推广模式也已起到了实际作用，成千上万的消费者和经营者由此共享到改革发展的成果。

二、线上线下结合推广在实际操作过程中应注意的事项

当前，农产品贸易无论从量，还是从质，都在发生着深刻的变革，埋头种地、抬头看天的时代早已一去不返。与此同时，现代社会随着科技手段的不断丰富，科技产品的不断推出，人们的需求也发生着剧烈的变化。需求的变化、竞争的激烈，客观要求着农业领域主观的变化和发展，线上、线下相结合的推广方式正是适应时代发展的正确选项之一。当然，在实际操作过程中，如何更为恰当、更为精准的使用线上、线下两种方式，并且将其有机结合，是一个不得不重视的话题。

（一）农产品的特点与卖点

有一句耳熟能详的俗语："王婆卖瓜，自卖自夸"，经常被拿来形容夸大自己，但是这句话恰恰说明了"瓜"这种农产品，当"夸"则"夸"。夸，是一种推广方式，向消费者展现产品特点、优势，目的毫无疑问就是"卖"，即实现销售。一句俗语里的两个关键词——夸和卖，正是现代农业需要的推广和销售、线上和线下相结合的模式。不过，问题的关键在于"夸什么"，也就是说，产品的"卖点"在哪里？不同的农产品有不同的卖点，运用换位思考的方法，商家的"卖点"不就是消费者的"买点"吗？用心研究消费者心理，用心研究市场的需求，就能找到"夸"的要点。农产品要找到了自己，找到了自己，也就找到了卖点，找到了卖点，也就找到了消费者，找到了市场，找到了效益。

农产品本身的特点能否成为市场交易中真正的卖点，不仅关系到交易的实现和市场竞争的优势，也关系到在线上线下推广时的"聚焦"。可以说，产品的特点就是卖点，卖点就是推广时的焦点，所以说，在打造产品时，应对推广的焦点有预先的安排和计划，也就是说，在开发、生产环节，就要对日后的推广进行计划。

（二）推广方式与产品品牌

"王婆卖瓜，自卖自夸"并不是一句褒义的话，而盲目的认定自己就是最优秀的，自说自话，全不顾市场反应，胡乱夸大，这都是常见的"推广病"，而问题就出在了"夸"的方式上。

"王婆"作为农产品的生产者和销售者，为了让农产品"瓜"得到很好的销售，实现"卖瓜"的经营预期，所需采取的重要措施之一就是"夸"，这没有问题，但怎样"夸"，就成为农产品有生产到销售之间的衔接。所谓"夸"，就是农产品的推广方式，要"夸"的让人动心，也要"夸"符合实际。

首先，需要确定的是农产品自身的"卖点"，即解决"夸什么"的问题。"夸什么"要从生产方和购买方两方面来寻找"夸"的内容，并且要努力寻找到生产方值得称道、购买

方的确关心，两者又能够对接成功的点。比如：假定王婆的瓜是西瓜，市场关心的是种植有没有用化肥，西瓜有没有籽，最重要的是甜不甜；而生产者恰好采用的是新技术栽培，绝没有往瓜里注射生长剂，那么"夸"的点就显而易见了——王婆的瓜，新技术、化肥绝对不撒；王婆的瓜，顶呱呱，无籽个大甜又沙……

其次，需要确定的是农产品的销售对象，也就是市场定位。"王婆"本身就是农产品"瓜"的品牌，就像"老干妈"辣酱一样，在广东、上海等地，越是宣传"辣"，销售越不好，反之，在云贵川，你说"老干妈辣酱有点甜"，谁也不会买，这就是农产品需要根据不同地域、不同饮食习惯，进行产品口味微调的同时，注重宣传的侧重点。在武汉这样的火炉城市，推广时只是注重"瓜"的种植技术、科技含量，不如单刀直入，告诉你的消费者——吃我的瓜解暑、解渴、解馋，这样来得更实在、更干脆，也更有效果；

最后，农产品的推广还应注重消费季节、消费心理、消费环境、消费能力等诸多因素，如果能注意到加入优惠促销元素，比如，买王婆牌西瓜送西瓜太郎玩偶等，则更能吸引消费眼球，提升品牌知晓度、美誉度。

（三）品牌名称必须易于传播和推广

品牌对于产品的重要性，在市场经济环境下，早已不言而喻。可喜的是，很多农产品也注意到了品牌推广的重要性。但是，品牌推广是一个专门学科，有很多的技巧和学问，它包括，理性价值、感性价值和象征价值等多个核心价值。

成功的品牌首先要有一个朗朗上口、易于记忆的名称，比如前文提到的"老干妈"就是一个很好的例子。只不过，在如今的农产品市场，真正做到了驰名中外、享誉全球的农产品品牌真的是凤毛麟角，什么"老农民"、"老乡长"、"农家坊"、"农家乐"、"农业园"、"神农"、"黑金刚"……这样的品牌最大的问题就在于没有特色，放到任何农产品上都可以用，人们记不住、搞不清，怎么传播？怎么实现推广效果？

（四）产品包装要有助于品牌推广

农产品的内、外包装是品牌一部分，直接影响到品牌推广的效果。但遗憾的是，大部分农产品的包装趋于同质化，没有鲜明的特色，而且过于简单，印刷、材质都停留在过去的水平，不能刺激消费者的购买欲望，没有起到辅助促销的作用。

（五）宣传推广力度要适度

中国传统文化的代表——儒家文化的核心之一是，告诉人们"中庸之道"，也就是说，我们做人、做事都要讲究一个"临界点"。既不能"不足"，也不能"太过"，农产品的宣传推广尤其如此。

过去，我们经常能听到某某企业、某某品牌耗费多少、多少资金做广告、搞宣传，但我们仔细回想也能发现，很多在媒体一掷千金的企业、品牌，都成了过眼黄花。媒体推广，是一把双刃剑，用得好、用得适当，对于产品的推广事半功倍；用得不好、用得太过，则会消减企业利润，甚至给企业带来毁灭性的灾难。

（六）品牌推广与产品的生命周期

市场，瞬息万变，企业经营和推广要跟得上市场变化的节奏，需要调整成为企业经营的"新常态"。只有跟随着市场变化，紧抓消费者的消费变化，企业不断地根据产品自身的生命周期进行永动机制的调整和改变，才能成为市场的主导者，竞争的生存者。

（七）高档定位的农产品品牌最好"自上而下"地进行推广

农产品，给人的印象大多是一个字——土。的确，大部分农产品来自土地的馈赠，但随着消费层次的多元变化，农产品也没有一味停留在低端层面，部分"高大上"的农产品早已出现在了小众市场，只是并不为大众熟知，例如：800元一斤的雪花牛肉、十多万元一亮的顶级茶叶、上千元一斤的越光大米、数百元一把的马家沟芹菜……这些产品在高端消费市场很受欢迎，销量一直保持平稳。这恰恰说明了高端农产品的生产者、经营者采用了适合高端农产品推广的一种方式——自上而下。

自上而下的推广方式，算得上是"剑走偏锋"，一开始适用于针对高端人群。一部分特别富裕的阶层，自然有着对农产品的特殊需求，这不仅仅是一种身份的象征，也是生活质量和品位的追求。

当尖端层接受并习惯于这种产品之后，自然会带动更大范围的高端消费层，消费心理的趋从性、虚荣性，让消费奢侈品慢慢地自上而下进行"消费传导"，逐渐普及到高、中消费群。但是，不要指望一般普通家庭的农产品消费会达到这样一个层级，所以，高端农产品仍然只是小众消费品。

（八）遵循由近及远的原则开展品牌推广活动

在中国古代，有一个著名的政治词汇——远交近攻。古老的政治智慧，一样可以指导现代化农业产品的推广。由于农产品特殊的属性，其品牌攻略区别于工业、商业、金融业等领域，一部分农产品必须先打开自家门口的市场，因为这是最接地气、最合口味的市场。在"近攻"之后，采用"远交"，由近及远的推广农产品品牌不失为一个明智的选择。

当然，一部分专门供应外地市场的农产品不在此列。

三、对线上线下相结合的具体建议和实施意见

（一）明确推广的目的

有这样一个故事很有意思，充分说明了商业推广的方向性有多重要。一个人开车去北京，上了高速路，迷失了方向，他为了求快，一直保持高速前行，却没想到与他的目的地背道而驰，速度越快，越走得远，也距离目的地越来越远。这说明当方向错误时，速度越快，失误越大。反之，方向决定目的，只有目的明确无误，才能体现出加速度的意义。农业推广又何尝不是如此？

不管是哪一种商业推广，消费者作为商业终端，是唯一的"目的地"，但是消费需求

却有着千差万别，模糊其中的界限，盲目开展推广活动，只会越走越远。而农业推广在确定消费市场为推广目的地的同时，还应关注在工业生产第一线的农民。

"无农不稳"，农民的利益不仅是一个企业运作的保障，也是一个国家的根本。通过推广，实现销售，获取利益，服务大众，这是农业推广的意义所在，但如果忽略了广大农民的生产积极性，农民的切身利益，不考虑让农民共享发展的果实，那么一切的推广都将是水中捞月，得不偿失。

故此，农业推广的目的性必须在选择适当方式之前明确，这是企业的责任，也是政府的责任，更是社会的要求。

（二）如何让推广真正实现产供销对接

线上展示，线下销售，或者反过来，或者将展示和销售在线上线下做综合，这是大方向，大战略，但从实际操作层面来讲，有很多实际的技术问题需要攻关。在诸多难题之中，最为关键的技术性操作就是如何通过线上线下的推广，真正实现农产品产供销的有效对接。

农产品的生产有其区别于工业化、商业化模式的特色之处，在进行流水线二次加工值钱，大多处于分散生产状态，生产空间较大，生产的时间跨度也较大，生产的制约因素不可控性较强，生产者的劳动素质、劳动状态，以及劳动能力和积极性都相对不太恒定，产品统一规格的标准化也较难把握，这些都是"产"方面的问题。当前，不少大型农业企业已经摸索出来了许多很好的办法，比如，相对集中生产，对自然村进行股份制改造，通过这种方式将形式上依旧分散的农业生产者，用现代公司体制进行实质上的整合，各农民专业合作社共同签署协议，成立了农庄。当地农民以土地入股，按照公司要求进行集中生产，公司则负责统一的推广和销售，其销售业绩按照股比进行分成。这种模式已运行多年，效果甚为理想。

解决了农业生产分散化、自由化的问题，也就解决了"产"的问题，这时"供"成了一大难题。"供"的问题主要还是标准化的问题，不同的田块，不同的气候，甚至不同的生产者，生产出来同一种农产品都有着完全不同品质，更为重要的是，市场对于农产品标准化的诉求一直未停，还总在提高。这个问题有着复杂的两面性，标准化程度过低，让市场准入、定价及评定都很难，消费者不放心，推广的效果很不好，但标准化程度过高，也会让人对农产品生产的天然性表达疑虑。从生产上来讲，绿色、天然、无公害的农产品就是"没有看相"，同一类产品高低胖瘦各不相同，其标准化当然无从谈起，若是同一批次的产品大小、品相完全一致，只能靠现代手段科技进行农业生产。这个看似无解的难题，实际上也已找到了解决的"药方"。所谓农产品标准化，不再是一味强调外形、尺码、口感等，而是强调产地追踪，不少地方已经通过二维码，实现了"从餐桌到田间"一条龙的质量追踪体系，比如，鄂州梁子湖的水产品就可以通过移动终端扫描二维码，确认产品来源、价格、品级，甚至可以追踪到某一片水域、某一个养殖箱。而这样的质量标准，正是有关产品进行推广的绝好的"卖点"。

通过线上方式，查证产品真伪、属地、生产环节等等，反过来通过增强消费信赖感，增强线下销售力度，这就解决了农产品"销"环节的问题。

综上所述，可以肯定的是通过与时俱进的资本运作理念、质量跟踪体系和市场销售观念，线上、线下相结合的推广模式，完全可以做到真正意义上的产供销无缝对接。

（三）推广过程中要注意区域化发展

相比起工业产品、金融产品，极具地域特色，或者说极具地域限制的商品，大概排名一二的就是房地产和农产品了。江南的桔子到了江北就成了难以下咽的枳，土壤不同、气候不同、水源不同等等的因素，虽然让农产品拥有了地域特色，也就是所谓的"特产经济"，但制约了农产品的生产和流通。例如：湖北武汉的洪山菜苔，除了洪山区宝通禅寺宝塔脚下那一块方寸地之外，何处才能生产出粗、甜、水、润的菜苔？特供洪山菜苔当然是武汉的地道特色，但其产量有限，连武汉市民餐桌上的菜苔，都不能称作洪山菜苔，家乡人也难得吃到正宗的洪山菜苔，这就是农产品地域性的尴尬。

对于农业推广来说，要正视这样的局限，并将其转化为有利的推广工具，这才是推广的"王道"。比如，黄陂区开辟了菜苔生产基地，其推广理念就是用洪山菜苔的种子，搬运了洪山菜苔的种植土壤，并且考证了当地局部小气候与洪山宝塔的相近性。通过价格、产量优势，黄陂菜苔迅速占领市场，虽然仍然算不得正宗洪山菜苔，但借用洪山菜苔的名气，满足了广大市民对菜苔的喜好和需求，打造出来了一个接近洪山菜苔的产品。

（四）推广过程中要注意"以点带面"

相对于房地产、银行，甚至包括医疗、美容等，农产品的推广更应"小心翼翼"，因为农产品是"入口"的，它直接关系到市民的身体健康，这是其一；其二，农产品的单位利润较薄，推广成本如果不小心翼翼地计算，将难以为继、不可持续，一旦推广出现"断层"，不仅不能扩大影响，而且其前期投入也将"竹篮打水"；第三，农产品消费的示范效应非常强烈，当听说吃什么好吃、吃什么很补、吃什么很便宜的市场消息后，一些人会毫不犹豫地跟风消费，这就需要农产品的推广小心翼翼地进行"以点带面"，先让口碑建立起来。

（五）推广要注重宣传平台的选择

农产品有着自身的特色，并不能与其他日用类产品、房地产商品、金融类产品等等混为一谈，其宣介推广平台的选择应更加谨慎，选择好的平台，将极大刺激购买力的迸发，如：中央电视台热播的纪录片《舌尖上的中国》引发了淘宝的美食购买热潮，地方特色美食成了淘宝上的热门搜索词。淘宝数据显示，《舌尖上的中国》开播后，短短五天内就有数以百万计的人涌上淘宝，各类美食、家乡美味的点击率都超过了五百万。美食产品中的点击量、查询量和销量增长最快的，是毛香菇焖面、松茸面、杂蔬手擀面、岐山臊子面等。特别是云南的诺邓火腿在《舌尖上的中国》播出后五天内，成交量增加了将近五倍，环比增长十七倍。这一典型的传播事件表明，如何借助社会热点进行病毒式人际关系的营销，是从事农产品经营的网商急需掌握的技能。

(六)实施意见

农业推广必须走线上线下相结合的路子,这是科技发展的必然,也是市场竞争的驱使,更是农业企业生存的不二选择,但在其具体实施过程中,却有着很强的操作层面的技术性,通过走访、学习,现建议如下:

首先要建立一支专门的推广队伍,在农业推广实施过程中,"人"的因素至关重要。推广人才难得,首先的是通晓技术语言的人才,能熟练掌握线上、线下各种推广工具。对于农业推广来说,一般性的网络人才还不能担当大任,必须对农业生产有深入地了解,这样的复合型人才十分紧缺,急需培养;

其次要建立一个可有效吸引眼球的农业推广平台。很多农业企业自建网站,但多是"黑板报"的水平,一味地陈列的产品、堆砌优势,对于更关心产品实质的消费者来说不能满足信息的需求,这需要专门机构、专门人才对农业推广进行精心策划,沉下心来搞策划,一心一意谋推广;

第三,要依托农业生产的特殊性,建立可玩、可视、可买的农业推广基地,让消费者身临其境,直观感受,并饶有兴趣的参与到农业产品生产环节中来;

第四,要多层面组织开展线下活动,运用互动性、参与性发挥作用;

第五,要和相关媒体进行深度合作,不能仅限于资金换资源的广告模式,要活用媒体、用活媒体;

第六,要深入研究消费者的心理、诉求,通过导入新的消费观念,刺激消费,从而达到农业推广的目的;

第七,要珍视农产品的品牌效应,真心实意为百姓生产信得过的农产品,博得市场信心,建立消费忠诚度。

四、未来研究展望

(一)农产品的线上线下推广将成为复合生态体系

农产品的营销推广历经了改革开放数十年的发展,不可否认的是,一部分有产业资本注入的高端农业企业已全面进入到电子商务平台,成了先行先试者;国家层面,特别是十八大以来,农业电商的发展也得到了前所未有的重视和机遇。有成功者示范在先,有国家层面的政策支持在后,农产品线上线下的复合式推广模式必将成为复合生态体系,全面的、立体的、多维度的为我国农业现代化提供强大助推力。

(二)移动新媒体将占据农产品推广的主流地位

当前,移动互联网的发展速度正以令人吃惊的态势发展着,用"白驹过隙"来形容也毫不过分。包括农业生产在内,各行各业,各种业态谁能躲得开、绕得开移动互联网的"五指山"?

移动互联网的优势说到底就是加速了信息的传递、抵达和有效性,其本身并非是什么不得了的高科技,也谈不上自身充满着怎样的创造力,更没有什么自盈利可谈,但它无所不在,人人不离,就是效益所在。认识到移动互联网对于产业、企业、产品、品牌的好处,就不会抗拒、不会绕开,而是敞开双臂拥抱这种能带来巨大财富效应的信息传播模式。

不管认同与否,移动互联网时代已经到来,移动互联网的推广方式必将成为农产品推广的主流模式。

(三)线下资源整合是未来农产品推广的重点

农产品的推广有两个基本点,一个线上、一个线下,两者的功能有交叉,两者的形式有互补,两者的目的完全一致,就是服务消费者,创造企业盈利,赢得市场竞争。但是,细分下来两者仍有不同的担忧和困扰。对于线上,意识的落后,人才的匮乏,方式的呆板等等都需要一步一步解决掉,而更重要的是线下的资源整合,这才是未来农产品推广的难点,也是重点。

综上所述,我国农业已进入新的发展阶段,国内外经济环境要求农产品生产企业在经营中引入现代化的市场推广思路和技术。如何有针对性地开展线上线下推广方式,因地制宜地充分利用各种现代化手段的优势,在传统推广模式的基础上找出一条适应我国农产品推广的方式,是未来研究的重点。

第五节　广东农产品品牌线上线下结合推广案例

近年来,广东农产品品牌推广模式从网红带货,到短视频宣传,到直播推广,到设立北京、上海一村一品展示基地,到网络节+云展会,再到新媒体矩阵,飞机、高铁、轮船,广东农产品12221市场建设体系的成功建立,让广东农产品品牌推广实行三条腿走路,三个状态相结合,从线下展览看样对接,体验味道到线上展示结合媒体打造品牌;最后直播推广是最直接体现互联时代的营销模式。

一、2021迎春网络年货节活动做出"广东模式"

2021年新春伊始,全球疫情呈现持续加速蔓延态势,国内多地也陆续出现新的疫情,疫情防控形势依然严峻复杂,广东多地花市取消或缩减,群众采购年货的需求和人群聚集带来防疫风险的矛盾日渐突出。

(一)随疫而动,率先迎战,纾困解忧

抗击疫情要"硬",民生保障要"暖"。广东省农业农村厅随疫而动,率先迎战,纾困解忧,利用互联网平台举办网上年货节,让老百姓过一个安乐祥和的春节。

购销呈不匹配、不协调、不平衡的问题。一是受疫情影响,省内多地取消或简化

2021年迎春花市，加上寒流影响，年花、年桔等农产品面临销售难题，库存数量巨大，农民面临巨大亏损；二是市民无法逛花市、购年货，没办法感受传统节日年味氛围。同时，外来务工人员留粤过年人数增加，对花卉、肉菜、大米等农产品的消费量随之增加，农产品供给保障面临挑战。

率先迎战，火速出击，务实推进。广东省委、省政府提前预判，高度重视年货节工作，时任叶贞琴常委亲自谋划推动，广东省农业农村厅强力推进。于1月11日吹响了"保供稳价安心"的集结号，动员部署依托广东农产品"保供稳价安心"的数字平台，率先在全国举办"2021广东迎春网络年货节"。通过数字平台畅通供需渠道，实现了农产品产销供需两端火速对接，确保了农民增收和市民消费需求。

（二）同心而行，办好办优，共守年味

广东农产品"保供稳价安心"数字平台发挥集中调度资源作用。通过举办"2021广东迎春网络年货节"，让更多社会资源同心而行，齐心发力，共挑重担，一起打通农产品产销、宣传、物流、金融保障等各环节。在数字力量加持下，平台在"战疫情、保供给"中继续发力，联合了多家互联网平台共同参与，让"网络年货节"变得既传统又时尚。

1. 抓引领，创模式，树标杆。

一是试点先行打造模式。广东省农业农村厅重点支持主动担当、积极作为的广州市白云区、佛山市里水镇先行先试，探索创建可复制可推广的网上花市销售模式。后续也支持潮州市饶平县创建网上鱼市、肇庆市德庆县举办网上果市、汕头市澄海区举办网上肉市等地方鲜活销售模式。短短10余日，广州市白云区"云上花市"交易额达上千万元，佛山市南海区里水镇花卉网上交易额超过2700万元。

二是云上营销各显神通。推出落点市县、立足广东、面向全国的模式。利用广东"保供稳价安心"数字平台作为本次网络年货节主阵地，依托"优农云展""云上农交会""数农源选""云购岭南花""羊城派""贸促强农"等平台，打造市民掌上的年货节、农民指尖的大卖场。此外，众多企业也纷纷响应号召。中国移动、中国联通、中国电信推出年货节大礼包，并开设"云上花市"；淘宝、京东、拼多多、抖音、快手、盒马鲜生、腾讯微视等各大平台也同期上架优质年货农产品，开设"2021广东迎春网络年货节"专区，更多社会资源同心而行，让网络上广东年货品种琳琅满目。

三是媒体联动全网发力。省委宣传部于1月25日向全省各地宣传部门和新闻单位发出《关于做好广东"保供稳价安心"2021迎春网络年货节活动宣传工作的通知》。本次年货节实现了中央媒体与广东媒体联动，人民日报、新华网、南方日报、南方都市报、羊城晚报、南方农村报、南方+、珠江经济台等多个媒体联动发稿的局面。宣传手段更为多样，直播、短视频、图文报道、评论等多种手段实现全方位立体式传播。宣传平台利用报纸、网站、客户端、微信公众号、视频号，朋友圈等实现全网覆盖。据统计，年货节相关稿件在学习强国、新华网、直播大湾区、新华社app、凤凰网、搜狐网、中国公益网、南方+、

南方农村报、今日头条、珠江电视台今日关注等发布稿件超过1000篇，相关 直播场次超过100场，相关短视频发布超过100条，全网点击过亿人次。

2. 强协作，促联动，聚合力。

一是积极发挥采购商联盟作用，向社会发出倡议。1月14日，广东农产品采购商联盟及广东省快递行业协会联合发出《2021广东迎春网络年货节"保供稳价安心"倡议书》，呼吁各地供应商、采购商、经销商、互联网平台、冷链物流和媒体行业等形成合力，为农业企业销售和广大市民消费者排忧解难，主动担当作为，共克时艰。二是发挥产业园作用，保障优质供应。广东省乡村振兴文化服务产业园作为服务广东全省农业的产业园，是本次网络年货节的主力军。优选 茶叶、丝苗米、荔枝、陈皮、兰花、惠来鲍鱼、澄海狮头鹅、梅州柚等名特优新农产品参与直播、重点推介。三是发挥行业组织作用，为节日保驾护航。快递、邮政、银行提供物流、金融保障，共同打通网络年货节的"最后一公里"。全省快递行业坚持"不打烊、不休网、不积压"，广东今年有14家主要品牌快递企业 宣布春节不停运，日均快件处理量超3000万件，17万在粤"快 递小哥"正常上班。广州邮政利用线下136个网点开设"社区微 花市"，实现线上预购，线下网点挑选、自提或寄送。中国银行、中国建设银行和广东银联也为网络年货节提供支付优惠等线上金融保障服务。

3. 传真情，送祝福，守年味。

一是开启留粤农民工采购 直通车。组织开展"留粤过年"农民工专场团购。联合省邮政管 理局、总工会、妇联等机关事业单位开展团购。

二是为社会弱势 群体送祝福。组织开展为全省快递小哥送年花、云购献爱心等创 新专项活动。

（三）是乘势而上，深化完善，久久为功

1. 严格把关，抓实抓牢

一是创建仓储冷链物流联盟，严格把控产品质量。创建仓储冷链物流联盟，作为网络年货节的 重要支撑。聚合辐射面广、模式先进、管理规范的冷库仓储、冷 链物流、销售流通等企业建立完善田头仓储冷链物流体系，严格 把控产品质量。实现田头发货，解决农产品运输问题。

二是推动各级农业部门抓实抓牢。将年货节模式作为疫情防控下乡村振兴的创新举措并抓实抓牢。引导企业诚信经营，依法履行义务，确保 商品质量的安全底线。严禁不公平竞争、假冒伪劣等违法行为。规范商品入库、分拣、配送等环节。组织企业积极参与，鼓励企业推出优惠、让老百姓能够享受实惠。

2. 常态化，持续化，长效化

2021广东迎春网络年货节是对广东农业全面实行数字营销的一次全新探索。随着疫情常态化，农产品触电上网势在必行，打造永不落幕的农产品线上交易会是整个农产品品牌宣传推广的关键，不断创新思路举措，运用数字化手段促进农产品产销衔接，是推进数

字农业产业化和农业产业数字化，推动农业农村现代化发展，为农民增收致富和乡村振兴做出更大贡献的通天大道。

二、惠来：广东农产品"网络节+云展会"起源地

农产品难销，是一个普遍性问题，疫情之下更是困难重重。在这样的背景之下云展会有如一夜东风，打开了一扇农业新经济、新业态的大门。

2020年6月，广东惠来率先发力数字农业，成功举办首届中国惠来鲍鱼国际网络节暨惠来名特优新农产品云展会，首创的惠来鲍鱼网络节+云展会（2B+2C）模式，成功实现了"新模式""新价值""新市场主题"三大突破，这是全省数字农业的一次有效探索。

疫情常态化下，农产品产业该如何实现产业观念、产业模式、产业业态的转变，保障农户增产增收？数字农业为广东农业营销提供新思玲，惠来用实践为广东打造"惠来模板"，为广东打造农产品数字营销、创建广东线上农产品交易会提供了可借鉴、可复制、可推广的"惠来模式"。

1. 聚焦数字农业，首创网络节+云展会

2020年伊始，新冠肺炎疫情来袭，往常餐饮业中的热门之选——水产品也陷入销售困境。惠来鲍鱼同样无法幸免于难，一场围绕惠来鲍鱼的"保供稳销战"随即开启。在广东省农业农村厅的指导下，惠来县依托疫情期间搭建起来并发挥了积极作用的广东农产品"保供稳价安心"数字平台，在云端举办惠来鲍鱼网络节+云展会，为鲍鱼生产端与消费端"牵线搭桥"。

短短几小时，C端直播获得220多万流量、B端吸引了81831名采购商在线围观，意向签约金额超过1亿元，成功开创了一条新的农产品网络销售路子。云直播、云展示、云论坛、云贸易、云拍卖、云培训等方式，即变革了惠来鲍鱼等传统销路，也为惠来产业注入数字化新动能。

尝到网络节+云展会带来的甜头，惠来持续开展荔枝、凤梨网络节+云展会，充分组织引进互联网资源优势，联合拼多多、腾讯微视、淘宝等直播带货平台，与大宗农产品采购商开展深度合作，进一步拓展了惠来农产品的营销渠道和市场，成功丰富了广东农产品"12221"市场体系建设内容。依托在疫情期间搭建起来并发挥了积极作用的广东农产品"保供稳价安心"数字平台，惠来以网络节+云展会这个小切口推动市场大变化，变滞销为热销，为线上农交会创建提供宝贵经验。

2. 深化营销模式，创新网络节+云展会2.0

实践证明，利用互联网和数字科技，探索线上线下结合的农产品市场体系建设模式，是符合市场需求和客观价值规律，是具有生命力的。

今年，惠来加快探索完善网络节+云展会2.0模式，实行"链长制"推动现代农业全产业链发展，将去年首创的惠来鲍鱼网络节+云展会（2B+2C）模式创新升级并复制推广

到"惠来五宝",握指成拳打造惠来农产品的"金字招牌"。

惠来深入推进数字农业农村发展行动计划和"12221"农产品市场体系建设,开展"惠来五宝"网络节+云展会系列活动,紧抓产区与销区两大市场,多元化丰富网络节+云展会展现形式,充分应用数字农业新技术、新模式、新动能,并创新引入农产品拍卖、中英泰三语微综艺直播、村播达人直播带货、名人代言、靶向推广等方式推动惠来五宝品牌建设和产业振兴发展。《惠来县农业产业链"链长制"工作方案》、《"惠来五宝"12221市场营销十二项行动方案》、《惠来县创建数字农业示范县倡议书》等方案的放不,为(一)推动数字赋能、加快农业全产业链培育提供清晰思路。

产销两手抓,畅通农产品贸易新通道。省农业农村厅指导惠来县发布《"惠来五宝"12221市场营销十二项行动方案》,聚焦产区与销区市场,积极联合南方农村报社开展产销活动。将"引进来"与"走出去"相结合,组织30多家采购商进行惠来荔枝产地行活动,对接湖北爱心助"荔"活动,采购惠来荔枝105吨,牵线爱心企业采购凤梨3万斤;成果开展惠来荔枝凤梨品鉴会暨广东喊全国人民吃荔枝成都站活动,对接四川经济广播十台接"荔"——喊全国人民吃广东荔枝惠来专场活动,在12个平台全网联播,累计观看约1299.70w(万)+人次;推进惠来荔枝亮相加拿大温哥华品鉴会、广州地标亮屏广告、全省产业园手信荔枝专场直播等,着力打造一个畅通线上线下、产区销区、国内国际市场的新通道。

本次活动充分发挥惠来数字农业优势,组织引入互联网优势资源,并联合南方农村报、中国农业电影电视中心、中国三农发布、农视网、一亩田、中国移动、华友拍卖、华芯数科、春丰天集等单位,以线上线下相结合的模式开展了15项系列活动,深入探索网络节+云展会模式。活动紧抓产区与销区两大市场,多元化丰富网络节+云展会展现形式,创新引入农产品拍卖、中英泰三语微综艺直播、村播达人直播带货、名人代言、靶向推广等方式集中打造"惠来五宝",充分应用数字农业新技术、新模式、新动能,加快探索惠来网络节+云展会2.0模式。截至目前,全网2000多万直播流量直达C端、80147名采购商在线围观系列云展会、云直播、云拍卖及云对接促成交易超400万元,进一步丰富了广东农产品"12221"市场体系及数字农业建设内容,有效推动了惠来五宝品牌建设和产业振兴发展。

"惠来五宝"国际网络节+云展会的成功举办,得益于社会各个层面的重视支持。接下来,我们将在省农业农村厅的坚强领导下,集中力量,优化资源,持之以恒,久久为功,扎实推进"惠来五宝"产业建设工作,形成可借鉴、可复制、可推广的"惠来模式"。

三、中国(乐昌)黄金奈李国际网络节暨乐农优品云展会

乐昌市位于广东省最北端,是农业大市,是"中国黄金奈李原产地",特色农产品丰富多样且享誉八方。"乐昌黄金奈李"是国家地理标志证明商标产品、全国名特优新农产品,

富含维生素、果酸、氨基酸等营养成分，以果大形美、金黄剔透、质脆味甜、清香可口而闻名全国。

此外，乐昌"香芋""马蹄"久负盛名，全市有国家地理标志产品3个，国家级生态原产地保护产品4个，全国名特优新农产品7个，"粤字号"农业品牌37个，"三品一标"农产品130个，已经形成"乐农优品"农业品牌体系。

为打好以乐昌柰李领衔的"乐农优品"产业、市场、科技、文化"四张牌"，扎实推进乐昌优势特色农产品"12221"市场体系建设，乐昌市人民政府、韶关市农业农村局、广东省农业对外经济与农民合作促进中心联合举办2022中国（乐昌）黄金柰李国际网络节暨乐农优品云展会（以下简称乐昌网络节+云展会）活动。网络节以"乐昌心意，黄金柰李"为主题，以"网络节+云展会"为小切口，推动乐昌农业产业三产融合高质量发展，促进农民增收致富，全面助力乡村振兴。

筹划举办活动的目的有三个：

（一）擦亮金字招牌，讲好"中国黄金柰李"故事

高起点将"乐昌网络节+云展会"打造成市场化、专业化、品牌化、数字化、国际化，具有乐昌特色的节庆活动，讲好中国黄金柰李故事，带动全球吃中国黄金柰李，带动乐昌其他优势特色农产品走向全国，享誉世界。

（二）拓宽营销渠道，促进国内国际线上线下新发展

进一步提高黄金柰李的国内知名度，深耕国内统一大市场，同时，主动对接RCEP(区域全面经济伙伴关系协定)，深挖农产品出口潜力，推动黄金柰李出口实现零突破。进一步夯实线下营销市场，全方位拓宽线上营销渠道，在田头进行电商直播，产品上微博、抖音、快手、云展会，通过"线上+线下"、"权益+现货+数字藏品"拍卖等多种形式，打响全省农产品区块链拍卖头炮。

（三）打造标杆典范，推动三产融合高质量发展

通过这次活动，将农业与生态、文化、旅游等元素结合，不断延伸产业链、打造供应链、提升价值链，成就一批企业，成就一批新农人，成就一个产业，成就一方热土，形成可复制可推广的模式，引领带动乐昌三产融合高质量发展。

乐昌黄金柰李原本是青柰。广东乐昌是中国黄金柰李原产地，种植历史已经有30年，20世纪80年代末，乐昌从湖南引种柰李，为预防裂果、鸟类侵袭、病虫害感染等问题，当地果农借鉴苹果套袋技术，摘袋时却意外发现青柰李成为黄金柰李。

凭借优秀的品质，乐昌黄金柰李获得采购商热捧。目前，乐昌黄金柰李种植面积约4.4万亩，产量约6.6万吨，面积、产量均位居广东之首。"乐昌黄金柰李"已获得国家地理标志商标、全国名特优新农产品、广东省区域公用品牌、"粤字号"农业品牌等称号。

广东省农科院果树研究所博士彭程在活动现场接受南方财经全媒体记者采访时表示：乐昌位于广东最北部，是省内为数不多适宜种植柰李的地区之一，同时，乐昌高度重视黄

金奈李品质提升，通过科学的栽培技术规程，保证黄金奈李品质均一性和稳定性。

随着种植面积、果品品质不断提升，乐昌以"黄金奈李"产业为抓手，带动农业产业发展，促进农业增效、农民增收。以黄金奈李主产区九峰镇为例，2022年九峰镇黄金奈李种植面积约为2.5万亩，产量超8000吨，李农平均收入3-6万元，成为了当地名副其实的"黄金果"。除了种植收入，依托黄金奈李特色产业，还拉动了乡村旅游发展。

"乐昌通过线上线下开展'黄金树'认养、'奈李王'评选、亲子研学游、云展会等系列活动，以果会友、以果亮牌、以果兴业，欢迎各界朋友到乐昌来走走看看，体验乐昌'春赏百花夏摘果，秋观梯田冬戏雪'的魅力。"乐昌市委副书记、市长刘华益在现场表示。

7月中下旬，乐昌黄金奈李陆续开摘上市，一箱箱黄金奈李从这里发往全国乃至全球各地。随着互联网电商的兴起，网络农业平台成为主要的农产销售模式，这也为乐昌黄金奈李增强品牌影响力、拓展销售渠道提供新的出口。顺应"互联网+"的发展趋势，乐昌市结合当地实际，大力推广"互联网+农业"模式，高度重视"技术致富""电商致富""消费致富"等方式，通过邀请电子商务带头人分享经验，帮助农户网上销售黄金奈李，提高农户生产积极性。据了解，目前九峰镇60%—70%的黄金奈李都是通过电商销售出去的。父母长辈种植，年轻人网络营销成为重要模式。

通过举办乐昌网络节+云展会的活动，乐昌黄金奈李更是销往阿联酋迪拜，乐昌黄金奈李成功实现出口"零突破"，走出国门。围绕如何进一步擦亮"乐昌黄金奈李"名片，"乐昌黄金奈李"采购商、盒马鲜生广州公司代表王进军表示，黄金奈李是广东名特优新农产品。盒马鲜生将依托新产业、新模式、新业态，发挥从田间到门店的全渠道优势，遴选优质黄金奈李，叠加多元品牌推广方式，线上线下相结合提升黄金奈李及衍生品的品牌知名度和影响力。

"网络节+云展会"活动现场还发布了"乐昌黄金奈李"区域公用品牌LOGO和包装、乐昌市美丽乡村徒步线路、广东省首例系列性农产品数字藏品，并向全球征集以"乐昌心意·黄金奈李"为主题的文章、照片等作品，进一步丰富"乐昌黄金奈李"的文化内涵。

乐昌是千年佗城，其文化底蕴深厚，种奈李已久，黄金奈李产业有积淀、有传承、有故事。活动充分利用媒体资源，与南方农村报、珠江台、新华网等多家媒体联动，以文章、视频、海报、直播等形式讲述黄金奈李产业故事。合作媒体深入产区，拍摄第一手影像资源，制作精彩的产业专题片；采访第一手产区消息，发出黄金奈李产业最新动态；挖掘新农人，着力打造乐昌九峰九人新农青年团，讲好乐昌黄金奈李产业故事。截至7月28日，据不完全统计，活动在南方农村报、新华网、触电新闻、人民日报客户端等新媒体平台发稿100+篇次；南方农村报报纸专版报道1个（整版），专题报道1次（半版），封底广告1次（半版），南方+专题1个，营销海报30余张，短视频15余个，直播3场次。活动相关报道点击量超1000万+，通过报、网、端、微博、视频等全媒体矩阵宣传，其传播力强、影响力大，取得明显的推介成效。

下一步乐昌政府将继续做好农产品品牌推广工作：

1. 提升供应链水平，聚焦产业链提质增效

加强黄金奈李种植品控管理，联合高等院校和科研单位建立"产学研"合作关系，攻克技术难关。升级包装，紧抓年轻消费者审美：实现产品包装升级品牌升级，抢占消费市场主力军。加强物流支撑，探索出台乐昌黄金奈李物流扶持政策，通过调研、走访等形式与电商企业、物流企业和上级有关单位加强沟通，着力解决乐昌黄金奈李运输过程中的成本、时效、售后等问题。

2. 强化人才培养，孵化生产销售两支带头人队伍

利用乡村振兴人才驿站等平台，加强高校、科研机构合作，加大黄金奈李种植技术的培训工作，制定奖补方案，着力培养一支黄金奈李"种植能手"队伍。组织开展乐昌国内国际电商人才培训，营销培训等，打造一支热爱农村、献身农业、会玩新媒体、能直播"圈粉"的"带货达人"队伍，不断提高黄金奈李产品吸引力。

3. 持续产销对接，深耕线上线下两个市场

在线下，建立产销面对面洽谈对接制度，巩固珠三角、京津冀、长三角等市场，不断加强与其他国内外城市圈连锁超市的合作，拓展销路。在线上，利用镇级电商运营中心、12个村级电商服务网点和遍布各村的物流合作服务点，利用抖音、快手、微信等新媒体平台"带货打CALL"，合理统筹电商销售平台，掀起黄金奈李销售热潮。

（四）积极开拓黄金奈李国际市场，带动"乐农优品"销售全面发展。

培育一批黄金奈李龙头企业，创建黄金奈李出口基地；探索创建中国乐昌黄金奈李国际交易中心，助力黄金奈李生产加工企业积极开发RCEP国家新市场。加快一、二、三产业融合发展，为推动畅通国内国际双循环、实现联农惠农增收、全面推进乡村振兴提供有力支撑。

不只是惠来的鲍鱼、荔枝、凤梨，从"徐闻菠萝""茂名荔枝""梅州柚""翁源兰花""遂溪火龙果""德庆贡柑"到"阳西程村蚝"，广东多个区域性的品牌农产品在"12221"市场营销行动助力下搭上"互联网+"的快车，线上线下相结合，不断破解疫情之下广东省农产品产销对接难的现象，突破新时代下广东农业发展基础，持续助力乡村振兴。

网络节+云展会模式的深化与升级，一是深化了农产品市场展销体系，加强了农产品出口、国内合作渠道拓展，扩大了市场范围、提升销售价格、降低交易成本；二是深化了服务产业的内涵外延，推动品牌打造品质保障及一、二、三产联动发展；三是深化了互联网传播能力，汇聚互联网资源，联合主流媒体平台，充分发挥网络效应并集中打造广东农产品新名片。

第七章 广东农产品品牌推广新业态

第一节 会展在农业品牌推广中的作用

会展经济是招商引资与品牌推广的重要方式之一,通过为商业产品搭建展览平台,吸引企业投资者和消费者的关注,能够为其引创出新的商机绩点。农业会展则是会展经济下的一支分支,是农业与会展经济的联合经济体。农业会展从字面意思便可以知道出其举办形式主要为产业大会和展览两大类型。

产业大会主要是针对B端大宗采购,并组织有关专家团体与农业供应商、大宗采购商及政府相关部门在拟定时间和场地,聚集于一起对农产品从田头到餐桌等相关质量问题、供应问题、推广品牌等问题进行研讨、交流和品牌推广、采购对接等活动。农业展览会的针对群体则更偏向于C端消费者和品牌打造,主要为各大企业和消费者服务,将具有高质量水平但缺乏经销手段的农产品以及农业类高技术产品等引入展览,为其扩展知名度,形成品牌效应,打开经销市场。

农业会展是新时代经济下农业向更快速更高效方向发展的必然选择,将会为农村农产品引入更多的资金投入和经销门径,带动品牌农业市场优化,完善农业发展机制。

一、会展在农业品牌推广中的意义

1. 建立完善的农业品牌基础发展机制

我国农业发展始终存在片面化、碎片式发展的问题,缺乏整合性发展机制。作为一个农业大国,国家政府在进行乡村经济规划时,实现农业产业化,一条链的发展有着很大难度。这使得农业产业在生产和经销阶段缺乏有效的衔接,会出现生产者和售卖者不是同一人,生产和受益割裂开来的现象,这在一定程度上严重损害了农民个体户的利益。

通过开办农业会展品牌推广活动,为农业从事者提供展览平台,拓宽销售途径,引入资金和技术流,从而构建从生产到经销的完整农业发展机制,进而打造产销一体化的产业链。这有利于转换农民的身份角色,使他们成为真正的受益群体,农业品牌推广因此成为为机制建设的重要一环。

2. 扩大农产品品牌效应

品牌效应是高质量产品发展到一定阶段产生的附加效应,侧面反映着产品的质量水平。

商品只有拥有了独有的品牌效用，才能实现产业链条可持续发展。

农业产品是日常消耗品，在以往的发展中，人们对于其品牌效应的关注度较低，抱有高端产品才更加看重品牌效应的偏见。但在近年来，随着耳熟能详的新疆西瓜、东北黑大米、广西沃柑、陕西苹果、海南芒果、广东荔枝、宁夏菜心、赣南脐橙、横县茉莉花、徐闻菠萝、一号土猪、潜江小龙虾、惠来鲍鱼、黄金奈李等等许多品牌农产品成为其农产品特色代表进入人们的视线，农产品品牌效应也开始受到了商界和农业界的广泛关注。

农业会展的开办为农产品的品牌效应传播搭建了一个专有平台，以更加体系化的方式实现品牌的形成与输出。农业会展具有规模大，包容性强，参与群体大等优点，能够在较短时间内实现农产品快速传播，并切实扩大农产品品牌效应。

3.搭建世界各地先进农业品牌交流平台

世界不同国家由于地域差异，发展资源不同等现实原因，发展出了其国家特色农业产业和农业技术。针对之前国家与国家之间技术交流平台匮乏的问题，国际的农业会展为各国先进农业技术交流搭建了平台。

国际农业会展在近年来参与国家和举办规模在不断呈现出扩大上升的趋势。在经济全球化发展、RCEP的正式启动形式下，这也是各国农业产业融入世界经济体系的一条必由之路。有利于各国根据其特色农业产业储量的不同与其他国家进行资源的调配，扩大农业产品的贸易往来，引入各国农业产业发展成功模式，借鉴学习其先进农业生产技术。

二、展会与品牌农业融合发展现状分析

开展农业展会作为品牌农业发展的有利手段，与其进行了多方位，多角度，多途径的融合发展。两者在融合发展中已经有许多优秀案例。农业展会不断发挥其优势，成功带领多地农业产业塑造自身特色品牌，与国内外相关产业进行优势互补，并形成一体化产业链条。农业展会形式多样，方式灵活，对各个地区的特色农产品具有极强得包容性。对于我国较偏远地区类似新疆，西藏等地，农业会展帮助其扩大了当地特色农产业，例如牛肉干、奶贝片、棉花等的品牌建构，进而带动其经济迅速发展。但农业展会与品牌农业融合发展依然有着许多改进空间。两者在融合时，由于缺乏顶层规划，在具体发展落实时容易发生政策偏向，不利于对活动进行统筹策划和整体把握。在活动准备和推行阶段，缺乏足够的人才队伍支撑，导致农业会展专业性向和质量得不到保障。农业展会引进产品时，由于产品自身质量和供应链条存在质量缺漏，导致其无法满足消费者和投资者需求，形成高质量品牌效应。因此，农业展会与品牌双方都应当在各自完善改进后，继续朝着深度融合迈进发展。

三、展会与品牌农业融合改进策略

1. 加强农业会展引资和规制管理

俗话说:"细节决定成败。"一个建筑工程需要强有力的顶层设计对工程整体把握和调控。农业会展和品牌农业融合发展时,应不断加强其顶层设计。国家中央领导、农业部门和地方政府间要做好宏观调控和微观规制,对于两者融合发展过程的整体框架和分支细节进行双重把握。农业会展开办商要加强国家相关企业的招商引资,在会展开办前与大中小型企业开展洽谈会,向其展示会展理念和优势,从而加大合作伙伴数量和质量水准,将更多经济体联合起来,打造更加出色农产品品牌。

2. "线上+线下"结合开办会展

在时代车轮滚滚向前过程中,传统市场经济发展模式已经逐渐走出历史的舞台。全球经济迎来了网络发展新时代。线上会展在近年来已经获得了较大的成功,他以线下会展实体为基础,利用5G、微信平台、直播软件等多种形式,将实体会展转变为人人可以参与的线上展览,使得生产商家、供应商家和消费者足不出户便可以进行贸易往来和销售单签订。"线上+线下"新型会展开办模式已经成为互联网时代下各类生产商、经营商的不二选择。将两者结合开办农业会展,也为中国走向全球市场,将本国优秀品牌农产品输出外国提供了更多可能性。

3. 打造专业农业会展人才团队

农业会展从筹备阶段开始到最终呈现是一个复杂漫长的过程,这期间需要足够专业的团队来支撑,从而对每一环节做好严格把控和监督,使得最后呈现最为完美的效果。一个好的专业团队是会展得以开办成功的重要条件,人才引入和培养是农业品牌构建的关键一步。因此,国家和政府部门要不断加大人才培养,对农业市场经济专业人才的素养和能力严格要求,安排不同特长的人才在其专业领域发挥实效。专业团队人才不仅要具备创新的经济理念,农产理论知识深厚,还要具有实际操作能力和市场敏锐度,了解市场真正的需求,有针对性进行品牌农业搭建。

4. 加强质量建设,突出特色产业

产品好的口碑不广是靠市场推广而来的,要达到这一目标的前提基础必定是其本身拥有强有力的质量保证。农产品质量水平本身便是其品牌构建的活招牌,老字号的经典农产品往往经得起时间检验,真正赢得人心。当地农产品借助农业会展平台进行推广时,首先要保证自身产品优良,不断提高其生产水准,做好质量保障,落实质量安全溯源认证,从而使品牌效应具有后力应援,实现可持续发展。

第二节　会展经济下的广东农产品品牌推广

一、沿变中的定位与目标

数十年来，我国展览行业经历了多个发展阶段，首先是1958年到改革开放前的阶段，全中国的会展唯有一个广交会。这一时期的广交会拓宽了我国对外贸易的渠道，其年成交额突破40亿美元，不仅为国家出口创汇和经济建设做出了巨大贡献，还为我国会展建设积累了宝贵的经验。

其次是中国加入WTO后，中国展览业与国际通行规范逐步接轨。这一时期展览业纳入中国加入WTO服务贸易谈判的范畴；会展业（会议业与展览业）作为商业服务业中的一个细分行业，正式列入《国民经济行业分类》；外资展览公司进入中国，参与展览场馆投资经营，收购展览项目；同时高等院校设立了会展教育专业。

再次是中国展览业快速成长为全球展览大国的发展阶段。这一时期我国经济飞速发展，会展业被列入国家五年发展规划，政府行业管理增强，地方政府重视程度提高。政府、社团和企业三大主办方的办展格局形成，专业展览成为项目主流，5万平方米以上的大型展览增多；展览场馆建设普遍化、大型化，投资企业化；企业数量持续增加，市场竞争趋于激烈，大中型企业集约发展规模壮大；中国企业出境参展规模倍增，中国主办方出境办展规模扩大；行业服务体系趋于完善，业内专业分工细化。接着是伴随科学技术发展，互联网时代与疫情之下线上展览成为新的形势发展方向。

新环境下，广东为推进线上线下展览模式的创新发展，树立了明确线上线下展会的定位与目标。

首先，广东省农业农村厅不断尝试，希望可以创新一个可模仿，可复制，可重复的农业会展新模式，搭建一个立足地方面向全国乃至全世界的，覆盖面广泛的独立第三方公共平台，不断提升广东农业会展行业的影响力。

其次，广东农业农村厅就农业会展行业对实时交互、现场体验、交易安全等方面所提出的严格要求，加强对大数据、云技术、人工智能等技术的有效应用，依托实时互动交易、数字化虚拟展馆、行业大数据资讯、全链路参会体验等平台的搭建，有序建立国内乃至全球领先的线上展会数字化智能平台。在保证个个主办方信息安全的基础上，让主办方、参展商以及观众可收获理想的效益，提升参展体验。充分发挥地市、县域的会展行业资源优势，依托数字化手段，推动线上展会有序发展。

二、广东农业会展的战略规划

从线下展览到线上展览，不再受展馆、物流、交通、天气、突发事件的影响和限制，3-7天的线下展览可以延长到365天的展馆在线。对观众而言，无须出差到现场，只需一台电脑、一部手机就可以轻松逛展，观众在线上对于展商和展品信息的查看、预约洽谈和即时互动也更加便捷。但这并非意味着无须线下展会。结合前文而言，线上展会与线下展会两者各有优势，相互间有着相辅相成的关系。

新环境下，为推进线上线下展览模式的创新发展，应做好线上线下展会战略规划。首先，广东省在农业会展方面充分发挥线上线下相互补充、相互促进的作用。

线上展会线下展会发展应当是一个相互补充、相互促进的过程，线上展会也并非简单地将线下展会转移至线上，而是线下展会高效化、数字化的增量及补充。线上会展其根本上是对人力、产品、会展等的创新性组合，并依托新型关系营销、信息化驱动运营、多渠道连接，重新构建紧紧围绕参展商、观众，线上线下相互协作，全球全网融合，高效便捷的新商业形态。依托网络信息技术，让传统展览模式实现创新发展。

其次，广东省农业农村厅积极建立第三方公共平台，建立了广东农产品"保供稳价安心"数字平台，推广线上农博会。随着网络信息技术的迅猛发展，新环境下，因会展行业加强与专业高科技企业的交流合作至关重要，所以在早期阶段，线上会展企业发展得到了地方政府、企业等的有力支持，在接下来发展中，加强建设广东农产品"保供稳价安心"数字平台，线上农博会作为第三方公共平台，扮演好会展行业与各政府、单位、企业、采购商与供应商的合作者、建设者角色，开展好广东农业会展行业的新型基础设施建设。

1. 广东农业会展的模式还提供线上线下的全面服务

在会展行业竞争日趋白热化的背景下，高水平的服务是为客户创造效益，将客户满意度转化成客户忠诚度，进一步提升展会竞争力的重要手段。为此，广东农业农村厅在组织各类展会参展上，创新线上线下展览模式的服务模式，非常注重提供线上线下的全面服务。

新环境下，参加线下展会的客户很大一部分源自线上业务，为此广东组织企业参加各类展会，尽其所能的提供线上服务与线下服务，做到相互补充、相互促进，协同发展。

对于线上客户，不仅提供优质的音视频传输服务外，还应提供产品物流、客户跟踪与分析、金融服务等传统展会所能实现的一系列服务功能。为实现对产品的有效展示，还加强对VR、AR等先进技术的有效应用，提升在线展览效果。

对于线下客户，广东农业会展组织各类展位参展时，不止提供展位预定、展台搭建、展品运输、展会现场服务等各项配套服务，还为参展商创造有效采购对接、直播宣传等等便利。特别是对于由线上展会转成线下展会的客户，结合客户的交易量、信誉度等指标开展好筛选工作，为优质客户参加线下展会提供参展费用打折、展会择优选择等相关优惠，提供了一系列个性化服务等。

2. 开发活动丰富线下展会内涵

传统展会的一大特征属性在于社会活动性，人们需要在面对面情况下开展交流沟通、增进认识了解，进而促成交易，这应当是新环境下线上线下展览模式创新的重要切入点。而如今一些线下展会仍局限于采取展览会、交易会等单一形式，并不足以充分满足参展商与观众相互的交流沟通需求。为提升线上线下展览模式的社交属性及吸引力，应积极开展各式各样的活动，提升线下展会内涵丰富性。

以2021年茶博会为例，线下茶叶品鉴推荐，线上展示结合媒体打造品牌，现场直播与线上流量宣传推广，三种模式三管齐下，最终收获了可观的展会效果。在众多采购商看来，线上谈千遍，不如线下见一见，喝到了茶香，才敢下单。

总的而言，广东农业会展着力于开发多样丰富的展会的相关活动，提升线下展会内涵丰富性，为线下客户提供更多增值服务，最终势必能有效提升客户对线上线下展会模式的满意度、忠诚度。

第三节 农业会展下的品牌推广新业态

广东省位于我国沿海地区，具备深厚的地理优越性。广东省作为我国第一经济大省，其发展模式和农业会展案例值得我们进行深入研究学习。广东政府利用靠近沿海，海运发达，积极与各个临边友好国家进行海外贸易往来，将本省特色农产品发展为世界领先水平。广东省农业农业厅也一直在推动粤港澳大湾区与RCEP各国的特色农产品发展，树立品牌效应，在其农产品不断发展，打造品牌形象，输出产业链条时，农业会展在其中发挥了不可小觑的关键作用。

一、中国国际农产品交易会广东展团

作为改革开放的排头兵、先行地、实验区，近年来，广东省将数字基因植入传统农业，并在制度创新、技术创新、理论创新及实践应用四方面，创新推进数字农业农村发展，为全国数字农业发展树立标杆、提供示范、走在前列。

在农交会上，广东保持敢闯敢试的先进性，组建全国首个数字化农业展团，通过开展"云上展示"、云品鉴推介、网络微综艺、直播带货等线上展览展销活动，重点呈现广东农产品"12221"市场体系建设和广东农产品"保供稳价安心"数字平台发展成效，全方位展示广东数字农业建设成果。

此外，农交会现场还举办"脱贫地区特色产业可持续发展"论坛、全国农业企业品牌推介专场活动、农业投资风险与社会资本支持"三农"发展论坛、2020年中国农垦品牌推介、数字乡村发展论坛、全国农产品地理标志品牌推介会等系列重点活动。

第一、好戏连连，"1+5+N"直播全方位推介广东好货。手起刀落，一片片紧致油亮的澄海狮头鹅肉散落盘中，散发出浓郁的香味。"我手切着肉，要防着口水滴下来，鹅肉真是太香了"面对镜头，广东心瓷科技股份有限公司负责人杜永铢一边切着鹅肉，一边与网红主播们谈笑风生，引来数百万网友围观。

农交会开幕首日，广东展团展区内上演了一场别开生面的微综艺直播活动。南方农村报网红主播杨娉婧、美食视频《品粤记》《宅家做厨神》主理人吴广宇以及广东省各地市名优农产品参展企业代表，在直播间现场为国内外广大网友推介广东好货。这是广东展团展现"数字农业"味道的"杀手锏"之一。

本次农交会上，广东展团共设置了广东综合宣传推介区、广东地市展示展销区、广东地理标志展区、广东农垦展区、广东海峡两岸展区、广东特大型企业展区等六大展区，参展总面积共4044平方米，位列全国第四。参展企业281家，参展产品过千种，其中省级名牌产品350个。丝苗米、微丰紫米、红江橙、英九红茶、柑普茶、凤凰单丛、迟菜心、梅州柚、壹号土猪、徐闻愚公楼菠萝、国联水产水煮汉虾、珠海斗门海鲈、蝴蝶兰、东陂腊肉、丹霞贡柑等一大批"品质好、

叫得响、占有率高"的广东十大名牌系列农产品和名特优新农产品悉数登场。

其中，广东展团在143平方米的广东综合宣传推介区中，设置了1个综艺直播间及5个小型直播间，持续举办多场广东名特优新农产品推介活动，以"1+5+N"直播推广这一新业态形式，通过综艺＋推介宣传，打造"网红"农产品，将省内特色品牌农产品推向全国和世界各地。

"1"即举办1场综艺直播"5"即举办5场线上线下小型推介会；"N"即开展N场产品直播推介，全面动员参展企业开展各类直播推介活动，为广东展团做强声量。

广东心瓷科技股份有限公司带着养殖了5年的澄海狮头鹅，参加广东名优品牌农产品微综艺直播，用特制卤汁"人不离锅"地焖煮5个小时以上。"这样才能让卤汁浸润每一寸鹅肉，制出香飘四溢的卤水鹅。"杜永铢的介绍不仅让现场观众争相试吃，更让广大网友"心痒手痒"，迫切想要下单购买。

参与此次微综艺直播的，还有梅州柚、惠来鲍鱼、清远红茶、廉江乌龙茶等广东特色农产品及相关企业代表。"今天来到直播现场的，都是我们精挑细选的广东地标性美食，很多人可能没听说过，因为这些美食在本地就被抢光了"。在吴广宇看来，能让广东地道美食来到农交会，并上线综艺直播，是对广东美食文化的大推介，"希望广东美食能被更多人喜爱并购买"。

二、成效显著

数字平台打下漂亮的"营销逆转战"

在广东省农业农村厅厅长顾幸伟看来，本次农交会上，广东展团的数字农业特点非常鲜明，数字农业元素贯穿全程，刮起"粤式数字农业旋风"。

"自新冠肺炎疫情发生以来，广东持续发力数字农业，深耕线上线下结合展示展览创新模式，开展广东农产品'12221'市场体系建设，并搭建了广东农产品'保供稳价安心'数字平台，通过云上展示、网络综艺、线上品鉴推介、直播带货等一系列线上活动，借助网络直播等数字化推广模式，唱红唱响了多个南粤名特优农产品，让"粤字号"品牌唱进千家，传遍万户。"广东省农业展览馆相关负责人如是说。

如今，广东农产品"保供稳价安心"数字平台上线已近一年。300多天来，该平台在多个方面发挥了积极的作用组织启动了"鄂粤同心 抗疫发展"六大行动、十五项工作，打通了粤鄂农产品产销对接多家企业走进产区和线上会客室，通过"12221"农产品市场体系助力今年广东荔枝、菠萝打了一场漂亮的"营销逆转战"，其中徐闻菠萝首次出口日本，逆势上扬"延安苹果大湾区采购商网络直通车"等一系列营销活动在"保供稳价安心"数字平台线上启动，助力延安苹果销售。

广东省农业展览馆数据显示，截至11月19日，该平台入驻企业超过2480家，企业对接次数累计超过9000次。目前，这艘"数字方舟"仍在继续发挥重要作用，推动"广东百万农民线上免费培训工程"走进田间地头，助力梅州柚子等农产品扬帆海内外。在平台助力下，截至11月1日，中荔集团销往海外地区的梅州柚总量已达100吨。

二、中国国际茶叶博览会广东展区

中国农业农村部和浙江省人民政府联合主办的第四届中国国际茶叶博览会（下简称第四届茶博会）于2021年5月在杭州举办。

广东省农业农村部门共组织58家参展企业组团出征杭州，包括乌龙（单丛）、红茶、绿茶、黄茶、白茶、柑普等150多个优质茗茶产品参加展示展销。

在展区设计规划上广东省农业农村部门运用了新的创意与传承，将展区分为综合宣传区、地市展示展销区、"数字茶叶"展区三部分，省综合展团区设计主次分明，突出浓郁的岭南特色，使广东展区成为杭州茶博会最独特的亮丽风景线。

（一）强化数字赋能，打造云端新平台

广东展团专门设置了1个大型直播间及7个产区茶品品鉴区，以"1+7+N"直播推广的形式，持续举办推介活动，打造"网红"茗茶，累计直播时长超过20小时，全面实现参展企业全参与新模式，将线下展销转变为线上推广，全网不完全统计实现流量超过200万。总结大会中，第四届茶博会组委会秘书长、农业农村部市场与信息化司司长唐珂总结表扬了本次广东展团"线上展会""直播推介"中的数字技术应用。

（二）展团战果颇丰，广东茶企硕果累累

展会期间，广东展团每天接待超过500名全国各地的采购商、游客。据统计广东展团

整个展期现场交易超过200万元，达成采购意向超2000万元。其中广东潮州饶平县永城茶叶有限公司现场卖出超过40万元茶叶，还与20多为采购商达成近600万元合作意向。

（三）十款茶品获推荐，展团得最佳组织奖

本届茶博会广东有潮州市天下茶业有限公司、饶平县永成生态农业有限公司、潮州市吉云祥茶业有限公司、广东天池茶业股份有限公司、广东千庭茶业投资有限公司、英德市怡品茗茶叶股份有限公司、英德八百秀才茶业有限公司、开平市大沙里农业科技发展有限公司、河源市丹仙湖茶叶有限公司、乐昌市沿溪山茶场有限公司等10家茶企产品荣获推荐产品。在省农业农村厅、潮州、清远、江门、韶关、河源、梅州、湛江等七地农业农村局、50家参展茶企的共同努力，广东省展团斩获第四届中国国际茶叶博览会最佳组织奖。

三、中国国际食品配料展

为深入贯彻落实中央关于决战决胜脱贫攻坚和扎实做好"六稳"工作、全面落实"六保"任务决策部署，在部领导的关心支持和国际合作司的直接指导下，农业农村部贸促中心在广东东莞连续主办了第五届、第六届、第七届中国国际食品配料博览会（以下简称"食博会"）。食博会是疫情后首个线上国际性食品及配料行业展会，国内国外同频、线上线下联动，引起了强烈反响，活动成效超过预期。

三届食博会分别以"心无限，食无界"、"味自'东'来 保'莞'有料"、为主题，通过"1+N+18"农业国际会展模式，即1个线下主展场、N场专场活动、18个互联网直播平台。丹麦、上合组织成员国及观察员国等16个国家和我国29个省份的600余家企业参与现场展示，香港、日本同步设置线上分会场，吸引东莞团餐协会等1000多名专业采购商现场对接，现场观展人数超过3万人，线上观看人次达1.87亿，线上交易额7250万元，线下交易额1.23亿元，签署战略合作协议金额5亿元，通过供应链金融解决项目融资额约35亿元，同期"中国国际食品产业联盟"揭牌成立。农业农村部党组成员、副部长马有祥，广东省委常委叶贞琴，农业农村部国际合作司司长隋鹏飞，广东省农业农村厅厅长顾幸伟，东莞市委书记、市人大常委会主任肖亚庆，联合国粮农组织中国代表处副代表张忠军，联合国世界粮食计划署中国副代表玛哈·艾哈迈德，农业农村部农业贸易促进中心主任马洪涛，农业农村部农产品质量安全监管司一级巡视员程金根，农业农村部农业出版社党委书记、董事长陈邦勋，国家乡村振兴局中国扶贫发展中心副主任曾佑志等领导出席开幕活动并进行了现场巡馆。出席相关活动。央视朝闻天下和光明日报、农民日报、人民网、农视网、今日头条、新浪微博等30余家知名媒体对食博会进行报道。

（一）线上线下共同发力，流量销量双重引爆

第五届食博会创新服务模式，采取线上线下结合的方式，打破了时间和空间限制，通过短视频和微综艺等融媒体形式，集中呈现展会内容。联合香港贸易发展网和日本食品化学新闻等平台，为企业开通境内外线上展示与交易窗口，B2B、B2C互联网营销模式并行。

1.87亿流量和42亿元交易额创食博会新高、创同类展会新高，生动展现了中国农食行业活力。来自江苏、河北、宁夏的展商纷纷感慨，"这次食博会运用多种形式助力品牌宣传，线上线下齐发力，弥补了疫情造成的不利影响，给我们搭建了更广阔的平台！"

（二）直播带货掀起热潮，数字化展会探索成功

现场33个展区全部单设直播间，淘宝、拼多多和抖音等18个热门短视频与电商平台同步直播，展馆随处可见网红与村播带货，展商排队卡点直播。开播当日，"食博会"冲上微视热搜第4名，仅半天直播销售额就达到1664万元。直播带货负责人王泽锋表示，"食博会利用各平台的渠道和影响力，为企业搭平台架桥梁，畅通洽谈渠道，是推进展会数字化全面融合发展的成功尝试。"

（三）专业论坛群贤毕至，共话产业发展未来

活动期间共安排了9场专业论坛，吸引了1024.99万人次观看。论坛涉及自贸区农业政策、农产品跨境电商发展、区块链赋能、粮食安全等多个主题，来自食品生产加工、技术研发、冷链物流、数字营销和金融科技等农食产业闭环供应链相关领域的国内外政府官员和专家代表齐聚论坛，交流食品行业新技术、新业态、新成果，讨论农食产业未来发展新思路、新方向、新路径，为推动行业发展提供理论支撑和鲜活经验。

（四）扶贫展区订单不断，助力脱贫攻坚战略

今年是脱贫攻坚决战决胜年，食博会专门设立"决胜脱贫攻坚 巩固脱贫成果"扶贫展区。与国务院扶贫办中国扶贫发展中心合作，邀请来自兰考县、井冈山市、渭源县等10个贫困县（市）的88家企业参与线下展示，展出扶贫产品500余种。线上集合多家互联网平台资源全力推介销售。广德福总农艺师亲自到扶贫展区直播间，为扶贫产品代言带货，吸引了百万网友点赞下单，开播当日交易额就达到了465万元。

（五）国际展区精彩纷呈，发出对外合作强音

在逆全球化潮流涌动的复杂环境下，在双循环相互促进的新发展格局下，食博会向外界发出国际合作强音。展会吸引了来自中东欧、挪威、丹麦、德国、日本和伊朗等25国的60余家国际企业，红酒、橄榄油、藏红花、巧克力等极具各国特色的优质农食品集中亮相。法国驻华使馆为食博会的举办发来贺信，斯洛文尼亚和北马其顿驻华使馆亲自组织企业并赴东莞参与食博会，北马其顿大使佐治爱娃表示，"食博会线上线下开展的形式十分新颖，展会效果超乎预期，明年还要组织更多的企业参展！"

1.国贸基地专区企业首次亮相，唱响涉农外贸公共服务平台

为帮助市场主体更好参与国际竞争，为国际市场提供更优质的农产品，同时带动了国内农业提质增效、农民就业增收，今年5月起，农业农村部首批认定了115个农业国际贸易高质量发展基地（简称"国贸基地"）和13个纳入管理体系的基地。本届食博会，来自全国25个省(自治区、直辖市)72家农业国际贸易高质量发展基地企业首次集体线下亮相，

同期,举行国贸基地企业推介会,为参加食博会的全球食品配料采购商举办了琳琅满目的"饕餮盛宴",共讨食品配料发展大计。

2. 首个乡村振兴主题论坛,为共同富裕出谋划策

食博会期间举办高质量乡村振兴促进共同富裕理论与实践——产业发展、金融支持、城乡协同研讨会,是国家乡村振兴局成立后国家乡村振兴局中国扶贫发展中心举办的首个专业论坛。国家乡村振兴局中国扶贫发展中心副主任曾佑志;中国农业大学副校长林万;华中师范大学乡村振兴研究院常务副院长、教授陆汉文;北京工商大学金融系主任、副教授李飞及东莞市乡村振兴局代表、乡村振兴企业代表等众多专家学者及基层干部聚焦共同富裕问题展开讨论。

3. 美食无国界,好味齐分享

受新冠病毒影响,此次食博会联合丹麦、上合组织成员国及观察员国等16个国家参展。印度的线香、哈萨克斯坦的金骆驼奶粉、吉尔吉斯斯坦的蜂蜜、巴基斯坦的粉岩、塔吉克斯坦的鹰嘴豆、阿富汗的藏红花、白俄罗斯的阿斯丹顿恋人薯片、蒙古国的风干牛肉干、柬埔寨的棕榈糖、斯里兰卡的麦丽班饼干、土耳其的梦乐帝巧克力、摩尔多瓦的黑姑娘等产品琳琅满目。国际采购商、生产商、经销商等经济主体的频繁互动与自由交流,是世界食品与配料行业健康、有序、向好的重要标志。丹麦农业和食品委员会上海代表处首席代表劳九迟表示"我们是丹麦的商会组织,此次食博会的参与既是丹麦的商会首次参加食博会,也是丹麦首次参加食博会。去年东莞举办第五届食博会的时候,我就作为观察者逛过展会,感觉中国政府对食博会高度支持,且近年来农业国际贸易政策力度颇大,今年我们早早地就报名参加了。我们很看重中国市场的食品发展潜力,相信未来两国企业之间的合作将会越来越多。"

三、主要做法

(一)领导重视是前提

部领导和广东省领导高度重视并充分肯定食博会工作,给予大力支持,马有祥副部长亲自率团参加食博会开幕活动并讲话,指出"我们紧紧围绕农业贸易高质量发展这条主线,以农业国际贸易高质量发展基地建设为重要抓手,全力推动农业贸易转型升级"。叶贞琴常委亲自率团出席开幕活动并讲话,叶常委指出"这是东莞市继去年以来第二次举办食博会,充分体现了农业农村部对广东工作的高度重视和关心支持。本届食博会充分集聚了各方要素资源,集中展示了国内外食品及配料产业的新技术、新品牌、新成果,是行业实现共商共享共赢的重要载体,同时也是广东食品配料产业拓展发展空间、提升发展质量的重要机遇。"

农业农村部农业贸易促进中心是食博会主办单位,专门成立中心主要领导牵头、多个处室共同协作的工作组,指导筹备工作,及时解决了筹备工作的困难和问题,为做好食博

会的各项工作提供了人力、物力和财力等支持。广东省农业农村厅、东莞人民政府也成立了分管厅（市）领导挂帅的筹备工作专班，采取有力措施并落实各项筹备工作。

（二）多方支持是保障

各省农业农村主管部门作为各地牵头单位，积极做好宣传发动和贸易促进工作，重点邀请团餐企业、连锁超市、加工企业、集团采购单位和境外农产品贸易商赴东莞采购洽谈，遴选一批特色鲜明、质量过硬、信誉可靠的农产品食品及配料品牌参展，并组织参会代表和企业参加相关论坛、产销对接活动，促成贸易成交。各省企业紧紧把握商机，踊跃报名参展，主动与农口部门联系，积极参与食博会的展示展销及各项活动。食博会举办期间，处级以上参会领导超过300人，有效保障食博会的展会规格。

（三）精心筹划是关键

本届食博会规模大、档次高、要求多，筹备工作较为复杂。工作组提前了解各展团对本届食博会会举办相关意见，未雨绸缪，积极开展工作，并配合各省农业部门做好筹备工作。马洪涛主任、宋聚国副主任多次率队到广东与广东省农业农村厅、东莞市人民政府召开工作筹备会，并做工作筹备指示和协调工作，工作组联合广东省农业农村厅工作专班、东莞市工作专班，紧扣部领导和广东省为领导部署和食博会各项工作推进时间节点，从10月2日起驻点东莞，有条不紊开展筹备工作。在疫情防控常态化条件下，工作组会同东莞市有关部门专门制定疫情防控方案，确保展会安全举办。

（四）新闻宣传是助力

工作组精心制定了食博会的宣传方案，采用多种形式多种渠道全方位开展宣传推介工作。据统计，在本届食博会在广东省政务宣传平台南方+客户端搭建第六届中国国际食品及配料博览会融媒体宣传平台，前后共刊发原创宣传推文27篇、评论文章1篇、创意海报22张、播报视频1个、现场直播5场、拍摄图片超500张、版面报道3个整版（其中南方农村报1.5版、南方日报半版、东莞日报1版），同时在东莞城区进行户外墙体广告、公交、地铁、写字楼、居民区等进行了宣传。同时，宣传团队积极整合各级媒体资源，新华网、人民日报、农民日报、央广网、经济日报客户端、学习强国、中国经济网、中国报道网、中国农网、中华网、农经观察、南方日报、南方网、南方+、南方农村报官网、羊城晚报、潇湘晨报、中国江苏网、陕西农村网、长江日报报业集团九派新闻、湖南新闻门户网红网、贵州日报天眼新闻、岭南24小时、国际在线、i东莞、爱莞事、东莞日报社官方网、东莞广播电视台、莞生活、澎湃网、知乎、凤凰网、搜狐网、腾讯网、网易新闻、新浪网、今日头条、直播广东、财富号、太平洋热线网、微信视频号等40多家媒体平台对食博会进行报道。

四、下步打算

（一）提前谋划方案，进一步发挥地方积极性

本届食博会在广东东莞举办，倚靠粤港澳大湾区优势，挖掘东道主资源，将探索地方食品产业发展与食博会有效结合方式。下一步，将提前与有关地方沟通对接，尽早谋划下一届食博会思路。

（二）探索线上办展形式，扩大展会传播效果

今年食博会以线上线下结合的形式，成效超出预期，将保留食博会线上形式，并继续与一亩田、拼多多、淘宝等专业平台合作，打造永久的食博会线上展示与交易平台。同时对农业企业进行直播培训，帮助企业更好地利用网络平台开展产品推介，打造农业发展传播矩阵，讲好中国农业故事。

（三）着力发展食品产业联盟，促进食博会专业化产业化发展

通过建立和发展中国国际食品产业联盟，汇聚国内外食品行业协会和企业，发挥龙头企业引领作用，邀请更多专业采购商参与食博会，才能进一步提升食博会专业化水平。同时，挖掘食品全产业链中新产品新技术新业态，并联通农业生产加工，促进农食行业融合与产业化发展，打造互通有无、沟通交流的农食行业平台。

（四）加大对外合作力度，打造国际品牌农业合作交流平台

发挥中心"贸促国家队"作用，加大与国际行业组织合作力度，邀请更多国家和国际组织、更多境外企业与专业观众参与食博会，将食博会打造成具有更高国际影响力的食品行业品牌展会。积极探索农业自贸试验区和跨境电商的发展模式，助力农业产品、农业企业和农业产业融入国际市场，加快农业"走出去"步伐。

四、广东渔业博览会

广东国际水产博览会自第一届举办伊始，便不断将龙头产业水产业的养殖和输出作为博览会主题重点。在不断完善自身质量建设，拓展产业链条的基础之上，将白蕉鲈鱼、惠来鲍鱼、顺德鳗鱼、湛江对虾等特色鱼产品打出品牌，销往内地和外国，成功赢得了国人和国外的一致好评。

2021年，广州渔博会有一次站在技术引领第一线，利用网络技术，成功开办线上云展会。将其合作企业和团体不断扩大，与聚农网、第一农业网、中国海宝网、食品信息报道网等几十个网站建立良好合作伙伴关系，并与盒马生鲜、永辉超市、每日优鲜等多家大型企业形成合作机制，构建养殖、运输、冷冻冷藏、海产品加工一体化产业链。

广东国际水产博览会自第一届举办伊始，便不断将龙头产业水产业的养殖和输出作为博览会主题重点。在不断完善自身质量建设，拓展产业链条的基础之上，将珠海鲈鱼、惠

来鲍鱼、顺德鳗鱼等特色鱼产品打出品牌，销往内地和外国，成功赢得了国人和国外的一致好评。

五、首届世界农业数字大会

《广东数字农业农村发展行动计划（2020-2025年）》指出，广东要大力发展农业农村数字经济，全面提升农业农村生产智能化、经营网络化、管理高效化、服务便捷化水平，用数字化引领驱动农业农村现代化，为实现乡村全面振兴提供有力支撑。

六、广东省现代农业（线上）博览会

原有的农博会重点聚焦广东名优农产品和农产品加工品，在广东农产品"12221"市场体系建设下的广东现代农业博览会拓宽了视野，将智慧农业设备、农业产业链架构、休闲农业旅游等一批符合大湾区实际的新业态囊括进来，发挥农博会的"博览"特点。2019年的广东现代农业（线上）博览会是对全面实行数字营销的一次全新探索。

A、基本情况

2019广东现代农业（线上）博览会以线上为主，线上线下相结合的方式举办，农博会开幕活动和采购商峰会于12月25日在广东东西部扶贫协作产品交易市场举行。"湾区品质 数字赋能"是本届农博会的主题，全面创新办展形式，全力打造线上"广东农博会"，首次全面数字化营销，全力推动广东农业贸易高质量发展。

农博会组委会充分发挥广东农产品"保供稳价安心"数字平台作用，打造全新线上版永不落幕的农博会，在"云"字上显特色，在"博"字上下功夫，在"会"字上做文章。全面开展云展示、策划云展播、组织云宣传、推动云采购，发挥永不落幕的农博会的"新价值"并推动了广东现代农业博览会的数字化、现代化蜕变。

线下设开幕活动、高峰论坛，以及各地市展区；线上活动依托优农云展平台、新华网、腾讯微视、淘宝、快手、抖音、拼多多、南方+等全网直播，全面开展云展示、云展播、云宣传、云采购。

B、主要成效

从2006年到2020年，广东现代农业博览会已走过十五个年头，成为广东省乃至全国农业博览会中的品牌标杆及精品活动。2019年的广东现代农业（线上）博览会主要成效主要体现在创新展会办展形式、助推营销升级换代、助力数字农业发展三个方面。

一是线上农博会创新展会办展形式。

面对新冠肺炎疫情和全球政治经济大环境摩擦带来的客观环境的制约，以及互联网时代观展人群参会习惯的改变，传统的以大规模线下活动为主的展会模式面临困局。对此，农博会组委会主动拥抱时代变革，全面应用网红直播、短视频营销、在线访谈、微综艺直播等数字手段，极大丰富了农博会的可看性，强化了会展活动的交互性，使得本届农博会对年轻群体产生了较大吸引力。

展会活动期间，省内21个地市搭建了线上主题展馆，还搭建了115个品牌馆，共457家参展商积极参与，数千款优质产品同步在线亮相，成功实现了全域云展示；各地方推介官、正能量网红代表、村播达人等进驻农博会地市直播间，同步推介各地名特优新农产品，全面整合各互联网平台资源，开展了全网覆盖的云展播；本届农博会还为来自全球采购商和参展商搭建沟通渠道，促进供采双方云洽谈；通过系列方式推动双方实现云交易。

二是采购商高峰论坛助推营销升级换代。

展会上"云"，峰会落"地"。在本届农博会同期线上线下举办的采购商高峰论坛上，中国农村专业技术协会理事长柯炳生，中国农产品市场协会会长张玉香，农业农村部农业贸易促进中心副主任宋聚国，中央人民政府驻澳门联络办公室社工部处长罗振宇等领导和专家，与在场的采购商代表一道，共话"粤字号"农产品营销新业态。论坛重点分享了广东荔枝、梅州柚、惠来鲍鱼、澄海狮头鹅、阳西程村蚝和菠萝猪的营销案例，让不同品类的农产品营销经验产生交集，也为我省更多农产品产业发展提供参考借鉴。

当下，广东农产品数字营销方兴未艾，以徐闻菠萝、广东荔枝、梅州柚、惠来鲍鱼等为代表的一批区域公用品牌农产品的成功营销，充分证明了广东农产品"12221"市场体系建设的强大活力。本届论坛发布了《2020年广东农产品"12221"市场体系建设营销案例》，归纳总结可复制、可推广的农产品营销"广东模式"，在双循环背景下，助推"粤字号"品牌农产品的营销模式升级换代。

三是数字营销助力我省数字农业发展。

2019年底，叶贞琴常委在第十七届中国国际农产品交易会数字农业农村发展论坛上就广东省数字农业建设实践作了主题报告，提出"三个创建""八个培育"重点任务。2020年6月，省农业农村厅印发《广东数字农业农村发展行动计划》(2020-2025年)，明确发展目标和任务。广东全力打造的"线上农博会"，全面运用数字营销、全力推动农业贸易高质量发展。

风雨十五载，而今又出发，本次线上农博会充分证实了网络的巨大潜力，与之相关联的新展会形式如直播、短视频、微综艺等取得了积极成效。网络使得农博会不再局限于一城一地，基于已有的农展县市专场和"一村一品"专场，广东农博会要深挖自身品牌价值，开展诸如省际专场、产业园区专场、龙头企业专场等新形式，构建起从省到县的完整农展生态圈，进一步推动农博会省际合作、拓宽农展"朋友圈"。

2020年广东农业部门积极推动粤鄂、粤陕、粤黑、粤沪等省际交流合作，为全国其他省市在疫情防控常态化和国内国际双循环大背景下推动农业发展做出了示范。积极开拓区域合作，让"粤字号"农产品走出省际，为我国数字农业发展贡献"广东智慧"。

未来的广东农博会还会有更大潜力，更大空间。

第四节　产业大会推广农产品区域品牌

一、中国荔枝产业大会

为贯彻落实习近平总书记关于乡村产业振兴的重要指示要求，落实全国稳住经济大盘电视电话会议以及省第十三次党代会的部署，按照李希书记、王伟中省长在茂名调研时的指示要求，把荔枝产业打造成为富民兴村的重要产业，5月29日，我市成功承办2022年中国荔枝龙眼产业大会。大会以"放'眼'世界，全链引领，'荔'开新局"为主题，以打好"四张牌"、推动全链条发展为重点，抢抓RCEP生效东风，邀请RCEP成员国驻广州领事馆领事代表参会，农业农村部副部长张桃林作视频讲话，省人大常委会副主任叶贞琴出席会议并作讲话，全国荔枝龙眼主产区相关负责人以及国内荔枝龙眼专家学者、客商代表、种植大户等500多人参加大会。本次大会规格高、理念新、亮点多、氛围浓、反响好，截至5月31日，人民日报、中央电视台、新华社等中央媒体报道75篇次，省、市媒体报道811篇次，茂名荔枝、广东荔枝微博话题热度居高不下，微博热度一度突破2300万，为荔枝产业发展营造了良好氛围。现将有关情况报告如下。

（一）大会立足新形势、落实新理念，取得五方面成效

今年以来，我市准确把握当前经济形势，将荔枝产业发展作为稳住农业基本盘的重要切入口，坚持"办一次大会，兴一个产业，活一片经济，惠一方农民"，取得积极成效。

1. 坚持"以小荔枝释放消费大潜力"，消费市场得到提振

举办四省（区）荔枝产销对接、"南品北上、北品南下"省际合作云签约等活动，促成27家企业现场签约13个产销项目，21家国内外企业（协会）与7个主产县（市）建立供销战略合作；组织"粤菜师傅"现场展示荔枝龙眼菜品，发放荔枝消费券9万张；吸引省内外120家企业参加博览会，展出产品818种，观展人数达7000余人，线上线下销售总额23亿元。

2. 坚持"卖个好价钱才是硬道理"，荔枝售价得到保障

省第十三次党代会报告指出，荔枝等优质特色农产品卖出了好价钱，农民兄弟心中乐开了花。大会紧紧围绕这一目标开展，今年茂名荔枝产量虽然比去年减产10%，但销售情况稳定、价格坚挺，比去年增加20%-30%。其中，妃子笑收购价为6-85元/斤、白糖罂12-18元/斤、黑叶5-55元/斤；"荔枝定制"价格比采购商采购价格高一倍以上。

3. 坚持"让农民更多分享收益"，荔农得到更多实惠

以高州市根子镇元坝村农民专业合作社联盟为例，截至目前，已销售鲜荔枝60多万斤，销售收入960万元，同比去年增长35%，其中线下售价达到21元/斤，为新世纪以

来的历史新高，预计今年荔枝季销售收入可超过 2000 万元，带动 300 多户荔农增收致富。茂名市坝元桥柏农业科技公司由 3 名返乡人员创办，通过承包百亩失管荔枝园实现再就业，目前荔枝鲜果已销售 63 万元，预计今年鲜果可收入 135 万元。

4. 坚持"卖荔枝更卖文化"，荔枝文化得到弘扬

积极推动荔枝卖品种、卖年份、卖文化、卖品牌的差异化营销，针对贡园古树、百年以上古树、百年以内老树所产的荔枝果进行分级销售、个性化包装，提升消费价值。举办"广东荔枝龙眼种植工匠""广东首批荔枝龙眼古树守护人"颁奖等活动，激励越来越多人传承和发扬荔枝龙眼文化。

5. 坚持"以一业带多业"，发展经验得到推广

大会发布《中国·茂名荔枝产业发展白皮书(2022)》，系统总结"一颗荔枝成就一条产业链"的经验做法，邀请亲历者讲述产业、市场、科技、文化"四张牌"变化，将经验拓展到龙眼等广东特色农产品，并统筹整合电商平台、冷链物流、精深加工等资源，打造永不停歇的生产链供应链和永不落幕的云端"博览会"，助力更多特色农业拥抱"新蓝海"。

（二）大会聚焦新任务、谋划新举措，持续打好"四张牌"

大会以荔枝龙眼为媒，以"四张牌"为重点，全力打造展示中国荔枝龙眼高质量发展成果的窗口。

1. 聚焦高档鲜果和精深加工，打好产业牌

大会以荔枝国家现代农业产业园为依托，紧扣一二三产融合发展，集中展示荔枝全产业链发展新成果。茂名"一会一址一馆一圃一网一站一中心"的"七个一"荔枝产业发展格局基本形成，为荔枝、龙眼产业生产、加工、销售全产业链提供平台、技术"硬支撑"。目前，茂名已发展形成了桂味、糯米糍、白糖罂、妃子笑等"十大名荔"；全市荔枝加工产品已达 30 多种，如荔枝松糕、荔枝干、荔枝饮料、荔枝酒等，形成了丰富的产品形式，让"一年四季吃上荔枝"成为现实。特别是 5 月 28 日广东荔枝跨县集群产业园(茂名)生产基地正式投产，生产王老吉及荔小吉罐装饮料年规划产能 900 万标箱，使荔枝"高档鲜果"和"精深加工"同步发展成为现实，实现荔枝产业发展史上"零的突破"。

2. 聚焦渠道拓展和营销创新，打好市场牌

务实推进农产品"12221"市场体系建设，推动荔枝、龙眼等水果走向全国乃至海外市场。抢抓 RCEP 生效东风，建设 RCEP 广东高州荔枝龙眼国际采购交易中心，高州成为全省首批 RCEP 农业贸易基地之一，茂名荔枝出口至欧洲、北美、东南亚等 20 个国家。截至 5 月 24 日，茂名已向 RCEP 成员国出口鲜荔枝 42 批次、537 吨、货值 11608 万元。同时，面对上海等传统主销区因疫情冲击、销路受阻的情况，打出销售组合拳：市领导带队前往成都、澳门等地举行荔枝品鉴会、品牌推介会、产销对接会，深化与国内其他大型果蔬营销枢纽的合作，推动 12 家单位、企业签订购销协议，合作规模超过 5 亿元；丰富"荔枝定制"模式，精准分析家庭散株定制、企事业单位团建定制和龙头企业供应链生产定制

需求，推动荔枝销售"从论箱、论盒卖到论粒、论棵、论片定制"，茂名"荔枝定制"超过15万棵，预售"福荔卡"超过4万斤；创新线上营销，建设村村播工程广东基地和村村播学院，组织"京茂两地同步直播销售"活动、茂名市第一届直播电商节之"十万电商卖荔枝"直播达人带货营销争霸赛，吸引185个直播企业、团队和多家荔枝优质供应链企业参加。其中，茂名日报社电商平台实现线上线下销售约1030万元。

3. 聚焦提质增效和保鲜速递，打好科技牌

大会创新呈现荔枝产业新技术、新模式、新设备，推动荔枝产业从生产、加工到销售一体化转型升级。坚持"科技强荔"，实施克服荔枝中晚熟品种"大小年"产业技术方案，依托国家荔枝种质资源圃700多份种质资源"芯片"，改造低效果园超过25万亩，推动早、中、迟熟荔枝均衡上市，实现从量大到质高的转变升级。坚持"数字兴荔"，发布茂名荔枝产业大数据平台，建设"五化"智慧果园7个，建成移动式田头冷库"田头智慧小站"102个，促进荔枝的仓储、包装、加工、物流等各环节高效协同。同时，强化金融支撑，发布广东荔枝金融产品，推出"广东荔枝免息贷""荔枝全产业链贷款"等金融和保险服务，满足荔农金融需求。

4. 聚焦古树保护和品牌打造，打好文化牌

制定《茂名古荔枝树保护条例》，实行"一树一档"精细化管理，全市已建档古荔枝树168万株。坚持"越是本土的，越是世界的"理念，深挖"根子贡园"文化，活化利用好四个古荔园，打造以四大古荔园为核心的荔枝"农旅文创一体化"旅游产业链，使游客在品味荔枝的同时，可以沉浸式感受荔枝文化。大会发布了中国重要农业文化遗产--广东岭南荔枝种植系统(增城、东莞、茂名)，打响"岭南荔枝"品牌，向世界传播岭南农业文化。发布"茂名荔枝"区域公用品牌商标、茂名荔枝(鲜果、干果)国家地理标志证明商标及《茂名荔枝区域公用品牌发展规划》，唱响"茂名荔枝·世界名荔"品牌口号，擦亮茂名荔枝"金字招牌"。同时，持续打造"520我爱荔"荔枝文化新IP，推出云端博览会、集体婚礼、全国美术作品展等活动，赋予荔枝更多时代价值、情感价值，使之成为新时代节庆"5·20"仪式性、标配性消费品。

（三）大会的成功举办，得益于各个层面的重视支持

1. 国家部委和省委、省政府关心厚爱是大会成功的坚实后盾

李希书记三次来茂名调研，每次都对茂名荔枝产业发展提出明确要求，为荔枝产业发展明确方向、提供路径。王伟中省长多次对推进特色农业产业发展作出部署。叶贞琴副主任连续三年亲临大会指导。农业农村部南亚热带作物中心、国家荔枝龙眼产业技术体系积极支持茂名市与省农业农村厅联合办会，全程精心指导。省农业农村厅牵头推动《广东荔枝产业高质量发展三年行动计划(2021-2023年)》"12221"市场体系建设，大力支持茂名荔枝产业发展。

2. 立足优势、主动作为是大会成功举办的重要基础

近年来，我市围绕打造"国家级特色现代农业基地"目标，坚持把荔枝作为"头部"农产品，通过搭建大平台、建设大产区、引入大企业、做强大品牌、打造大产业，实现荔枝全产业链产值超百亿元，有效带动"五棵树一条鱼一桌菜"（五棵树：荔枝、龙眼、化橘红、沉香、三华李；一条鱼：罗非鱼；一桌菜：预制菜）特色产业发展，踏上了"一果先行、诸业并进"的产业振兴之路。

3. 总结经验、精益求精是大会成功举办的重要保障

我市坚持把大会作为促进农业发展的活动平台、展示茂名形象的重要窗口，认真总结借鉴前两年办会经验，从2月初就启动今年大会筹备工作，成立组委会统筹推进，市主要领导多次带队调研督导、主持会议研究部署，全流程做好保障，各环节做好衔接，齐心协力把产业大会办得精彩、办出成效。

下一步，我们将在省委、省政府的正确领导下，认真落实省第十三次党代会精神，更好发挥农业"压舱石"作用，继续加快茂名荔枝龙眼产业发展，助力广东打造成为世界荔枝产业中心、研发中心、交易中心、文化中心，为乡村特色农业高质量发展探索更多更有效的"样板"。

一是以中国荔枝龙眼产业大会为契机，积极搭建交流互动、宣传推介、招商引资的平台，搭建在茂名"买全国，卖全球"的平台，努力打造全方位展示我国荔枝龙眼产业发展成果的窗口。

二是深入推进荔枝龙眼产业转型升级，发挥好荔枝现代农业产业园、荔枝种质资源圃等"国字号"平台作用，推进培优提质，努力打造"小特产"升级"大产业"的样板。

三是以荔枝龙眼产业"小切口"推动现代农业"大变化"，加快一二三产业融合发展和农业供给侧结构性改革，为推动畅通国内国际双循环、实现联农惠农增收、全面推进乡村振兴提供有力支撑。

二、茶业产业大会

三、第二届中国水产种业博览会暨第三届广东水产种业产业大会

2021年12月6-8日，由中国水产学会、广东省农业农村厅、广州市农业农村局、广州市南沙区人民政府主办、广东省农业技术推广中心、南沙区农业农村局承办的第二届中国水产种业博览会暨第三届广东水产种业产业大会（以下简称：水产种博会）在广东国际渔业高科技园成功举办。来自农业农村部、省委省政府和省直有关部门、全国各省市、省内各地的领导、专家、企业家、养殖户等参加了盛会。

本次水产种博会以"领绿色渔业，谋种业创新"为主题，深度契合种业振兴的时代背景，通过政府搭台、企业唱戏，将此次博览会打造成为国内最具规模和影响力的水产种业

政产学研相结合的沟通交流展示平台。

总体来看，本次水产种博会在疫情反复的背景下，在做好防控的情况下，得以顺利召开，并在展品丰富性、宣传传播等方面表现有亮点，具体表现如下。

（一）展商参展热情高

本次博览会共吸引来自全国各地的参展单位约300家，其中，以活体参展的企业超170家，馆展区展示品种超200个（加上地展区的展示品种，本次博览会展示品种总量超360个）。外省参展单位55家，但广东仍是参展单位的主力。（详见附件一）

（二）地展展示品种丰富

地展区今年不再向社会征集品种展示，主要用于资源保护品种、全国主推养殖品种、新品种养殖测试等，共计展示品种166个，成为本次博览会的一大亮点。（详见附件二）

（三）活动影响力巨大

本次博览会在宣传方面投入力度大。活动筹备期间，通过在南方+开设博览会专题、南方农村报、农财宝典水产版微信公众号、大国渔业抖音号等平台发布多条活动预热稿件，并设计制作多张活动海报和H5进行朋友圈宣传；开幕式当天，邀请到现场参与活动报道的媒体多达30家（含中央级媒体6家），参与首发报道40+，联合分发媒体50+，刊登稿件100+，开幕式现场直播全网收看过百万，百度"第二届中国水产种业博览会"关键词结果593万个。（详见附件三）

（四）传播手段多样化

除图文报道外，本次博览会还充分利用新兴的视频平台，用更多的镜头语言讲述水产种业故事、传递博览会之美。作为全国唯一一个开在鱼塘边的博览会，本次在塘头搭建「水产塘头直播间」，让线上网友实现"云观展"，提高博览会影响力。直播成绩表现亮眼：将南方+、央视频移动网、新华社现场云、视频号、抖音、B站等各级新媒体平台作为直播主阵地，涵盖15大直播平台；并在鱼塘边搭建"水产塘头直播间"，通过邀请嘉宾和企业进驻直播间及主播逛展的方式，对博览会进行了全方位直播，包括开幕式、论坛、展区、新兴养殖模式探营、鱼塘黑科技实景互动等，并特设水产预制菜专场，三天共计进行19场直播，总观看达450万人次。（详见附件四）

（五）疫情防控做了充足的准备工作

除严格查验健康码之外，还要求所有参会嘉宾和工作人员提供48小时核酸报告方可进场。统计显示，参会代表和工作人员中，共有2111人填写自我检测健康申报表，为有需要的人员免费提供现场核酸检测服务；活动三天期间，严格执行场内消杀、社会车辆和内外环境消毒的防疫流程。

（六）观众人数约1.3万人，比去年有较大减少

受疫情影响，对观众的防控措施严格，劝退了不少本次博览会的意向观众。统计数据

显示，三天博览会期间，共有12627人进入科技园参展及观展。其中，12月6日观众6289人，12月7日观众4763人，12月8日1575人。

（七）同期活动丰富，亮点纷呈

本本次博览会同期举办六场论坛，大咖云集，汇聚八大院士，主题包括种业科技、鳜鱼新品种发布、海鲈种业发展、种苗疫病防控、产学研对接研讨等，多个角度充分诠释和展示渔业取得的新成果和新技术。论坛吸引了大量专业人士的关注和参与。

（八）企业参展成效良好，共达成各类种苗交易超240亿尾，交易额约5亿元

博览会平台促进展商达成了合作意向，并进行了参展企业种苗交易签约仪式。海大集团、恒兴股份、海茂、梁氏、青岛前沿共5家国内优秀的种苗生产单位在博览会期间达成了交易意向，成交各类鱼苗、虾苗、贝苗超240亿尾。

总之，虽然疫情对本次水产种博会的筹备和召开产生了一定的影响，但在省农业农村厅、省农推中心领导的强有力领导下，本次博览会得以成功召开。在疫情阴霾尚未离去的当前，博览会为中国水产业和水产种业发展带来了新的思路和方向，为水产种业振兴提供了一个最大的交流平台。

2022年，第三届中国水产种业博览会将一如既往地坚持以种业科技成果展示为主，扩大对外合作交流，融入更多国际化的种业发展经验和成果，将水产种业博览会办成具有全球影响力的行业盛会，助推水产种业振兴。

第五节 交通工具的农产品推广案例

一、飞机推广案例

2020年5月20日，由广东省农业农村厅和中国南方航空联合主办的"广东荔枝 靓丽全球行"——广东荔枝号首航仪式在广州白云国际机场T2航站楼天空舞台顺利举行。"广东荔枝号"全球行，广东荔枝飞入千万家。5月20日，由广东省农业农村厅和中国南方航空联合主办的"广东荔枝 靓丽全球行"——广东荔枝号首航仪式在广州白云国际机场T2航站楼天空舞台顺利举行。

仪式上，中国南方航空股份有限公司总经济师、中国南航集团文化传媒股份有限公司董事长苏亮表示，此次南航飞机身披"广东荔枝"特色涂装起飞，是南航积极响应广东省委省政府号召，以实际行动支持广东乡村产业振兴，推动以荔枝为代表的特色农产品走出广东、走向全球的重要举措。

广东省农业展览馆馆长丘志勇表示，广东荔枝行销世界，如今已成为农业对外交流的

一张靓丽名片。本次"广东荔枝号"启航是落实乡村振兴发展战略，建设粤港澳大湾区农业产业体系，积极响应"一带一路"倡议，推动广东荔枝"走出去"的一大创新行动，是扩大广东荔枝品牌、推动产业高质量发展的重要举措。未来将继续深化和中国南方航空的合作，共同开拓广东荔枝的国内外市场，打响"粤食粤美味"等粤字号农产品牌。

作为广东荔枝出口有力的"助推手"，广东中荔农业集团有限公司董事长陈耀华表示，集团将全力支持广东荔枝品牌的建设和发展，以荔枝出口贸易推进荔枝产业高质量发展，把广东荔枝品牌打造成世界知名品牌。

随后，嘉宾代表共同触摸舞台中央智能启动仪式，"广东荔枝号"飞机视觉图栩栩如生地呈现在启动球中，舞台侧屏同步展示出"广东荔枝号"启航模拟动画，将活动现场氛围推向高潮。

上午10点30分整，随着一架身披荔枝特色涂装的南航A330客机腾空而起，"广东荔枝号"首航正式启动。除了机身，"荔枝号"客舱内部也是全氛围的广东荔枝主题装扮，不仅小桌板、头巾、行李架等上面有广东荔枝相关元素装饰，每位旅客还将获得"广东荔枝号"专属纪念品礼袋，共同体验"广东荔枝号"首航喜悦。

荔枝是广东省最具代表性的大宗水果单品，全省种植面积及产量占全国荔枝的一半以上，占世界荔枝的三分之一。近年来，广东省农业农村厅大力推动"广东荔枝"这一省级区域公用品牌的建立，目前已建成包含增城荔枝、增城挂绿荔枝、新兴香荔、惠来荔枝、南山荔枝、镇隆荔枝、茂名白糖罂荔枝、东莞荔枝等8个地理标志农产品在内的，以及高州荔枝、阳东双肩玉荷包荔枝、德庆鸳鸯桂味荔枝、电白荔枝、从化荔枝、沙田鸡嘴荔枝共14个地方区域公用品牌。如何携手让广东荔枝走向世界，成为广东农业发展的重要课题。

"广东荔枝号"正是一次全新的品牌营销尝试。作为世界首架荔枝主题飞机，"广东荔枝号"是广东荔枝丝路行的重要组成部分，将助力广东荔枝走向世界。

据悉，"广东荔枝号"启航是广东省农业农村厅与中国南方航空的进一步合作，借助中国南方航空的国际影响力，开展多元化农产品营销模式，讲好广东荔枝故事，把"广东荔枝"打造为国内第一、世界知名的高品质、国际范高端农产品，让世界共享广东荔枝。

第七章　广东农产品品牌推广新业态

二、高铁推广案例

（一）广东荔枝高铁品牌专列

2020年5月20日"广东荔枝"登上高铁列车了！随着列车缓缓开动，"广东荔枝"高铁品牌专列将以爱之名、借高铁速度，在520这个特别的日子从广州南站首发，与全国人民共享鲜美。

广东荔枝高铁品牌专列从海报、桌贴、头片等多种高铁媒体形式，全方位、多角度展示广东荔枝品牌，乘客不仅能领略到列车里广东荔枝散发出来的"色香味"，在列车到站停靠时，还能听到广东荔枝温馨的语音播报，让人置身于浓厚的"广东荔枝"品牌文化中。华铁传媒充分发挥高铁媒体营销价值，助力广东荔枝高铁品牌专列首发成功。

广州市增城区有关负责人指出，广东省农业农村厅通过创建省级区域公用品牌，带动地方区域公用品牌发展，推动子母品牌共谋发展，这是高屋建瓴的部署，具有指导意义。增城荔枝是"广东荔枝"的重要产区，增城将尽全力打响增城荔枝品牌，紧跟省里步伐，共推广东荔枝区域公用品牌发展。

据了解,"广东荔枝"品牌专列处处体现出浓厚的广东荔枝文化。放眼看去,广东荔枝品牌元素融入列车的每一个细节,从海报、桌贴、头片,到 LED 滚动屏、语音播报等,高铁成了广东荔枝品牌文化全方位、立体化展示的移动长廊,实现了品牌文化与产品信息的精准联动传播。

依托"广东荔枝"高铁品牌专列,广东荔枝及更多"粤字号"农产品品牌宣传从华南大地一直延伸覆盖到北京、西安、武汉等大城市,并沿途历经数十处站点。

据了解,从 5 月 20 日起,"广东荔枝"亮相高铁,从广州出发一路远行。在广州—西安、广州—北京、广州—武汉高铁线路上,从化荔枝、镇隆荔枝、沙田鸡嘴荔枝、增城荔枝、南山荔枝、阳东双肩玉荷包荔枝、茂名白糖罂荔枝、新兴香荔、惠来荔枝、高州荔枝、东莞荔枝、德庆鸳鸯桂味荔枝、电白荔枝等区域公用品牌惊艳亮相。

（二）广东徐闻打造"菠萝专列"高铁送货

2020年在新冠疫情之下，徐闻菠萝销售受到一定的影响，但是今年市场需求却意外的火爆。很多年轻人在社交平台上晒出到当地打卡的照片、视频，也给徐闻菠萝扩大了知名度。

徐闻县菠萝协会会长、连香农产品农民专业合作社负责人吴建连介绍，受种植时间及气候影响，2021年徐闻菠萝将较往年推迟15天至20天上市。2月份春节前后，最早一批菠萝已经开始上市，因为上市量还较少、又逢春节，所以菠萝的价格比较高，田间收购价每公斤可以达到3.8元至4.6元。

"徐闻菠萝欢迎您乘坐本次列车，列车前方到站是兰州站。"伴随着温柔的播报，列车缓缓停靠。2021年的2月28日，"徐闻菠萝"高铁专列正式启程，这辆列车承载着徐闻人民的希望和诚意，带着"徐闻菠萝"跨越14个省市与全国人民共享这份来自祖国大陆最南端的甜蜜，让徐闻菠萝"香飘四海"。

走进"徐闻菠萝"专列，无论从海报、桌贴还是头片和灯箱，乘客都仿佛置身于菠萝的海洋中，在列车途径每一站点时，还能听到亲切的语音播报，让人置身于浓厚的徐闻菠萝品牌文化中。"该专列主要宣传推介徐闻菠萝，扩大在西北、华东、华中市场的影响和销量。"徐闻县农业农村局负责人介绍，下一步打算将菠萝带到列车上，让乘客可以品尝鲜甜的徐闻菠萝，加深对徐闻菠萝的印象。

"徐闻菠萝"高铁专列以兰州为中心，依托徐兰线和京广线连接北京和广州，依托商合杭线把徐闻菠萝品牌文化辐射至东部城市。专列每日运行22个车次，横跨北京、上海、甘肃、陕西、湖北、浙江、广东、安徽等14个省市，覆盖西北、胶东半岛，及华南、中部地区和长三角经济区。在高铁专列的带动下，"菠萝的海"真正做到了美名远扬，香飘四海。

高铁专列的启动，兴旺了采购行情，带动的经济效益正逐步显现，菠萝价格不断上扬，来自全国各地的采购商比以往更多，徐闻菠萝正走进西北市场。"去年徐闻菠萝价格维持在1块左右，现在价格很好。"据徐闻香甜菠萝种植专业合作社负责人介绍，刚好有两位采购商从新疆和甘肃而来采购菠萝，正在田头装车的菠萝2.6元1斤，他俩计划各采购3000吨左右。徐闻菠萝口感鲜甜，在西北市场也相当好卖。今年以来，来自西北地区的采购商明显增多。

徐闻菠萝种植面积约35万亩，产量约70万吨，面积及产量超全国产量的三分之一。受干旱少雨天气的影响，今年徐闻菠萝风味更佳，价格较往年同期高。"徐闻菠萝个大、鲜甜、多汁，深受内陆消费者的喜爱。"采购商张先生表示，自己每年都会来徐闻采购，送往甘肃、湖北等地，满满一货车的菠萝不用一天便会被抢购一空。

近几年，徐闻菠萝通过"公司＋合作社＋科研院所＋农户"模式，全面推进种植机械化，积极申报出口基地，县长、镇长直播带货，在产业上下游同时发力取得了显著成果，产业快速发展。同时借力"12221"市场体系建设，成功探索出可复制、可推广的农业发展新模式。

现在的徐闻菠萝产业，正致力于质量打造品牌，助力乡村产业振兴的大道上。徐闻菠萝"高铁专列启程是徐闻县"12221"菠萝营销行动的又一次积极探索。

在通过各方支持和自身的多年努力下，徐闻成功探索出一条可复制可推广的菠萝产业发展模式。凭借总结出的可靠经验，徐闻菠萝再创新，此次借助高铁速度推广品牌，把菠萝的香味沿着高铁路线飘送到全国各地，有效扩大了徐闻菠萝的影响力。同时通过市场需求反向推动徐闻菠萝产业升级发展，引导菠萝种植户积极转化思想，改变原来的营销模式，生产出品质好、竞争力高的优质菠萝，把徐闻菠萝产业做大做强。

第六节　品牌活动推广精彩缤纷

一、国际茶日主场活动

面向全球，潮州以凤凰单丛茶品牌和工夫茶文化为名片，向全世界展现中国茶的魅力、展现中国茶乡的美丽和活力。2022年5月21日上午，2022年"国际茶日"中国主场活动在中国茶乡——潮州市开幕。

此次活动由中华人民共和国农业农村部作为支持单位，广东省人民政府、联合国粮食及农业组织主办，潮州市人民政府、省农业农村厅、农业农村部农业贸易促进中心承办，潮州市农业农村局、广东省农业对外经济与农民合作促进中心实施，深圳市华巨臣国际会展集团有限公司执行。

近年来，我国茶叶产业发展欣欣向荣。在以中国为主的产茶国推动下，"国际茶日"

这一农业领域国际性节日于 2019 年成功设立。2020 年以来，农业农村部连续在每年 5 月 21 日举办"国际茶日"活动，秉承"茶和世界·共品共享"的理念，致力弘扬中国茶文化，深化国内外茶文化交融互鉴，有力推动了国内茶产业和茶文化的发展。

自古至今，广东省茶叶生产、茶叶贸易和茶文化交流等方面在国内外都起到举足轻重的作用。广东省既是国内茶叶重要产区，也是国内最大的茶叶消费地区和贸易区，广东茶文化在中国四大茶文化系列中占有一席之地。

潮州市是广东省典型代表茶区，是我国乌龙茶四大产区之一，是中国功夫茶的重要传承地和工夫茶文化的发祥地，也是国内最具特色的小众茶——单丛茶的原产地。2014 年潮安凤凰单丛茶文化系统入选第二批中国重要农业文化遗产，是广东省首个入选的农业文化遗产。同时，潮州市还是国内外为数不多的集茶品、茶具、茶器、茶食品生产、茶文化、茶旅等交融为一体的地方。近年来，潮州市致力于弘扬茶文化、做强茶产业、提升茶品质、创新茶科技、打响茶品牌，潮州工夫茶这一"中华文化瑰宝"正加快走向世界、享誉全球。

2022 年"国际茶日"中国主场活动开幕式现场举办了"全球云上茶会"，联动国际茶叶组织、商协会代表以及国内 56 个民族以录制视频的形式在"云"上"相聚"，共享茶香。围绕潮州工夫茶"天地人"的核心主题，活动主办方在东门街摆起"潮·工夫茶宴"，市民坐着竹编椅，在袅袅潮音中悠然喝着工夫茶，呈现出一场全民饮工夫茶的文化盛宴，体现了"潮州工夫千万家"的特色。凤凰单丛茶太空茶种交接仪式也同步举行。

现场 18 项丰富多彩活动充分展示了潮州茶文化、茶产业、茶科技的丰富内涵，推动潮州工夫茶和凤凰单丛茶产业发展迈上新台阶。从千架无人机点亮凤城夜空、演绎潮州工夫茶的美好时刻，到大摆一百多茶席的"潮·工夫茶宴"惊艳亮相；从潮州工夫茶大会、招商引资推介，到经历过"太空漫步"的凤凰单丛茶种和围炉观茶系列活动以及各种专业大赛，一系列活动让潮州频频刷屏，在社会各界知茶、品茶、叙茶、观茶、论茶、爱茶、敬茶人士充分交流和探讨中，潮州工夫茶得到了更多人的认可和喜爱，受到专家学者和专业人士的支持和肯定。参会专家学者、茶界嘉宾围绕潮州文化脉络，为凤凰单丛茶、潮州工夫茶未来发展共商大计、出谋献策。中国工程院院士陈宗懋、刘仲华两位茶界顶尖专家受聘为潮州单丛茶产业发展研究院名誉院长。

广东省农业农村厅也组织"百县共庆"活动，"云山珠水 粤茶飘香"为主题，借机大力推动广东茶产业"12221"市场营销体系建设，将"国际茶日"打造成为茶品牌的盛会。并在会场开展"粤茶展厅""粤茶擂台赛"系列专题活动，以凤凰单丛茶为重点，推广广东红茶、绿茶、白茶、黄茶、炒茶等主要茶品牌，全方位分享广东茶和潮州凤凰单丛茶特色化、优质化、生态化、品牌化、产业化建设成果。通过 1 个网络投票、1 个省内百县共庆、5 项系列活动，烘托"1+1+5"省内共庆大氛围，以南方+APP 客户端为媒体矩阵中心，利用人民网、新华网、南方网、广东广播电视台、南方农村报等传统主流平台及一亩田、微博、抖音等新媒体平台，实现全网阅读超过 1 亿次以上，网络投票参与人数超过 100 万人，参与专业采购商超过 2.5 万人次。

为进一步丰富拓展 2022 年"国际茶日"中国主场活动的内容，全面提升潮州工夫茶影响力，潮州还在活动期间举办 2022 潮州工夫茶大会，通过"政府搭台、市场运作、企业唱戏"模式，以"节＋会＋展＋赛"的形式，围绕潮州茶、器具、美食、旅游等优势产业开展推广，大会共吸引了 215 家企业参展，邀约专业采购商 612 家。实现茶叶现场交易量 4.37 吨，交易额 843 万元，签订订单 363 笔，意向交易量 190 吨，意向交易额 5.87 亿元。通过"围炉观茶·云享潮州"数字直播间，直播带货线上实时成交及关联性订单总额超 100 万元，累计线上参与人次超 55 万，"带货"效果显著。

《潮州工夫茶》专题宣传片在中央电视台黄金时段播出，中央电视台、广东电视台等主流媒体和广州塔、珠海大剧场等地标建筑轮番宣传造势。央媒、省媒等众多媒体全媒发力，多角度宣传报道活动盛况。活动期间，新华社、人民日报等国内外近 40 余家媒体、40 多名记者采访报道，在央视新闻联播等主流媒体先后播放新闻 500 条次，推出各类新媒体产品约 1500 条次，推文、视频、直播等累计阅读量超千万人次，广东潮州形象宣传掀起热潮。5 月 21 日，人民日报客户端、新华社客户端等重量级媒体集中对活动进行图文报道。各大活动线上同步直播、全球共享，直播总曝光量超 400 万次，极大提升了潮州的城市知名度、美誉度和广东茶叶产业的知晓率、影响力。

二、"大使品茶"之粤品粤香广东专场活动

由农业农村部农业贸易促进中心（中国国际贸易促进委员会农业行业分会）联合广东省农业农村厅、广东省农业科学院共同举办"国际茶日·大使品茶"之粤品粤香广东专场活动在北京举办了两年。

广东省农业农村部门组织了拍摄团队、宣传团队，带领摄影团队到茶叶基地进行现场拍摄，组织了三大茶种活动：凤凰单丛，英德红茶，揭西云雾炒茶提供于北京现场品鉴，为驻华大使们展示了潮州传统二十一式工夫茶艺，融合了茶文化精神、礼仪、沏泡技艺、巡茶艺术、评品质量的完整茶道演示，既彰显了中国茶艺文化，又体现了广东地区特有的民俗风尚，赢得了大使、嘉宾们的阵阵掌声。同时组织配套的凤梨酥、潮州单丛茶糕、抹茶潮州豆方等一道道精致的茶点，更是引起了在场嘉宾对广式饮茶习俗的极大兴趣。

活动获得得了农业中国国际贸易促进委员会，各国驻华使节，非洲联盟、世界粮食计划署、联合国粮食及农业组织等国际组织驻华代表，农业农村部相关部门、国内知名茶产业专家等好评如潮。

第八章 农产品品牌培育

第一节 确保农产品的品牌诚信度

一、文化工业背景概况：品牌与企业声誉

（一）品牌与文化的关系

品牌是如何为企业带来附加价值的？它吸引消费者的非物质因素是什么？这些是如何形成的？对于这些问题，我们需要从企业价值角度对品牌进行重新界定。品牌是企业物质文明和精神文明的高度统一。企业的物质文明是指产品对消费者效用的最大化满足，是企业立足于为消费者提供物美价廉、品质卓越的产品，一切为了顾客，它是企业市场营销的出发点。企业的精神文明是指企业在满足消费者消费需求的同时，实现顾客让渡价值最大化，满足消费者心理和情感的需要，实现社会效益最大化（如环保、绿色营销、树立社会道德等），体现企业作为文化与品牌战略社会公民的道德义务。

品牌文化不仅包括产品、广告等因素，还包括消费者、企业、竞争者和社会公众等诸因素，是多种文化的集合体，也是社会文化经济体系的重要组成部分。只有对品牌所蕴含的文化价值进行深入理解，从而在根本上领会品牌存在的价值（意义），将品牌融入消费者心智模式，建立真正具有营销力的品牌。

品牌的核心是文化，具体而言是其蕴涵的深刻价值内涵和情感内涵，也就是品牌所凝练的价值观念、生活态度、审美情感、个性修养、时尚品位和情感诉求等精神象征。在消费者心目中，他们所钟情的品牌作为一种商品的标志，除了代表商品的质量、性能及独特的市场定位以外，更代表他们自己的价值观、个性、品位、格调、生活方式和消费模式。他们对品牌的选择和忠诚不是建立在直接的产品利益上，而是建立在品牌深刻的文化内涵上，维系他们与品牌长期联系的是独特的品牌形象和情感因素。

品牌文化是品牌的价值核心，它决定品牌存在的方式、演变的路径，是品牌的精神理念，也是企业与消费者共同构建的价值观。品牌战略要以品牌精神为核心，以品牌资产价值为目标，建立个性鲜明、形象亲和的品牌。

(二)企业声誉

企业声誉是人们看待某一公司是好还是坏的一种实质性的总体评价。这一定义表明：①、"企业声誉"是人们的一直普遍看法，它取决于人们的总体看法，也就是说，它在很大程度上取决于利益相关者。②、"企业声誉"是一种价值判断和道德判断，它与企业的管理伦理密切相关。

(三)企业声誉资本与企业成功

企业声誉资本是决定企业成功与否的重要因素之一。虽然人们普遍承认企业声誉资本的重要性，但是对于企业声誉资本的价值、内含以及企业声誉资本的形成机制的认识还是十分模糊的。所谓"声誉资本"，是企业由于其行为方式取得了社会的高度认同，从而在社会网络中取得较大的支持和较好的社会地位，并能以此获得所需的资源和机会或者抵御各种未来不确定因素的能力。

企业声誉资本的提高有利于企业获得关键利益相关者的支持，从而保障企业网络的良好运行状态。良好的声誉可以吸引优秀的员工，增强员工的自豪感、归属感和责任感；良好的声誉可以获得客户的青睐，提高顾客的喜爱度；良好的声誉有助于获得较好的供应商和金融机构的信贷条件，这些关键利益相关者的合作可以进一步提高关系资源的互补性，扩大企业网络效应；企业良好声誉形成的网络资源吸引力可以增强利益相关者对关系中的专业性资产投资的水平并加强持久性，这个投资行为通过网络效应在企业网络的不同层次扩散开来，进一步提高企业在社会网络中的声誉和地位。

对于企业声誉，已经很少有人质疑它的重要性了，但仍然难以对其界定、评估和量化。声誉到底是由什么构成？它又由谁来控制？该如何对它进行评测？

企业声誉评测的方法有很多种，包括从直接方式—企业是否让人"感到"信赖，到对利益相关集团的调查，并对声誉的各个方面进行一整套复杂的测评，如企业的财务状况、目标、市场领导以及企业的社会责任感等方面。

大部分学者一致认为对企业声誉的评测不应只是一种"好"或"坏"的综合判断，因为这样的测评设计不能有效指导企业的声誉管理实践，而且在多数情况下，声誉并不是一维的（针对企业声誉的驱动因素而言），它们可能太复杂而不能仅用"好"或"坏"来简单概括，不少学者热衷于构建能普遍适用于各种企业的多维企业声誉测评工具。

（1）基于驱动因素。企业声誉的驱动因素可分为产品质量、创造性、产地、产品包装、顾客关系、销售地、长期投资价值、吸引和留住人才、财务合理性等。

（2）基于认知主体。企业声誉认知主题大致有四种情况：①所有利益相关者群体；②多个利益相关者群体；③单个利益相关者群体；④机构认知主体。

（3）基于行业。测评在选择行业时有三种情况，即：①所有行业；②多种行业；③单个行业。

二、农产品品牌诚信度的重要性

诚信就是诚实守信。农产品品牌诚信度是品牌的生命所在，是品牌的根，农产品品牌只有确保真实的诚信度，品牌的生命才能长久。品牌诚信度的三个主要因素包括"可信赖""尊重消费者"和"真实真诚"。中国消费者会认可和欣赏品牌在建立稳定客户关系和更好用户体验方面做出的努力。中国消费者愿意正面回馈那些可信赖、尊重消费者并且真实真诚的品牌——这三点正是品牌诚信度的主要驱动因素。在过去一年，在这些方面表现最成功的正是中国本土品牌。这一点充分证明了坚守品牌诚信度的重要意义，这是农产品品牌培育的首要举措和必要条件。无数事实证明，很多品牌农产品正是因为坚守了其品牌的诚信度，企业的销售渠道才得以畅通。

比如说我国知名品牌农产品"褚橙"并不是一产出来就天然品质优秀，褚时健说，他们最早产出来的橙子既不酸也不甜、淡淡无味。褚老说这样的橙子宁可烂掉，也决不能让其流向市场，卖给消费者。因此他的400吨橙子就这样烂在了仓库里，直到通过调节土壤的肥料配方比例，把橙子的甜酸度调到18∶1这个最适合国人口感的比例，才把它推向市场。近年来，褚橙又把部分橙子的甜酸度调到24∶1的黄金比，满足小众高端市场的需求。另外褚老还用管理工业的办法管理农业，他规定，凡是给他种植橙子的果农，每棵树上留花不准超过260朵，这就意味着每棵树上结的果子不会超过260个。褚老说橙子吸收天地之精华，每棵树能吸收的营养是有限的，树上留的果子越多，每个果子吸收的养分就会越少、品质就越差，反之，橙子的口感就会越佳。褚老在88岁那年在马云的天猫上开了自己的褚橙旗舰店，上网6小时，就预销售褚橙26万斤，最贵的16元/斤，最便宜的12元/斤。有人说褚橙的成功靠的是褚时健的个人名望，但事实证明，褚橙的成功靠的不是个人名气，不是电商，也不是哀牢山独特的气候环境条件，而靠的是褚时健执着创新的奋斗精神、诚信担当的优秀品行、干事敬业的专业素养。最终还是褚老先生对消费者高度的责任感和诚信度，成就了"励志橙"的知名品牌。

农业企业要做到诚信的基本前提就是要守法。守法首先必须要懂法，尤其对涉农方面的法律法规，比如对《中华人民共和国农业法》《中华人民共和国农产品质量安全法》《种子法》《农药管理条例》《农业转基因生物安全管理条例》等法规条例更应该有个全面的了解，要明确自己的权利、责任和义务。在此基础上，品牌农产品经营者要树立两种意识：法律风险意识，证据收集意识。一方面要时刻警示自己，要有敬畏之心，任何时候都不能触碰法律的红线，否则就要付出代价；另外，品牌农产品生产者在生产过程中一定要保留完整的生产记录，要尽力做到农产品质量安全的可追溯。

很多事实都告诉我们，做农产品品牌一定要确保品牌的诚信度。任何没有诚信的农业企业，都不要妄谈品牌。

第二节　突出农产品的品牌辨识度

　　但凡成功的品牌，都具有鲜明的品牌辨识度。而最能体现品牌辨识度的因素就是品牌的差异性。有人说没有差异性就没有品牌。那么品牌的差异性通常又体现在哪些方面呢？资源环境条件造就差异性、品种创新体现差异性、技术创新打造差异性。一句与众不同的广告语、一个视觉冲击力较强的品牌图腾、一个独树一帜的包装设计等等这些农产品的差异性都足以大幅度提高品牌的辨识度，让消费者在繁杂的市场品类当中一眼就看见你，一下就爱上你，一次就记住你，并且再也忘不了你。

一、品种创新

　　有果神之称金黄色的的高桩苹果威海金、紫红色的号称苹果中的贵族的美国蛇果、蓬莱毛妹田园的蓝宝石葡萄、威海南海新区万和七彩农业科技有限公司的黑珍珠草莓等等农产品新品种，由于和普通产品突出的品种差异性，大幅度提高了品牌的市场辨识度，品牌价值也随之大幅提升。

二、技术创新

　　在福建省的一个山村，有一片400亩的稻田，远远望去，与众不同。稻田里插着像蘑菇一样的东西，那是什么呢？音乐播放器。村民说他们村的稻子是听音乐长大的，因此号称音乐水稻，在网上卖得很火。村民还说他们村的稻子听了音乐以后还能增产。你信吗？你可能不信，我也不信，专家也不信，就来作对比实验，一样的地、一样的品种、一样的种植技术，不同的是这片稻子能听到音乐，那片稻子听不到，最后测产，结果听了音乐的稻子的确能增产。听了音乐的稻子为什么会增产呢？后来科学家继续做试验，发现植物听了音乐后，受声波震动和刺激，叶片的毛孔张大了、光合效率提高了。所以说稻子听了音乐能增产是有一定的理论依据的，因此这村里的人就理直气壮地把他们村的水稻打造成品牌水稻——音乐水稻，在网上卖得很火，价格也是普通水稻的两到三倍。

三、资源环境条件差异性

　　如果是合作社、家庭农场或农业园区，在土、肥、水、气候等自然资源环境条件或者自己饲养家禽、牲畜的饲料有和别人明显不一样的地方，可以抓住这一与众不同的特殊的点，并且把它放大，那么这个的品牌产品就会在市场上格外耀眼，能大幅提高品牌产品的市场辨识度，甚至会在同类产品市场竞争中异军突起。

　　比如开篇案例讲的威海青旺农业科技示范园喝矿泉水长大的苹果，在生产和消费理念已经从安全农业转向功能农业的当代，营养比普通苹果更丰富的矿泉苹果，倍受广大消费者的推崇；比如威海宇滋家庭农场用黄粉虫和纯粮饲养的猪，瘦肉不柴、肥肉不腻、口感香嫩、营养丰富，塑造了威海首席猪肉品牌，被命名为传承与科技健康营养养殖农场，如今已成为国家体育队及威海超级铁人三项系列赛运动员指定肉品供应商；"我们只是大自然的搬运工"，农夫山泉围绕"健康天然水"战略，进行天然水水源地战略布局，到目前为止，已在全国布局八大水源地，主要包括吉林长白山、浙江千岛湖、四川峨眉山、湖北丹江口、陕西太白山、广东万绿湖、新疆玛纳斯和贵州武陵山。

覆盖全国的优质水源地，是其天然水战略的强力支撑。在中国无人能撼动农夫山泉"天然水"的老大地位；再比如从中国奶业来看，伊利、蒙牛靠内蒙古"草原牛奶"价值起家，几乎各占中国奶业的半壁江山，从区域来看，三元、君乐宝、光明强手林立。而内蒙古兰格格乳业却能找准定位，打造差异化的专业"草原酸奶"乳业，当仁不让地抢占草原公共认知及强大的产业背景，高举内蒙古草原酸奶大旗，召开"中国草原酸奶大会"，申报乌兰察布为"中国草原酸奶之都"，建立内蒙古自治区"草原酸奶工程技术中心"，创建"草原酸奶博物馆"，实现了草原酸奶老大的战略目标；再比如干果行业，在市场供大于求、产品严重同质化的今天，西域果园却能让大美新疆海拔高、环境无污染、昼夜温差大、阳光最充足、果实最甘甜的天然果园为自己品牌产品做差异化资源背书，一举成为干果界的品牌代表。

乾安县位于北纬 45 度，是世界公认的优质农产品黄金产业带，水土呈弱碱性，处于世界仅存的三大黑土地之一东北黑土区中。"乾安小黄米"系吉林省乾安县特产杂粮，是中国国家地理标志保护品种，由于生长在乾安县天然的弱碱性土壤中，长出来的黄小米天然呈现弱碱性，且富含钙、镁、铁、锌等微量元素，可满足人体对微量元素的需求。这些都是天然环境资源造成的产品差异性，必须学会充分利用。

四、营销方法或服务上的差异性

被评为"山东省精品采摘园"的蓬莱市双丰园果蔬采摘园，就因为采用了和别人不一样的农产品营销方法，所以闻名遐迩。双丰园果蔬采摘园坐落于拥有"八仙过海"传说、素以"人间仙境"著称于世的蓬莱，园区南倚青山、北望渤海、土壤肥沃、风光旖旎、仙气十足，有如世外桃源。因地处北纬 37.5 度，是全球七大黄金葡萄海岸之一，有"双丰葡萄，八仙说好"的美誉。园区采用立体栽培，葡萄、苹果、桃子等果蔬错落有致，全程用有机肥种植，绿色认证。园区 80% 的产品是通过体验式营销即消费者直接进园采摘的方式销掉的。在这里，游客不但可以亲自动手采摘果实，体验丰收的喜悦，而且四季风光大饱眼福，山珍海味大饱口福，清新空气大饱肺腑。如果你愿意干农活，可以尽情体验男耕女织时代的田园生活，如果你不愿意，也可以游手好闲，飘飘欲仙。去过的人肯定还会再去双丰园。

同时，差异化的细致服务，也会为品牌培育锦上添花。例如：有位种西瓜的农场主，一开始每天拉一车西瓜到某大学门口叫卖。大学里有几万学生，可是每天却只能卖出几个西瓜。销售不利的原因可能有两个方面，一个是因为西瓜太大，学生买一个根本吃不了，二是学生外出基本没带刀具，即使想多人同食，也无法分割西瓜。所以农场主改变了营销策略，周到了营销服务，把所有的西瓜都一分两半，用食品袋套上，然后每个袋内都装上两把价值1元的小勺，结果第一天试销就被一抢而空，大获全胜。由此可见，差异决定品牌、细节决定成败。

除此之外，一句与众不同的广告语让差异化更直观——"不是所有的牛奶都叫特仑苏"、"好一朵横县茉莉花"、"鲁花，5S压榨花生油"、"人头马一开，好事自然来"、"臭名远扬，香飘万里"（臭豆腐）、"我卖的，我也吃"、"绿色好生态，创享新食代"；一个视觉冲击力较强的品牌图腾让差异化更具形象——萌萌的"三只鼠"、仲景香菇酱甜甜的"采蘑菇的小姑娘"、西域果园憨态可掬的"果叔"形象、横县茉莉花仙气十足的"飞天"女神；一个独树一帜的包装设计让差异代更美观。以下整个产品包装创意以山川森林为主，体现出产品的产地及自然环境风貌，强化消费者的识别记忆，同时产品整个包装看上去很让人愉悦振奋，而且产品包装设计采用横条的识别符号来有别于同行业产品，在产品终端上会很有识别度、视觉冲击力很强。这一切都能够为农产品品牌培育点亮一盏灯，从而使农业企业的农产品品牌辨识度大增。

当然也有从外包装物上采用独特的材质或形状进行创新设计的，例如盛大米的袋子，装山鸡蛋的篮子等，既环保又实用，还有一定的趣味性。

农产品/土特产品类市场从近几年发展趋势上看，品牌包装作为产品着力体现的重要一部分，视觉设计趋势更加年轻化，画面创意更强，未来一定会涌现出更多更好的差异化较强的优秀农产品品牌包装设计。

总之，作为一位品牌农产品的生产经营者，一定要学会多方面、多层次突出农产品的差异化，提升农产品品牌的市场辨识度。这一点在品牌培育过程中显得尤为重要。

第三节　增强农产品的品牌认知度

品牌认知度代表消费者对品牌的了解程度，关系到消费者体验的好坏，是消费者在长期接受品牌传播并使用该品牌的产品和服务后，逐渐形成的对品牌的认识。品牌认知度是品牌资产的重要组成部分，它是衡量消费者对品牌内涵及价值的认识和理解度的标准。品牌认知度也是企业竞争力的一种体现，有时会成为一种核心竞争力，特别是在农产品品牌大众消费品市场，各家竞争对手提供的产品和服务品质差别不大，这时消费者会倾向于根据品牌的熟悉程度来决定购买行为。

在行业内被广泛认同的是品牌建设的四段里程：品牌知名—品牌认知—品牌联想—品牌忠诚。这个理论，为品牌建设提供了可复制的模式，即一个成功的品牌，首先应该具备比较高的知名度，然后是受众对该品牌的内涵、个性等等有较充分的了解，并且这种了解带来的情感共鸣是积极的、正面的，最后，在使用了产品、认可了产品价值后，还会重复购买，成为忠实的消费者。所以在这些环节中，品牌认知度是排在前列的，所以想方设法提高品牌的认知度，是品牌培育的关键一环。

提高品牌认知度都有哪些方法和手段呢？首先是通过打造产品的差异性增强品牌农产品的辨识度。其次就是强化宣传。以下重点讲述几种有效的宣传手段。

一、提升企业知名度的方法

（一）准确的市场细分，特色鲜明的产品

在产品同质化的今天，强化市场细分尤为必要。通过细分市场，能够发现进而填补市场空白，做到人无我有；通过细分市场，发现已有产品的缺陷和不足，按照顾客的消费需求加以改进、提高，做到人有我精；通过细分市场，生产有鲜明特色的产品，树立不同于竞争对手的品牌形象，创造出有特色、有个性、受广大顾客青睐的产品，提高产品知名度，在激烈的市场竞争中立于不败之地。在国外，这一理念早已得到淋漓尽致的应用。细分市场、选择目标市场、产品和品牌定位是营销战略的三部曲和制胜法宝。

没有市场细分，就没有明确的目标市场，就无法准确地为产品和品牌定位。我们的国产品牌在国内外的竞争实践也充分证明，只有深谙市场细分之道并针对目标打造品牌，塑造特色化、个性化品牌形象的企业，才能在与国际品牌的角逐中占有一席之地。

（二）品牌定位要突出品牌的核心价值

品牌定位就是锁定目标消费者，并在消费者心目中确立一个与众不同的差异竞争优势和位置的过程，它能突破消费者心目中的种种屏障，实现有效的市场区隔，使品牌在激烈的竞争中脱颖而出。品牌的核心价值是品牌的精神内涵，代表着品牌对消费者的意义和价值，牵引着消费者选择某一品牌的原动力和驱动力。品牌的定位不是宣传产品，而是要挖掘具体产品的理念，突出其核心价值，使消费者明白购买此产品的利益。只有这样才能让消费者明确、清晰地识别并记住品牌的个性和价值，才能使产品和品牌在消费者心目中占有无法替代的特定位置，从而提高品牌知名度。

二、提升品牌知名度的具体实践

（一）媒体广告宣传提升产品的知名度

各种形式的广告在推广产品、提升农产品的知名度、打造农产品品牌等等方面都有着不可或缺的作用。传统的广告媒体平台还是首选电视，收视率较高、宣传面较广，但费用也很高，大企业可以凭借雄厚的财力物力通过、广告轰炸、大规模的公益和赞助等活动循序渐进地进行品牌塑造，通过建立品牌优势来刺激和吸引消费者的购买冲动。而作为发展

中的中小企业又如何进行品牌塑造从而提高品牌的认知度呢？许多中小企业在这个问题上还存在很多矛盾和疑虑，一方面农产品品牌知名度不高是销售不畅的主要原因，农业企业也想进行品牌塑造；另一方面是农业中小企业的资金和实力有限，担心投了广告却得不到收益那企业就更是进退两难了。品牌塑造的目的是更好地实现销售，达成企业的经营目标，不是为了塑造而塑造、为了认知而认知。其实，对像家庭农场这样的农业企业来说，市场推广销售的过程本身就是品牌塑造的过程，只不过许多中小企业缺乏有效的认知和规划。广告可以进一步地提升品牌的知名度和美誉度，中小企业也知道在如今市场上投放广告的重要性，但投放广告也是中小企业最犯愁的事情，因为资金有限，没有大企业那种向电视台"一掷千金"的魄力。这里要提醒农业中小企业的是到达彼岸的路有千万条，消费者接触的广告宣传媒体也有千百种，中小企业也不需要一味地去考虑电视广告等大媒体，低成本的、有效的宣传媒体其实也很多，比如终端 POP 广告、网络广告、公交车体广告、横幅广告、墙体广告、经销商门头广告、直邮广告、报纸挂牌广告、短信广告等，甚至可以沾点电视广告的边，在一些地方电视媒体发布节目挂角广告和游动字幕广告，也可以通过抖音、快手、火山、西瓜等等这些自媒体直播来做品牌农产品的广告宣传。这些低成本的广告媒体只要整合运用好了，一样发挥非常大的威力。总之，无论是叫卖式的产品销售广告，还是品牌形象广告，都能提高产品品牌知名度，具体的广告策略那就要根据企业现状、竞争状况和消费需求动态来制订了。

另外，资金不足的中小企业也可以借势电视媒体进行广告宣传，比如可以通过电视台对家庭示范农场进行报道、对农业创业典型进行宣传、对精品采摘园进行跟踪采访等等宣传方式来提升中小农业企业农产品品牌的社会认知度，这样免费的宣传效果不亚于在电视上花钱打广告。

再者，这样的品牌广告宣传不仅仅只限于国内，也要学会创新宣传思路，走出国门，进行国外宣传。格林弘卓农牧生态园的李总，就站得高、看得远，他硬是把一个仅有200亩的富硒蓝莓园做到了世界极致。一个家庭农场生产的富硒蓝莓竟然代表中国品牌走进联合国，并且受到了嘉奖。格林弘卓农牧生态园还作为中国首个家庭农场走进美国的时代广场，在那个著名的巨型纳斯达克电子屏幕上打了自家的产品广告。美国时代广场，号称世界的十字路口，那块巨型电子屏幕都是像阿里、腾讯等等这种大型上市公司打广告的地方，这足以证明格林弘卓农场主的创业气魄和高瞻远瞩。格林弘卓的品牌农产品也因此两次走进中央电视台，知名度迅速上升，消费者的认知度迅速攀升，所以农场生产的富硒蓝莓及其系列加工产品如富硒蓝莓酒、蓝莓果醋、蓝莓酵素等能畅销国内的北上广等一线大城市，并且出口世界很多国家。

当然消费者对中小企业品牌的认知，大多是开始于终端，所以，中小企业为了提升品牌知名度和展现良好的品牌形象，必须在终端表现力上多下功夫。终端表现力包括终端能见度、终端陈列规范、终端人员的素质等，终端表现力的好坏，对品牌塑造将会产生直接的影响。许多新兴品牌，虽然在报纸、电视等没见到广告，却依然在市场上畅销，就是很好地利用了终端表现力来打造品牌知名度从而带动销售的。如何通过终端表现来进行品牌塑造呢？重点要保持良好的产品品牌终端能见度，让消费者在不同的终端售点都能够看到自己的品牌，比如不同的卖场、超市、社区便利店、批发市场等，在不同的消费环境下接触到的该品牌次数多了，消费者就会潜移默化地记住这个品牌，同时逐渐对品牌产生好奇和兴趣，进而产生购买心理。良好的品牌终端能见度是农业企业提高品牌知名度最有效的一种方式，为了实现最大化的品牌终端能见度，就需要企业在一定的市场范围内尽可能多的实现产品铺货。当然，铺货也不是盲目的，必须有计划有步骤地进行，铺货的区域和终端数量以及在什么样的终端铺货，需要根据企业的营销策略来制订。

（二）公益慈善捐赠活动提升品牌产品的认知度

公益慈善捐赠活动是农业企业用来扩大影响、提高企业知名度的重要手段。农业企业积极组织和参与各种公益慈善活动，不仅能回馈社会、回报大众，还可以令公众和媒体对企业投来关注的目光，而在活动中邀请报纸、电视记者参与，更能起到新闻宣传的作用。公益慈善捐助活动的内容主要包括社区服务、公共福利、社会慈善捐助、紧急援助、捐款捐物等等。

作为中国乳业龙头的蒙牛，便发起过"每天一斤奶，强壮中国人"大型公益活动，收获了良好的社会反响和品牌资产。此外，蒙牛的"母亲水窖"活动、"蒙牛爱心井"民生工程，乃至"生态行动，助力中国"等大型绿色公益活动也都在社会上产生深远影响。担当也能提升品牌，品牌农产品的认知度也会随之提升。

五良丰家庭农场坐落在红将军苹果国家地理标志产品地乳山市崖子镇，农场生产的五良丰牌苹果曾在威海市苹果擂台赛上获得优秀奖。五良丰农场多次到当地中小学及威海市的一些养老机构捐赠五良丰苹果，电视台对此做过多次报道，一时间，五良丰家庭农场的好评度、知名度大幅提升。一些养老院的老人吃了五良丰的苹果，不仅记住了味道，而且产生了重复购买的欲望。一些养老院在老人的请求下，多次组织了老人进园采摘活动。五良丰农场还总结了一套科学的苹果园区采摘方法。所有进园人员不能全园随便采摘，但可以在全园范围内任意选择你喜欢的那棵果树，一旦选中，只对在这棵果树进行采摘，而且采摘方式是一次将这个树的果子全部采净，一位老人用不完，可以两位老人一棵树。价格按照混级苹果价格计价。这种采摘方式受到入园老人的普遍欢迎。如今五良丰农场的大部分苹果靠这种采摘方式占领市场。所以说做人要有爱心，帮助别人也是在帮助自己。

（三）试吃体验

试吃体验是全面提高品牌产品认知度的有效途径要提高品牌农产品的认知度，仅仅让消费者知道有你这款产品，或者说仅仅在消费者中有一定的知名度是完全不够的，更重要的是要让消费者通过产品体验，对你的品牌产品产生好感，对你产品的品质和口感等有一个全面的认知和了解。想要知道梨的滋味，就要亲口尝一尝。消费者要真正体验了解一个产品，特别是农产品，最好的方法就是试吃。

曾任联想集团董事长的柳传志一手打造的所谓"良心果",即"佳沃"奇异果所采用的营销方法就很值得借鉴。佳沃通过"带着水果去上学"的公益活动,向目标消费人群介绍水果营养的知识,引起了妈妈们对孩子营养方面的关注,并且认可了"佳沃"奇异果的营养价值,愿意为孩子的健康投资。以试吃活动为例,"佳沃"区别于其他企业常规地在传统节假日在超市摆摊、请顾客试吃的做法,反而利用写字楼里白领午休的空档,开着一辆涂满绿色油彩的宣传车,满载着一车的绿衣试吃人员,穿梭于林立的办公大楼间,以工作时间更需要补充维生素作为卖点,攻克了很多上班族的市场。从而也使"佳沃"奇异果的品牌在消费者中广为流传,品牌认知度因此得到迅猛提升。

"德青源"是中国第一鸡蛋品牌,上市初期就到社区做推广,小区居民只要填写一份问卷就可以免费获得两枚鸡蛋。很快,有不少吃了他们鸡蛋的小区居民反馈说他们的鸡蛋的确很好吃,蛋黄颜色也比一般的鸡蛋深黄,询问哪里有卖的。"德青源"得到信息后,快速行动,立即进驻300多个社区,免费派发近百万枚鸡蛋。与此同时,他们还让销售人员在社区举办各种讲座,宣传绿色生态概念。"德青源"的第一批铁杆顾客就是这样培养的。

第四节 提升农产品的品牌美誉度

品牌美誉度是品牌力的组成部分之一,它是市场中人们对某一品牌的好感和信任程度,它是农业企业形象塑造的重要组成部分。企业通过各种渠道和手段建立的企业及产品知名度,往往不是企业一厢情愿得到的品牌美誉度。品牌的认知度和美誉度二者都是衡量品牌价值的重要指标。但品牌知名度只是品牌美誉度的一个组成部分。品牌知名度是品牌美誉度的基础,而品牌美誉度才能真正反映品牌在消费者心目中的价值水平和良好形象。美誉度是以知名度为前提的,如果一个农产品品牌没有很好的知名度,根本就谈不上品牌的美誉度了。知名度可以通过宣传手段快速提升,而美誉度则需要通过长期的、细心的品牌经营,十年如一日地保持良好的品牌形象,才能建立起来。关于品牌的认知度、美誉度和产品三者之间的辩证关系可以这样来表述:如果品牌农产品的认知度也低,而且美誉度也低,说明该品牌处于市场导入期,该农产品(广义上说,服务也是产品)品质和品牌推广工作都还做得不够;如果品牌农产品的认知度低,而美誉度高,说明好产品"养在深闺人未识",需要强化品牌宣传力度;如果品牌农产品认知度高,美誉度低,往往容易给人一种产品品质欠佳甚至臭名远扬的感觉;品牌农产品的高认知度、高美誉度才是农产品品牌培育成熟的表现。

在品牌培育的过程中,在农产品品牌认知度已经较高的前提下,究竟应该如何打造农产品品牌的美誉度,让消费者从心灵深处认可并赞誉你的农产品品牌呢?可以从以下四个方面来考虑。

一、注重农产品品质，打造品牌美誉度

农产品的品质好坏关乎一个品牌的生命所在，品质优则品牌生，品质劣则品牌死。打造农产品品牌的美誉度，首先必须要让农产品的品质在消费者的心目中得到真正的认同，然后才能引起他们对你的企业品牌产品产生兴趣，进而形成购买的欲望，并且付之行动。

（一）农产品质量安全的重要性

农产品质量安全问题关系重大，既关系到农业生产、农民增收，也关系到城乡居民的生活与健康。所以，农产品及食品质量安全如今已成为社会公众普遍且高度关注的话题。各种媒体几乎每天都有关于食品及农产品供给中出现新的具有安全隐患问题的报道。农产品及食品质量安全已不是独立或偶然的质量问题，已成为一个高度的政治性问题，其重要性不亚于金融安全、粮食安全、能源安全、生态安全。逐步成为国家安全的组成部分，它关乎人民身体健康和生命安全，涉及我国食品及农产品的国际声誉，与产业发展以及社会经济发展安全密切关联。同时也影响到社会稳定乃至政府形象，不能不引起所有利益相关者的高度重视。民以食为天，食以安为先。农产品和食品质量安全是最根本的民生，不仅关系消费者，也关系生产者和管理者，它与每一个人的生命和经济利益都联系在一起；它不仅会影响我国人民群众的信心，也会影响国际社会对我国农产品和食品的信心。

质量标准是评价产品质量的技术依据，也是组织产品生产加工、质量检验、分等定价、选购验收、洽谈贸易的技术准则。质量标准体系包括一系列产品的质量标准和生产技术规程标准，质量标准化融技术、管理、经营于一体，农产品质量标准化是满足城乡居民生活质量不断提高、扩大出口全面提升、农业和农村经济运行质量与效益的关键所在，也是促进农业跨上新台阶，给农业注入持续发展的活力和动力，增强抵御市场风险能力的必然要求。正由于日本的标准化水平高，所生产的农产品市场竞争力极强，其价格一般是我国同类产品价格的10倍左右。按标准进行农业生产，是提高农产品质量的重要手段，也是提升农产品品质使之成长为名牌的技术基础。可见，实施农产品质量标准化具有必要性。

（二）农产品质量与农产品品牌的理论结合

品牌是自主创新和知识产权的结晶，是质量、信誉和服务的综合载体。消费者比较认同的是产品的质量和产品的性能，只有高质量，才能谈得上建设品牌，好的质量是品牌建设的前提与保障、是品牌建设的充分条件，产品品牌的知名度和美誉度是决定消费者接受程度、忠实度的关键所在，品牌又是维护好的质量的保证，要想得到消费者一直信任的品牌，必须一直保持着好的质量。同时，品牌是质量标准的积累和证明。在信息不对称的条件下，品牌是识别产品质量的重要标志，可以满足消费者追求高质量、高品质产品的特殊偏好，是厂商占领市场和保持市场份额的重要手段。从理论上讲，在当前农产品消费市场机制不完善的大环境下，品牌这一信号甄别机制，有利于消除供需双方的信息不对称，降

低食品质量安全事故的发生概率。即使发生质量安全事故,也会由于品牌责任主体明确和便于追溯而将消费者的福利损失降到最低。

(三)提升产品质量增加农产品美誉度的途径

第一,农产品要提升质量,首先必须在整个生产过程中精耕细作,发扬"工匠精神"。比如临沂沂南县的"桃本桃",就是工匠精神在农业生产中的典型体现。沂南县刘元强的桃子论个卖,一个15.80元,甚至有部分桃子一个卖到88元。就这样贵的桃子,消费者还得排着队等桃成熟。为什么?就因为刘元强卖的桃子,从种植到采收整个过程都饱含着一种工匠精神。为了保证运输到客户手中的桃子不受任何损伤,采摘的时候,合作社理事长刘元强要求工人们必须戴上手套,并且把网袋套在桃子上后再采摘,在整个采摘包装过程中不允许员工的手触碰到桃子的任何部位。而且每个包装盒里,都会放一张印有"桃本桃"的餐巾纸,方便客户使用。

同样具备着工匠精神的还有日本青森县田馆舍村的稻田画。田舍馆村是一个有着2000多年水稻种植历史的古村落,为振兴农业,他们请艺术家设计图案,全体村民共同协作,用不同品种和颜色的稻子在15 000平方米的土地上种出惊人的艺术作品稻田画。众所周知,日本的动漫享誉世界,田舍馆村把世界著名的漫画搬到了他们的田野里,在大地上搞画展,栩栩如生的稻田画,每年会吸引大批城里人前来参观。他们还开创了利用热气球从空中俯瞰的活动,那种令人震撼的美,绝无仅有,使得该村稻田的美誉度飙升,每年参观的客流量达30万人次,创造了很高的经济效益,也彰显了工匠精神的价值。

第二,申请地理标志也是提升农产品美誉度的重要途径。因为地理标志保护的农产品,是表示农产品本身特征和地域特征的一个天然品牌,具有比同类农产品更高的市场推广效应和市场价值。一旦农产品打上国家地理标志的标签,就代表着质量与安全,代表着品牌与信誉。该农产品的品牌美誉度就自然升高。消费者也会更愿意为这样的品牌农产品买单。

国家地理标志产品号称"小龙虾中的白富美"的盱眙龙虾,利用山水盱眙的中草药资源,研发出闻名全国的"十三香小龙虾"爆品菜品,然后通过授权加盟,开辟全国市场。目前在全国市场,盱眙龙虾的加盟店已有几千家。因其菜品在消费者中的美誉度非常高,所以加盟店不仅覆盖了全国市场,而且走出了国门,先后在澳大利亚、美国、马来西亚等20多个国家和地区授权建立盱眙龙虾加盟店。

国家地理标志产品号称"海洋牛奶"的乳山牡蛎,因为生长在那片独特的海域,成就了它个体大、肉质嫩、营养全、味道鲜的独特品质,产品美誉度因此爆棚,获得国家知名农产品品牌称号。产品溢价能力超强,由最开始的1元/斤,一跃翻升了20多倍,乳山已成为闻名世界的牡蛎之乡。

二、完善追溯体系,维护品牌美誉度

要培育农产品品牌的美誉度,只通过提升品牌品质来让消费者认识你的品牌、了解你的品牌甚至认同你的品牌，这一切都还是远远不够的。你必须采取有力措施完善农产品品牌质量安全追溯体系，要想办法让品牌产品的安全性让消费者看得见、摸得着，方能保证品牌的信誉和美誉度，保持品牌在消费者心目中的持久性。保证农产品质量安全最有效的举措就是进行标准化生产，以便通过"三品一标"认证。

"怀仁羔羊肉"获得中国地理标志证明商标。山西省怀仁县认为好的农产品的美誉度首先是"产"出来的。在引用推广国家、行业农业标准的同时，新制定山西农业地方标准30项，基本形成了以国家、行业标准为主体，以地方标准为配套，以市县规范和企业标准为补充的农业标准体系框架，实现了有标可依；持续强化"三品一标"认证和监管，通过品牌化带动标准化，通过标准化促进品牌化。据此，怀仁县已建设标准化肉羊养殖小区近千个，"三品一标"跟踪抽检合格率达到98%以上。怀仁县还认为，好的农产品的品牌美誉度更是"管"出来的。他们启动了农产品质量安全县创建活动。开展了农产品质量安全"六大"专项整治行动，重点抓好禁限用农药、生鲜乳、兽用抗菌药、生猪生羊屠宰、农资打假专项整治；出台了《农产品质量安全问题通报和约谈办法》，推进了全县农产品质量安全监管工作的有效开展；围绕"三品一标"认证产品，推出了农产品质量安全追溯平台，基本实现了通过网站和扫描"二维码"查询企业质量安全工作信息的目标。怀仁县向全社会消费者承诺：坚决落实"最严谨的标准、最严格的监管、最严厉的处罚、最严肃的问责"四个最严的要求，确保广大人民群众舌尖上的安全。怀仁羔羊肉维持其在消费者心目中的品牌地位经久不衰，这是其主要原因所在。

三、开展多种活动，提升品牌美誉度

当今社会，"酒香也怕巷子深"。随着社会的进步和市场经济的转型，一些经营理念也要与时俱进。国家、省、市经常会举办知名农产品品牌申报评选活动；各级各地会举办不同主题的农产品博览会；各级政府主导或者企业牵头举办的以农产品为主题的节庆活动，像"牡蛎节""樱桃节""草莓节""葡萄节""海棠节""桃花节""杏花节""樱花节"等等更是举不胜举。作为农业企业应该积极参与，有能力的农业企业甚至可以自己举办这样一些活动，它会让农业企业的农产品品牌美誉度快速传播。

有着天然优秀品质、肥美鲜嫩的乳山牡蛎，早些年却"养在深闺人未识"，自从举办了几次盛大的乳山（国际）牡蛎文化节以后，名扬天下、誉满全球。例如：在乳山市海阳所镇牡蛎欢乐城，第五届乳山（国际）牡蛎文化节盛大开幕。乳山牡蛎海鲜大锅擂台赛、牡蛎王争霸赛、牡蛎开壳挑战赛、牡蛎厨王争霸赛等各种大赛精彩纷呈，一次看遍"乳山牡蛎"带来的多重惊喜。乳山牡蛎海鲜大锅擂台赛11日一大早就开赛，蒸海鲜的3米大锅早已准备就绪，乳山牡蛎海鲜大锅擂台赛采用"抛绣球"的方式选取幸运观众，被绣球砸中的幸运儿拿着活动专用的铲子进入大锅区域，30秒内任意选取自己喜欢的海鲜带走。紧随其后的是"牡蛎王"争霸赛，20家企业代表纷纷带着自家的大牡蛎上台亮相。最终，新一届"牡蛎王"花落乳山市渔汇电子商务有限公司,重达 4.22 斤。届时,新科"牡蛎王"将被牡蛎文化园留作标本。来自乳山市丰泽源牡蛎养殖专业合作社的大牡蛎获得亚军,重达 3.84 斤;来自乳山海之韵蚝业养殖专业合作社的大牡蛎获得季军,重达 3.44 斤。牡蛎文化节期间,主办方还进行了"乳山牡蛎十佳诚信企业"评选,并在开幕式上颁奖。乳山牡蛎迄今为止已是连续第五年举办这样的活动,成效显著。目前,"乳山牡蛎"已在全国形成了品牌领先优势,也已成为中国牡蛎产业一张靓丽的名片。

四、结合文化创意,传播品牌美誉度

众所周知,农业技术人员的职称被叫作"农艺师",这一点充分证明了农业其实也是一门艺术。农业品牌的培育,如果能融进一些文化创意,能和艺术结合,那么这个农业企业的农产品品牌美誉度就会更上一层楼,深入人心。

(一)农产品品牌与文化耦合的方式

文化一经形成,也要通过传承才能发挥其价值。对文化资源的运用使文化又焕发了活力,价值得到进一步体现。农产品与文化的有效链接便成为承载文化的载体,产品附加值就自然产生。农产品品牌构建中文化可以发挥很大的作用与价值,但要建立在农产品品牌与文化耦合的基础上,否则难以产生理想的效果。品牌与文化耦合的方式很多,结合一些实践做以必要归纳。

1. 恰当引用

文化资源的广泛性,在品牌构建过程中需要在选择上下功夫,通过选择最合适的文化内容使之与品牌更紧密地结合,才能获得所期待的效果。

(1)直接利用

汉语的语言极其丰富,很多成语习语经久流传为人们所熟悉所喜爱,许多契合经营者的愿望、理念,也符合消费者的心理,可以从中选出一些直接用于品牌。比如五粮液集团曾推出"一帆风顺"酒。成语习语是属于整个社会,没有哪个机构或部门对其拥有产权,但经企业选择注册后就转变为私产属于专有。运用成语作为品牌容易被记住,也便于传播。

许多成语意义很好,为人们所熟悉,在阐述意义方面有很大优势,运用得当可以形成很好的广告语。可以寓幽默诙谐智慧理性于其中,能收到很好的传播效果。一些谚语、俗语、谜语也同样具有价值。比如民间关于花生的描述"麻屋子、红帐子,里面住个白胖子",能够增加产品的趣味性与真实可靠性。民间文化丰富多彩,经过适当选择可以提高利用的高效性。

(2)引经据典

前人也广利用诗歌等形式来盛赞某一地方或产品,在现今农产品营销中有许多应用价值。一些佳句比如植物方面:"日啖荔枝三百颗,不辞长作岭南人"、"青青园中葵,朝露待日晞";关于动物的诗句有"鹅鹅鹅,曲项向天歌"、"竹外桃花三两枝,春江水暖鸭先知"

等皆脍炙人口，既有美学与品味价值，又能增加人们的亲切感。

　　农产品中很大一部分属于食品，比如粮食、蔬菜瓜果、肉食、水产品等，中医认为食物与药品之间没有严格的界限，每一种食物都有其独特的药理属性，食物不仅有助于身体健康，还能用于治病，因而提出"食物即药"、"药食同补"，这是我国传统医学对人类做出的重大贡献。鉴于食品具有较多的功能价值，也为农产品的品牌化提供了又一视角，可将其扩大影响宣传，既造福于人类的发展健康，又可以提高自身竞争力功效。著名医书《本草纲目》对很多农产品都有药效的记载，是人类智慧与健康的宝库，流传多年其价值已得到广泛认可。在农产品的营销上，从中摘取有价值的资料，可更大程度赢得人们的信赖。比如《本草纲目》中提出大枣"主治心腹邪气，安中，养脾气，平胃气，通九窍，助十二经，补少气、少津液、身中不足，大惊四肢重，和百药。久服轻身延年。"因而大枣是非常好的食疗食物；荔枝则具有美容作用，"止渴，益人颜色，提神健脑"；牛奶能使人强身健体，具有多种功效，"补虚羸，止渴。养心肺，能解毒，润皮肤。冷补，下热气……补益劳损"。小麦能治疗心脏疾病，"养心气，心病宜食之"；玉米则对提高人体免疫力有功效，"气味甘，平，无毒，调中开胃"；而南瓜则有抗癌效果，"甘温，无毒，补中益气"；食物还能调节人的情绪，芹菜属"气味甘，寒，无毒。主治除心下烦热"；香蕉则能"清脾润肠，脾火盛者食之，反能止泻，止痢"。诸如此类，几乎每一种食物都有其特殊价值。

　　以上文化资源尽管种类众多，但从性质来说，既有理智性一面，也有情感性一面，因此作为广阔的文化资源具有典型的二元特征。诸如《本草纲目》这类属于理性的文化资源可称之为理性文化，诸如唐诗宋词之类具有情感属性的艺术类资源可称之为情感文化，二者共同构成我国的文化资源宝库；对此可以图6-2表示。如果两个层面共同使用，可使品牌产生更大的影响力。以前面提到的《本草纲目》中介绍荔枝的功效为例，可以美容；在我国第一部诗歌总集《诗经》中《国风》篇有名句"关关雎鸠，在河之洲；窈窕淑女，君子好逑"等名句。二者可共用在荔枝产品的包装或广告中，起到相辅相成的作用。

　　（3）利用故事

　　故事几乎是人人爱听的，故事也不能仅限定为文学作品。故事能生动形象地传播品牌识别及其历史渊源。中国古往今来各种传说、故事数不胜数，通过和产品的结合，增加情趣。比如神农教人稼穑、大禹治水、杨贵妃喜欢吃荔枝等各种历史题材故事；也有现代版故事，比如王震将军率领转业官兵开发新疆和黑龙江从事的就是农业生产活动，以及作为一个时代标志的知青在各地的生产生活故事，还有在改革开放中涌现出的一些动人事迹与传奇等，可谓形形色色。其中有些故事众所周知，有些则是少数人熟悉，总体来看故事越新奇越好。故事便于流传，由于人们总是处于一种交往中，茶余饭后娓娓道来，既交流信息也增长阅历知识，对于一些产品来说就无形中起到宣传的作用。如果有关企业或产品的故事，经过总结提炼加以传播，对扩大产品知名度及提升形象会有很大的帮助。碧螺春茶叶在走向市场之初就很好地利用故事来扩大知名度；海尔在塑造自身品牌形象的过程中也把故事利用得淋漓尽致，在一些书报刊或培训学习的场合，经常见到或听到有关其企业及产品的各种故事。

2. 适当转化

品牌构建是科学性很强的工作，同时也是一项艺术，因为目标对象是广大消费者，所以尽可能以科学的思想进行艺术的呈现，传播效果会更好。比如汉字经过适当的处理转化，可以既保留本质，让别人能认出，还可以变得更艺术更美妙。在对北京奥运标志进行评选时，一位国际评审专家在参加终审的标志当中，第一眼就发现了以印章形式出现的"京"字会徽，高度评价，后来这一会徽终被采用。汉字不仅经过这样的艺术处理可以展现其独特的魅力，而且根据字理字义的重组也可产生令人耳目一新乃至震撼的新意，比如金龙鱼大米的广告语是"金龙鱼，有稻理"，初看"稻理"两个字组合在一起是错别字，然而看完其广告就知道其是精挑细选的结果，大米的产地、质量都属上乘，因而这两字就是颇有内涵、匠心独运。相比之下，如果表述为"金龙鱼，有道理"似乎也讲得通，但内涵大为减少，也缺乏韵味，"道理"变为"稻理"经过双关语修辞方法运用，再经转化，效果明显大不一样。"好米源自北大荒"是北大荒米业推出的广告语，也很有气势，"北大荒"属于地名，是中国最北部黑龙江省境内的一片区域，新中国成立后王震将军率领十万转业官兵开发北大荒的故事已载入史册，因为自然条件适于稻米生长，所以近年来成为稻米的重要产地；同时"北大荒"又是公司名称与产品品牌，所以广告语运用了双关手法，使信息传递非常充分。

总体而言，运用某种方法适当转化是在品牌名称设计及广告语确定的过程中可以采用的较好方式。高超的品牌设计都饱含了强烈的艺术性。相比于西方，中国人偏向于形象思维，表现出对美的重视。中国文化注重艺术审美，一个品牌如能达到让人眼睛一亮，很大程度上就成功了。

3. 文化渲染

文化只有引发人们的感受才能产生必要的效果，为此通过某种表达以及一定的渲染有助于人们感受的出现，以发挥文化的力量。

（1）突出历史感

对历史悠久的产品，人们的信赖程度更高，在很多人的心目中历史意味着成熟意味着实力，因而意味着更具亲和力，所以在产品的历史上做文章便成为许多企业努力的目标，这是许多老字号产品受欢迎的重要原因。许多农产品的历史悠久，通过挖掘、呈现，能使人产生独特的好感，比如河南信阳毛尖，其种植历史可追溯到东周时期，在唐代就已成为宫廷贡品，而且信阳毛尖还曾获得巴拿马万国博览会金奖。对于一些农产品来说，在当地如果有很长的种植养殖历史及品种优势，就非常方便进行相关诉求，以更好刺激人们的购买欲望。

（2）重视现代性

随着改革开放步伐的加快，人们受教育水平的提高，以及资讯传播的广泛影响，现代人的形象愈加呈现出来。相比传统文化，在品牌设计过程中也应同样关注与重视现代文化。一些产品采用了独特的生产技术与生产方式，反映了现代人的创造性，属于现代文化的范畴，在品牌传播上要予以充分体现。因为过程发生在当下，所以真实性比较强，突出现代性易于吸引消费者及拉近与消费者间的距离。

重视现代性的另外常用方式，就是对一些流行语言的运用，以网络名词为例，很容易被人们传诵。网络的影响性越来越强，进入信息时代即使在很多农村地区也都可以上网，基于人们对网络的大量广泛使用，对一些新生与流行事物易于发现并受之影响。

（3）关注特殊内涵

经过历史熏染，在长期的发展过程中许多事物被赋予了独特的意义，有了约定俗成的含义，人们对此不容易加以改变，例如在我国凤凰代表吉祥如意，仙鹤预示长寿，茶叶能够带来轻松雅致等。各种观念认识起因有所不同，有的起因于传说，有的因为事物的独特属性，不一而足；人们在实践中遵循的观念与传统，反过来又会强化这种文化属性。比如由于民间认为桃苗可以避邪，在山东一些地方春节期间有使用桃苗的传统，每到春节期间类似桃苗、竹子等都有一定销量。我国是一个有着悠久历史以及文明积淀的国家，在发展中产生许多具有典型中国味道及中国色彩的事物，包括龙、灯笼、唐装、旗袍、筷子、中国结以及对联等等，在实践中都可以根据具体需求有选择地加以选用，以增强文化色彩，增加影响力与亲和力。

4. 文化创意

产品是静态也是无声的，但通过一定的努力可以达到让产品自己说话的境地。在自然产品的基础上追加劳动与创意，是使产品活化的表现。创意无穷无尽，把产品当作纯粹的产品予以销售往往难以获得人们的关注与青睐，相反通过有意识的活动能使产品得以美化。在农贸市场，经常见到会做生意的小贩在销售黄瓜、西瓜、苹果、桃子这类产品的时候，要特意在产品上面放上新鲜的叶子之类，用意很明显，就是要告诉顾客这些东西是刚采摘下来的，强调新鲜。由于创造了这样一种有内蕴的情境，所以顾客往往也就愿意甚至愿意花上高一点的价钱购买。农村广阔的田地也是大有文章可做，静谧、生机盎然的田野经过人类智慧的充分融入，完全可以显示另外的风貌。。在如今人们追求个性与特色的年代，只要认真研究市场需求、积极搞好创新，便能找到很多发展的道路。

综上所述，充分有效地利用文化资源及实施文化创意是农产品品牌塑造的重要策略手段。对产品固有的背景性或相关知识的挖掘利用是使其"不孤立"的重要手段，不仅容易扩开市场，消费者的感受也会有所不同，使之更好地达到"双重感受"的状态。

（二）文化耦合的原则

文化广博又有着巨大的差异，品牌与文化的耦合并不是任意而为，在构建品牌过程中把握一些相关原则，有助于把此项活动开展得更好。

1. 知识性

文化历经前人无数的积累，作为后人承继的更多。很多人把知识与文化等同起来，反映出对知识重要性的认识。知识不等同于文化却代表了文化的一部分，人们在各个领域要完成好自己的事情，都需要一定的知识，对陌生问题的认识与解决也都需要知识，所以对知识的渴求是普遍存在的，尤其一些挑战性强的工作对知识的需求更为明显。21世纪进入知识经济时代，社会发展迅速、知识更新快，没有人能够占有全部知识，人们对知识的需求更为重视与迫切。与农业社会和工业社会的发展与进步相比，在知识社会中知识的地位与所起的作用更大，将成为推动社会发展的主要动力源泉。

2. 情感性

情感是人人都具有的，从情感上打动别人则易于收到效果。利用文化来构建品牌意在触发他人的情感，发挥内在影响，一些品牌所倡导的福文化、家文化等，都是力图抓住人们的某种心理，以期引起共鸣。面对社会的发展，消费者需要表达的情感必定会越来越多，人类总体情感需求非常博大而旺盛，对此也给文化提供了广阔的实施平台。人们不仅需要一种严谨的生活方式，同样需要轻松、娱乐，即使工作也并不都呈现呆板的状态，企业管理中的人性化问题正在受到越来越多的人的关注，意在使人们在工作中感到有趣而不是压力。文化本身代表着人们的创造性，一些新奇有趣的事物能获得人们较多的注意与接纳。比如利用模具把桃子变成各种形状，会让人觉得有趣好接受。

注重文化，也离不开对国情的审视与评价。从构建农产品品牌的现实看，要关注农业农村的过去与现在，更要关注农民。农产品作为生产生活的源产品是社会中的每一个人都离不开的。怎样认识"三农"是在品牌建设过程中也不能割舍的话题，否则将缺少实质的联系。

3. 适合性

对文化的关注，与文化对人群共同特征的阐释有很大关联，为使产品更易被市场所接受，需要有针对性推出产品及塑造品牌，才能符合目标人群的要求，这一理念促进对文化的重视。文化资源浩如烟海，品牌构建过程中可供选择与利用的要素非常之多，为使其与品牌的结合更加有效，因此需要注重品牌与文化二者间的内在契合，选择更直接及相关性强的文化要素，过与不及都不能达到期望的效果。对此，加强对消费者的调研了解及产品特性的把握就变得格外重要。

由于文化的广博，各种文化都广为存在，既有主流的，也有非主流的；既有优雅的，也有粗俗的；既有高尚的，也有低下的。文化有如此大的差异性，所以应该注重选择对人有正面影响、有积极意义的。积极的、先进的、富于建设性的文化往往容易受到人们的关注与喜爱，企业在生产经营过程中对文化需要在性质上予以区分，这样不仅对社会有好处，对自身也是有利的。

4. 责任性

人类在创造并享受文化的同时，也面临着来自自然及自身的各种问题。现实世界充满着各种矛盾，往往对人类生存发展造成重大影响。由于人类活动的扩展造成物种消失以及气候变化、资源短缺、环境污染、生态恶化等各种问题，是人类在自身发展过程中面临的挑战与困惑。

企业作为社会的有机构成，要注意运用文化开展各种生产经营活动。文化的核心是价值观念，价值观对人的行为有着较为根本性的影响。在品牌塑造过程中，价值取向上要关注人类面临的矛盾和问题，关注社会的和谐与人类的未来，还要积极宣传倡导科学的文明观念以及新文化。对中国传统文化的利用与传播也尤为必要，比如中国儒家思想注重"天人合一"，这是一种世界观及思维方式，把人与自然看作是相互依存不可分割的整体，继承并强调这一思想有助于在现实背景下优化人与自然的关系，减少人类对环境的破坏。

5. 独特性

文化服务于产品增值及市场竞争的目的。如果产品本身没有特色不能体现出差异，就很难具有竞争力，在品牌和文化的结合上如仍流于一般性，产品和品牌就不会产生非常大的市场效应，市场吸引力及感染力就不会很强，因此对独特性的关注尤为需要。因为文化的作用，同一文化下的经营者也往往在价值观念、思维方式等方面有较大的相同点，包括确立品牌以及各种竞争手法上都可能趋同，其结果使市场效应打折扣，因此文化的独特性应视为品牌构建的重要一环。

综上所述，农产品品牌构建中的文化耦合原则主要可以概括为五个方面，即知识性、情感性、适合性、责任性与独特性，有各自的要求与体现。

在此基础上，文化耦合下的结果也产生了各具特色的品牌，根据对应关系将其富有价值的特征可分别称之为知识品牌、情感品牌、个性品牌、责任品牌与适合品牌。知识品牌就是品牌本身在消费者的心目中体现出较强的知识形象，在品牌构建过程中注重知识的运用与价值体现；情感品牌是以情感作为突出的品牌成分，常常能引发人们的情感共鸣，有的企业在广告及相关促销环节重视以情感来影响消费者，经过一段时间的坚持会给消费者留下很深的印象，具有情感的品牌形象相应就树立了起来；个性品牌表现出一定的独特性，常以新颖别致加以体现，随着社会的快速发展，个性化需求变得尤为明显，因而适应个性化需求增长的趋势对生产经营者而言有很重要的现实意义；责任品牌以其倡导的价值观及社会责任为重要特征，以其深刻性影响人们的观念与行为，比如有的企业比较注重诚信，努力打造高质量的产品，并且价格上也没有欺诈，长期以来在消费者心目中便享有很好的口碑，为自身持续经营又进一步打下了良好的基础；适合品牌属于在市场反应上表现出高度的契合，市场反响明显、接受性强。以上几种不同的说法代表的是文化耦合下的品牌所呈现出来的某种良性特征，并不为某一品牌所独有，如果某一品牌能兼具以上几种特征，市场影响力会增强，品牌竞争力会得到很大提升。

总之，文化能够在很大程度上引领农产品的消费，这既是行之有效的策略，又是时代发展的新篇章。在推动农村经济新发展及农业产业化建设过程中，通过文化来带动农产品的消费必将成为有效的方式，也将是恒久的主题。打好文化牌，构建农村经济新的增长点，将成为众多人士的热切期望与美好祝愿。

第五节　提高农产品的品牌忠诚度

品牌忠诚度是衡量品牌忠诚的指标。由消费者长期反复地购买使用同一品牌，并对品牌产生一定的信任、承诺、情感维系乃至情感依赖。品牌忠诚度高的顾客对价格的敏感度较低，愿意为高质量付出高价格，能够认识到品牌的价值并将其视为朋友与伙伴，也愿意为品牌做出贡献。

一、品牌忠诚理论

品牌的五大资产是：品牌忠诚、品牌知名、品质认知、品牌联想和专有资产。这些资产的总和构成了企业的品牌资产，它可以提升一个产品或服务的价值。其中，品牌忠诚在品牌资产中占有比较特殊的地位，它是顾客价值和企业价值的载体。

"忠诚"，内涵丰富而抽象，对它难以进行严格准确的界定。品牌忠诚是一种消费者坚持选择自己所偏爱品牌的产品及服务的心理倾向，这种偏爱倾向在一定时间段内不受其他品牌营销行为或者外部环境的变化的影响而产生改变。只有消费者的态度倾向最终落实成为重复性购买行为时才能表明一个品牌获得了顾客真正的忠诚。

当今学术界对品牌忠诚研究的分类有两个主要标准，一是产品类型，二是顾客认识产品价值的模式。依据产品类型划分可以将品牌忠诚分成三个部分，即耐用商品市场品牌忠诚、快速消费品市场品牌忠诚及服务市场品牌忠诚。依据顾客认识产品价值的模式来划分，品牌忠诚则可以分为品质偏向品牌忠诚、价格偏向品牌忠诚和不专一型品牌忠诚这三类。对品牌忠诚进行分类研究，有利于企业制定相应的策略来巩固和保证顾客的品牌忠诚。譬如产品类型品牌忠诚分类研究，有利于不同行业不同产品类型领域的企业制定对应的更具针对性的品牌发展策略，而以顾客对产品价值的认知模式为标准的品牌忠诚分类研究，则可以为品牌策略制定者进行市场细分提供思路，对其策划品牌发展策略有很大帮助。这些都是对品牌忠诚进行分类研究在实际应用中体现出来的价值。

二、农产品品牌忠诚度的价值核心

消费者对农产品品牌忠诚度是在之前的品牌诚信度、品牌辨识度、品牌认知度、品牌美誉度都达到一定满意度的前提下才能达成的。品牌忠诚度是品牌价值的核心，它通常由五层构成。

（一）无品牌忠诚者

这一层消费者会不断更换品牌，对品牌没有认同，对价格非常敏感。哪个价格低就选哪个。

（二）习惯购买者

这一层消费者忠于某一品牌或某几种品牌，有固定的消费习惯和偏好，购买时心中有数，目标明确。如果竞争者有明显的诱因，如利用价格优惠、广告宣传、独特包装，销售促进等方式鼓励消费者试用，除了让其购买或续购某一努力提高农产品品牌的诚信度、辨识度、认知度和美誉度之外，还有哪些方法和举措可以提升农业企业的农产品品牌忠诚度呢？以下几点可以参考。

除了努力提高农产品品牌的诚信度、辨识度、认知度和美誉度之外，还可以通过以下途径提升品牌的忠诚度：

第一点也是最重要的一点，就是保持品牌农产品品质的一致性。前面我们讲过，农业生产由于受自然环境及变幻莫测的气候等条件的影响，每年每季都保持农产品品质的一致性，是一件比较难的事情。越是难做到就越显得格外重要。所以说，保持农产品品牌的一致性，对于培育品牌的忠诚度，还是起到决定作用的。例如四川汉源县生产的阳光玫瑰葡萄，就严格按照标准化生产进行，要求一亩地种葡萄绝对不能超过 110 棵，每棵葡萄留分枝绝对不能超过 20 个，每个枝上挂的果子绝对不能超过一串，每串葡萄留的果粒绝对不能超过 75 粒。按这种严格的标准生产出来的葡萄，品质自然就能基本上保持一致，即使受到一些自然环境条件的影响，整个葡萄的品质和形象也不会有太大的变化。

要论农产品品牌忠诚最高的，贵州老干妈辣酱当仁不让。老干妈公司是贵州老牌民营企业，自成立以来，历经几十年市场洗礼，从一个小作坊发展成为全国生产及销售量最大的辣椒制品生产企业，成为国内民营经济稳健发展的传奇，缔造了全世界"有华人的地方就有老干妈"的商业奇迹。作为一家传统食品制造企业，老干妈所建立的商业传奇令世人瞩目，也让大家好奇：传统老牌企业如何实现高质量发展？如何在市场风浪中更上一层楼，消费者始终保持着绝对的忠诚度，并且向着百年老店迈进？针对这些问题，老干妈公司总经理助理、副总经理李鑫是这样解释的：老干妈公司一直致力于向着成为全球调味行业最具竞争力的制造商的目标奋进。为实现这一目标，老干妈大举进行科技创新，通过"千企改造"，运用大数据技术实现了从传统制造向工业化、智能化的转型，有效提升了产品质量和产量，确保了生产的安全性。这是老干妈忠诚粉丝一直热度不减的秘诀之一：忠诚度不减的秘诀之二是老干妈在国内多个基地采购辣椒原材料。俗话说"湖南人不怕辣，贵州人辣不怕，四川人怕不辣"，老干妈会根据市场上消费者不同的食辣习惯，生产不同辣度的产品，全国各地的辣椒辣度各有不同，以此为原料，正好能为全国各地的消费者定做不同辣度的辣椒酱，满足消费者的不同口感和需求。

另外，在养殖方式上创新，也能全面提高消费者的忠诚度。例如京东跑步鸡创新扶贫项目。每年京东金融向用户提供贷款，每户大约一百只鸡苗，要求必须放养，给每只鸡脚踝上都绑定一个计步器进行计步监督。京东生鲜从鸡苗开始,到最终的屠宰入库,甚至包装材料都严格把握品质关。跑步鸡全部为60天日龄的公鸡鸡苗,养鸡饲料由专家进行专业的营养搭配,确保鸡苗的健康生长。京东跑步鸡要求必须放养,以鸡脚上安装的计步器为标准,每只鸡必须跑足100万步以上,才算到了出栏时间,京东以每只成鸡100多元、高于当地三倍的价格回收,然后送往通过京东生鲜验收标准的屠宰场进行认证屠宰,并实现质量安全的全程追溯。这样的京东鸡目前网上售价169元/只,销售火爆、供不应求。作为品牌农产品,京东鸡的品牌美誉度和消费者忠诚度都创历史新高。这一切主要归功于养殖方式的创新。

(三) 只有对品牌塑造精神,才能吸引消费者

人类的享受分三个等级:初级享受是物质享受;中级享受是精神享受;高级享受是灵魂享受。农产品品牌要想保持客户矢志不移的忠诚度,必须进行品牌塑魂。一个有品质的产品,才能找到消费者,一个有灵魂的品牌才能留住消费者。品牌灵魂是直击人性的品牌态度和价值主张。许多生产经营者的品牌观念其实一直停留在种养思维、广告思维和产品思维上,没有和消费者关联,没有形成独特的品牌价值,这样没有灵魂的品牌如同行尸走肉。一个品牌能够满足消费者的物质需求,这只是最基本的要求,如果进而能够与消费者产生精神共鸣,甚至超出消费者的期待,那么这个品牌就可以持续地吸引消费者,产生依赖性、忠诚,那么这个品牌在消费者的心里就是排他的,就会成为消费者的唯一选择,进而形成对消费者的召唤。优秀的农产品品牌是植入消费者心中的某一类产品最优秀的代表,能够在消费者心目中形成条件反射式的首选。就像想吃牡蛎就自然想到乳山,想吃萝卜就自然想到潍坊,想吃小龙虾就想到盱眙,想喝凉茶就想到加多宝,想吃干果就会自然想起三只松鼠,想吃榨菜就想到乌江……当然,这可能都是一些全国的知名品牌,但家庭农场、农业专业合作社等中小企业也完全可以培育自己企业忠诚的客户群。

第六节 广东农产品品牌培育成果

一、建立12221市场体系强化品牌建设服务

广东农产品品牌建设一直面临品牌配套服务不完善的问题。为实强化品牌建设基础配套服务,广东加大组织领导力度,开展组织规划工作,2018年,广东省农业农村厅就品牌建设与市场营销工作,"量身定做"了一个"12221"市场体系建议,启动市场体系专项工作小组,12221市场体系即推出"1"个农产品大数据,组建销区采购商和培养产区经纪人"2"支队伍,拓展销区和产区"2"大市场,策划采购商走进产区和农产品走进大市场"2"场活动,实现品牌打造、销量提升、市场引导、品种改良、农民致富等"1"揽子目标。

该体系为农产品品牌建设提供有力的扶持、指导，将相关较为分散的农产品予以优化整合，开展科学统筹，充分发挥地方政策的促进及导向作用[4]。

二、联合科学院校提升农产品品牌技术竞争力

为推进农产品品牌建设，广东不断提升农产品科学技术水平，进一步提升农产品品牌的竞争力。首先，广东为农业科研提供有力资金支持，引导更多科研人员参与到农业科研工作中去。依托构建先进的生产、加工体系，提升竞争力。其次，加大对科学技术的研发及推广力度，一方面让农产品品牌在激烈市场竞争中占据更有利位置，另一方面为农产品品牌发展提供重要驱动力。品牌农产品即为有科技水平、质量水平保证的农产品，因此技术创新必不可少。因而广东在农产品品牌建设中加强对新型科技的创新研发，加大对新型科技的推广力度，让科研成果可有效投入农业生产实践。比如，广州增城引入林浩然院士增城工作室，与省农科院合作构建岭南（增城）特色水果研究中心及增城菜心科技成果示范基地，与华南农业大学合作建设增城研究院、增城技术培训学院等，为当地农业发展搭建了一批农业人才集聚平台。又如，增城区通过建设农业技术推广中心、农业科学研究所，致力于研究增城荔枝、增城丝苗米等特色农作物品种改良选育、配套栽培技术集成等先进技术，为增城农产品品牌建设提供了先进技术支持。构建起完善的科学技术推广体系，及时向农户宣传推广新型的科学技术，积极组织农户参与各式各样的农产品研讨会，提高农户对科学技术的认知水平，并使其可将先进科学技术应用于农业生产实践[5]。

三、政府搭台支持打造特色品牌

为推进广东农产品品牌建设，更有效把握广东省农业结构发展要求，从稀缺、差异等方面切入，选取区域特色产业及主导产品，有效发挥品种资源优势、打造特色农产品品牌、促进区域经济发展。首先，加大对传统特色名优产品的保护力度。传统名品作为历经数代劳动者培育的优秀品牌，是推进特色农产品品牌建设的一项有力基础。广东作为我国一个农业资源大省，长期以来形成了大量传统名品，广东在发挥地理环境优越、资源丰富、交通便利等优势上推进品牌化经营，有效提升品牌价值，发挥品牌效应等方面，加大对当地的农业优良品种的研发、引进力度，打造特色农产品品牌，推进农业产业化发展[6]。以韶关乐昌为例，乐昌"黄金奈李""香芋""马蹄"久负盛名，拥有国家地理标志产品3个，国家级生态原产地保护产品4个，全国名特优新农产品7个，"粤字号"农业品牌37个，"三品一标"农产品130个，逐渐形成"乐农优品"农业品牌体系。为打好以乐昌奈李领衔的"乐农优品"产业、市场、科技、文化"四张牌"，乐昌市政府举办了2022中国（乐昌）黄金奈李国际网络节暨乐农优品云展会。期间平台各类传播触达人群共计约810万，现场订购1275万斤黄金奈李。黄金奈李不但走入千家万户，还走出国门，实现出口"零突破"，17吨黄金奈李漂洋过海送往迪拜，还创造了50元一个的高价水果营佳话。

四、策划数字创新农产品品牌营销

农产品品牌是农产品得以在激烈市场竞争中获得一席之地的重要保障，一个拥有品牌的农产品在市场中可更好地赢得消费者的认同。因此，广东农产品品牌建设一直致力于创新农产品品牌营销工作，通过塑造良好品牌形象，让农产品品牌在市场中更能够立于不败之地。首先，推进农产品品牌营销场景创新，同时，加大数字化营销力度，借助网络购物节、云展会等营销形式统筹规划线上线下渠道销售，与各大平台进行密切合作收获更理想的营销效果。其次，提升农产品品牌推介能力。再次，提升农产品品牌传播能力。有效利用了先进网络信息技术开展农产品品牌推广，借助图文、音视频、网络直播等形式，开展多元化、多渠道传播[7]。例如广东通过举办线上农博会，搭建线上21个地市主题展馆，115个品牌馆，共457家参展商积极参与，数千款优质产品同步在线亮相，实现了全域云展示；各地方推介官、正能量网红代表、村播达人等进驻农博会地市直播间，同步推介各地名特优新农产品，全面整合各互联网平台资源，开展了全网覆盖的云展播；农博会还为来自全球采购商和参展商搭建沟通渠道，促进供采双方云洽谈；通过一系列方式推动双方实现云交易。

五、乡村振兴文化服务产业园做强做大品牌影响力

为助力"粤字号"农产品品牌建设，打造可落地、可复制、可推广的新"三品一标"品牌创建新模式，广东成立广东省乡村振兴文化服务产业园，文化服务产业园构建"粤字号"农产品品牌服务中心，面向全省现代农业产业园实施主体企业、品牌主体开展公益性品牌公共服务，联合产区政府共建区域公用品牌，为品牌认定、品牌宣传、品牌渠道等方面提供基础服务，服务全省超100个区域公用品牌。通过10套品牌创建规程，文化服务产业园探索出可复制可推广可持续发展的粤字号品牌创建模式。产业园产品品牌（含企业自有品牌）达6374个，文化服务产业园带动服务的农产品销量增加约30%，实现20%的品牌溢价。并在2022年评选出十大优秀品牌案例，分别是——"百千田头直播模式"：徐闻菠萝将小菠萝卖出一片天；"预售拍卖模式"：高州荔枝打造"中国荔都 甜美高州"；"市场驻村模式"：遂溪圣女果四张牌炼就亿元村；"造节营销模式"：打造父亲节专属的四会兰花；"云展会模式"：遂溪仙品荔摇身变顶流；"一站式孵化模式"：蟹中茅台南沙青蟹；"私人订制模式"：喝着山泉水长大的增城丝苗米；"认养模式"：推动乡村发展的德庆贡柑；"农旅融合模式"：立体式提质赋能身价倍增的化橘红；"跨界联名模式"：豉油鸡预制菜解锁新零售爆品密码。

第九章　广东农产品区域品牌推广成功案例

第一节　特色优势水果"12221"市场体系建设情况

　　面对今年我省荔枝等水果产业受疫情反复、消费疲软、华东华北重点销区市场因疫情关闭、交通物流不畅、省内灾害天气等各种不利因素叠加的影响，省委、省政府高度重视，做出安排、部署，省委分管领导亲自靠前指挥，省农业农村厅及早谋划、挂图作战，针对广东荔枝召开2022广东荔枝"12221"市场体系建设暨荔枝促销视频会等全省会议，印发《2022广东荔枝"12221"市场体系建设实施方案》，出台"荔十条"措施。全省一张营销作战总图，按荔枝上市时间和产量分为四大片区，压实产区主体责任。省市县镇村五级联动，各级成立领导小组和工作专班，形成主管领导亲自抓，分管领导具体抓的工作机制，全省"一盘棋"统筹推进荔枝产业高质量发展各项工作。

　　综合省统计部门及农业信息监测体系数据，预计2022年全省荔枝产量120.6万吨，鲜果产值约149.2亿元，比上年增加6%，实现了产量减收入增；全省龙眼产量约95万吨，截至8月31日，全省龙眼上市总进度已达9成，石硖品种田头均价10.7元/公斤，较去年同比上涨78.3%，储良品种田头均价13.2元/公斤，较去年同比上涨37.5%；全省黄皮种植面积超20万亩，产量约为15万吨，其中黄皮主产区郁南县无核黄皮种植面积17.1万亩，产量8.92万吨，田头销售均价达7.5元/斤。全省荔枝、龙眼、黄皮等岭南佳果卖出好价钱，让百万果农心中乐开了花。

一、主要做法

（一）着力强链补链延链，推动产业提档升级

　　一是调整优化荔枝生产结构，高接换种面积近80万亩，在9个地级市建设26个以上省级荔枝高标准"五化"果园，带动全省荔枝果园建设水平整体提升。郁南评选十家无核黄皮星级果园打造行业标杆。二是以荔枝现代农业产业园建设为依托，促进荔枝产业"高档鲜果"和"精深加工"同步发展。广东荔枝跨县集群产业园（茂名）生产基地投产，培育"荔小吉"系列产品，填补国内荔枝加工技术空白。目前，茂名全市荔枝加工产品达30多种，形成丰富的产品矩阵。广州市荔枝加工企业30多家，年产能达1.5万吨，加工率达35%。

三是推进农产品冷藏保鲜设施建设，完善保鲜库、分拣、包装等设施建设。全省参与建设设施主体300余家，联动各类市场主体超千家，利用率达到100%。据测算全年荔枝预冷周转150-180次，菠萝预冷周转300-360次。茂名全市建成移动式田头冷库"田头智慧小站"102个，促进荔枝仓储、包装、加工、物流等各环节高效协同。其中，高州市荔枝园区冷库容量2.1万立方米，加工能力达2.2万吨/年。四是金融"活水"助力荔枝产业发展，"发挥省金融保险部门支农助农职能"写入全省方案，多家金融机构重磅发布"荔枝全产业链贷款""广东荔枝免息贷"等荔枝金融产品，茂名高州市联手邮政储蓄银行发布"荔枝贷"，惠州农商银行为镇隆荔枝村签署"整村授信"。

（二）全力做好市场营销，激活国内国际双循环

一是创新营销数字化。全面升级全省荔枝流通大数据，广州发布荔枝赏味图，涵盖全市603个荔枝园；从化推出"慢赏从化荔枝100天"带热云销售。茂名荔枝产业大数据平台投入运营，涵盖产区、销区、电商、物流冷链四大领域大数据，实现市场行情信息精准；组织"十万电商卖荔枝"活动，吸引185家企业团体参加。湛江徐闻首创百名网红千名主播在徐闻"菠萝的海"开展田园数字直播营销行动，通过培训与直播营销擂台赛，将生产销售融为一体，培养一手拿锄头一手用手机，既会种菠萝又会卖菠萝的"双栖新农民"；高州启动百日千园万人直播培训行动，打造荔枝直播第一县；惠来依托"惠来五宝云展馆"等平台，打造惠来荔枝云上直播专区；郁南开展百千网红大直播大培训活动，培育近百名新农人主播。二是持续开拓新销区。启动"2022年广东荔枝全国绿色行"活动，"广东荔枝 粤鄂同享"广东荔枝"点亮"黄鹤楼，"粤冀携手 美'荔'相随"广东荔枝走进京津冀（保定），广东荔枝八大品种集中上线京东甜遍中国。茂名荔枝走进成都、杭州、澳门，持续深化与主要销区市场大型果蔬营销枢纽的合作。东莞荔枝走进湖南长沙、贵州铜仁。广州联合南航联动全国23个重要城市机场，实现广州荔枝"当日尝鲜"。高州"喊全国人民吃龙眼"，走进长沙推介，在广州珠江游轮上告白大湾区。三是提振消费市场。邀请国资委参加全省荔枝营销启动会，大力开展集团对接、助农认购活动。广州组织百名社区"荔枝团长"团购荔枝，协调建行发放500万元"从化荔枝专用券"，增城区千企给"荔"团体预购会现场预售荔枝100万斤。"乐购莞荔"专项促消费活动拉动荔枝销售157.5吨，销售额达640多万元。四是做优做实采购商服务。大力培育采购商、经纪人队伍，全省多地组织开展采购商产地行活动。茂名高州打造"采购商之家"，为采购商提供引导、餐饮、食宿、物流等系统化集成化服务；荔枝龙眼采购商大会邀请近百名采购商直达果园。揭阳市惠来县组织开展采购商产地行活动，邀请采购商走进产区。云浮市郁南县发布黄皮采购导览，举办2022郁南无核黄皮推介会暨百千网红直播周系列活动，邀请全国各地采购商走进果园基地，进行产销对接。徐闻县委书记做客"菠萝飘香，徐闻等您"徐闻菠萝线上采购商会客室，实时连线热情喊话全球采购商。五是着力开拓国际市场。培育出口示范基地，推动建设RCEP广东（高州）荔枝龙眼国际采购交易中心。广州协调海关开通10分

钟快检"绿色通道",组织开展"美'荔'广州"国际友人荔枝品鉴交流暨产业对接活动,助力荔枝出口。湛江廉江市举办廉江荔枝全球推介活动,组织RCEP荔枝出口业务培训班,努力开拓国际市场。茂名荔枝举办走进阿联酋推介活动。云浮郁南无核黄皮出口阿联酋、加拿大,实现粤果洋卖。六是专人保畅通降物流成本。省农业农村厅成立重要农产品物资运输保通保畅工作领导小组,专人负责,做到农产品保通保畅证明应审尽审、应发尽发、即接即办。降低物流成本。东莞市农业农村局、市邮政管理局与各大物流企业多次协调对接,保障需求。湛江廉江召开降低物流成本推进会,与相关企业多次洽谈实现物流成本大幅降低。

(三)加强科技创新驱动,夯实高质量发展基础

一是发布克服荔枝中晚熟品种"大小年"产业技术方案,推动全省早、中、晚熟荔枝均衡上市。巨美人、无核荔枝、岭丰糯、井冈红糯等荔枝新品种上市。广州推进品种优质化建设,实现优质品种种植面积占比67.5%。二是开展荔枝产业农技服务"轻骑兵"乡村行。省农业技术推广中心牵头在广州、东莞、惠州、湛江、肇庆等地,整合产业技术体系创新团队、基层农技推广机构、乡土专家等资源,对荔枝果农进行品种培优、品质提升、品牌打造和标准化生产管理技术培训。三是示范推广"5G+智慧荔枝""空天地一体化"等新技术,引入荔枝采摘机器人,推进数字化感知、智能化作业。其中,广州市推广智能水肥一体化技术设施应用面积18.6万亩,建成自动喷滴灌设施4.5万亩,应用农用无人机超300台,推动形成天地一体、高低搭配的精准作业模式。揭阳市惠来县组织开展荔枝产业农技服务"轻骑兵"乡村行,推进食用农产品达标合格证制度。三是广州从化打造全国首个荔枝元宇宙虚拟人物——荔儿公主,打造首个虚拟荔枝果园体验种植+定制基地,让消费者"全程参与"荔枝的种植生产过程。

(四)挖掘农业文化价值,讲好农业故事

一是持续打造"520我爱荔"荔枝文化新IP,组织广东11个荔枝产区新农人在5月20日当天接龙连线公益直播;二是成功申报中国重要农业文化遗产——岭南荔枝种植系统(增城、东莞、茂名),评选广东荔枝龙眼种植工匠和首批荔枝古树守护人,传承岭南农业文化。茂名市制定《茂名古荔枝树保护条例》,全市已建档古荔枝树1.68万株。三是跨界创作广东荔枝主题歌曲《荔枝味的夏天》《吉荔歌》。四是推动文旅融合。茂名高州市"大唐荔乡"赏花叹蜜品荔之旅入选全国乡村旅游精品线路,年游客量超200万人次;创新打造全长39公里的龙眼主题乡村旅游精品线路。广州从化荔枝文化博览园推出"5G+智慧文旅",开展5G+VR全景直播、全景VR导游、智慧荔游等项目。

二、取得成效

（一）价格再创新高，果农增收乐开花

面对严峻的市场销售形势，全省各产区顶住压力，实现荔枝售价创新高，全省荔枝均价达 12.4 元 / 公斤，同比提升 29.17%，百万果农得实惠。湛江全市 22 万吨荔枝销售完毕，主要品种白糖罂均价 7.8 元 / 斤，同比提升 73%；妃子笑均价 5.2 元 / 斤，同比提升 30%。广州从化荔枝整体价格同比涨幅 60-100%。东莞荔枝销售均价 23.5 元 / 斤，比去年提升 97%，最高价格达 388 元 / 斤。茂名荔枝平均售价 7.43 元 / 斤，较 2021 年均价 6.02 元 / 斤，增长 23.36%。高州市荔枝总体收购价格比去年提升 30%，创下近 20 年来荔枝鲜果售价最高纪录。高州市根子镇元坝村农民专业合作社联盟荔枝销售收入超过 2000 万元，实现 300 多户荔农增收。种植大户何建和种植 250 多亩荔枝，较去年增收 10 多万元。高州储良龙眼地头价达 11 元 / 斤，较去年翻一倍，果农感叹为历年最高。"中国无核黄皮之乡"郁南县无核黄皮因品质优良，市场竞争力较强，田头均价达到 16 元 / 公斤。

（二）小年量减价增，产业提质显效果

近年来，各荔枝、龙眼主产区在品种优化迭代、市场营销、补齐链条短板等方面下足功夫、做好文章，通过优化品种结构实现产值提升，调整不同时期成熟品种延长上市期减少集中上市压力，实现小年产量不大减，价值有增加。2022 年茂名荔枝在总产量同比减少 8.12% 的情况下，总产值不降反增，达 80.7 亿元，同比增长 13.34%；广州增城荔枝在产量较去年小幅减产情况下，荔枝销售额达 20 亿元，比去年翻一番；揭阳惠来荔枝产值达 12.32 亿元，同比增长 76%；肇庆德庆鸳鸯桂味荔枝在丰产的情况下，均价 25 元 / 斤，比去年同期增长 4 倍；汕头雷岭荔枝总产量约 9000 吨，总产值超亿元；高州根子镇"大唐荔乡"产业带累计接待游客超 200 万人次，产业全链总产值达 4.2 亿元。郁南无核黄皮节接待游客 2.07 万人次，实现旅游收入 1553.07 万元。

（三）出口持续增长，岭南佳果卖全球

省市县各级打好组合拳，做好出口服务，广东荔枝出口到全球多个国家和地区。茂名荔枝出口 5156 吨，同比增长 77.18%；出口额 10300 万元，同比增长 121.22%。广州荔枝出口欧美、东南亚、中东等地约 1500 吨，出口金额超 9174 万元，增长超 40%。湛江荔枝出口 7428 吨，其中出口 RCEP 国家约 3215 吨，实现荔枝出口量、出口额连续三年双增长。

（四）消费模式升级，文化赋能唱响品牌

"广东荔枝"登上中央电视台 10 次，"广东荔枝"话题全网阅读量高达 4.4 亿，品牌影响力持续扩大。茂名、从化等地积极推动荔枝定制、预售，实现从单纯销售农产品升级为文化输出、品牌变现。其中，茂名全市定制荔枝 22043 棵，总价值约 3771 万元，价值增长一倍；高州创意推出"福荔卡"，预售荔枝超 4 万斤；从化定制荔枝树 6000 多棵，订

单金额1500多万元。郁南启动"我在郁南有棵黄皮树"认养活动，615棵黄皮树被认养，共79.2万元。高州市分界镇2022年储良母树采摘权经过80余次激烈竞价后，以73万元高价成交。

三、下一步工作计划

2022年全省荔枝等特色优势水果营销工作取得良好成效，农民兄弟卖出了好价钱、心里乐开花。取得成绩的同时，也存在一些不容忽视的问题：一是疫情冲击下，个别地区消费疲软，购买力下降一定程度影响了荔枝等特色水果销量；二是物流运输成本较高，冷藏保鲜设施存在短板弱项，影响了荔枝等采后保鲜和销售品质；三是个别自媒体、商家炒作"天价荔枝"，对"广东荔枝"品牌造成不良影响，最终伤害产业发展、果农利益。我们在下来的工作中，必须高度重视、采取切实措施，加以应对与把控。面对复杂严峻的国内国际形势，全省农业农村部门将继续以习近平总书记关于"三农"工作的重要论述和精神为指引，深入贯彻落实省第十三次党代会精神，按照省委、省政府各项工作部署要求，持续打好产业、市场、科技、文化"四张牌"，扎实推进广东农产品"12221"市场体系建设，投入更大力量，采取更有力措施，推动更多农产品市场体系建设工作，以"小切口"实现"大变化"，助力广东农业产业高质量发展。一是做大做强产业。不断完善岭南特色水果品种、品质及品牌标准体系，合理优化品种结构，加强高标准果园建设和品牌示范基地建设，完善冷藏保鲜分选包装和物流体系建设，推进鲜果精深加工，培育壮大龙头企业。二是开拓两个市场。持续推进"12221"市场体系建设，更加注重拓宽线上销售市场和高端消费市场，积极培育出口示范基地，紧抓RCEP生效机遇，深入开展"广东喊全球吃广东荔枝（岭南佳果）"系列活动。三是强化科技引领。加快新品种选育攻关和推广力度，克服"大小年"问题，积极开展智慧果园创建、推进果园机械化数字化升级、推动鲜果保鲜加工关键技术及装备研发。四是打造品牌文化。建立健全广东特色水果区域公用品牌目录管理，继续培育壮大"粤字号"农业品牌，推出一批农旅线路，讲好广东农产品品牌故事，加强国际传播，弘扬文化内涵，传播人文故事，实现文化赋能产业振兴。

第二节　广东荔枝

世界荔枝看中国，中国荔枝看广东

广东是中国大部分优质荔枝品种的原产地，同时也是中国荔枝适栽地域最广、种质资源最丰富、优良品种最多、栽培面积与产量最大、科研实力最强的省份。作为荔枝生产的"主战场"，广东荔枝不仅产量占全国荔枝的五成以上，更占世界荔枝的三分之一，全世界每三颗荔枝就有一颗来自广东。

为做好广东荔枝品牌推广，广东省农业农村厅厅连续几年来通过广东农产品12221市场体系建设，举办了一系列相关的品牌推广活动，目的是加大力度依法保护、促进荔枝产业发展，不断夯实荔枝全产业发展中品种、品德、品质、品牌优势地位，加快拓宽荔枝市场营销新渠道、新业态、新市场、新资源，共同擦亮广东荔枝等优质特色农产品的"金字"招牌。

一、增城荔枝品牌推广活动

"卖荔枝，身外是张花红被，轻纱薄锦玉团儿，入口甘美，齿颊留香世上稀……" 2020年5月20日上午，一把清亮的嗓音，从广州市增城区1978文化创意园传出，岭南名曲《荔枝颂》韵味醉人，洋洋盈耳。岭南初夏、枝繁叶茂，又到荔枝成熟时，为做好今年荔枝营销工作，助推荔枝富民兴村产业高质量发展和荔农增收致富，由广东省农业农村厅主办，广州市农业农村局、广州市增城区人民政府承办的广东省荔枝营销"12221"行动暨2019广州（增城）网络荔枝节浓情启动。

广东省荔枝营销"12221"行动，包括建设一个荔枝全产业链数据平台，组建采购商和经纪人两支队伍，搭建产地和销区两个市场平台，策划采购商联盟走进荔枝产区及荔枝走进销区市场两场活动，实现打造品牌、扩大销量、市场引导、推广良种、果农增收等一揽子目标等内容。

按照行动计划，政府部门、企业、科研单位等部门通过统筹好品牌建设、文化赋能、创意设计及宣传推介等全渠道资源，合力打造广东荔枝区域公用品牌，建立"520荔枝消费"公共服务平台和"小视频+网红"销售团队集聚区，促进广东荔枝产品线上线下多渠道销售，走向国际国内高端市场，助推广东荔枝产业迈上新征程。

活动期间举办的高校快闪、网红"吃播"、荔枝动态表情包和"我为广东荔枝代言"游戏小程序等互联网新型互动形式，接地气地展示广东荔枝的"甜蜜"和"珍贵"，颠覆了人们对农产品营销的传统形象的认知。

二、茂名荔枝品牌推广活动

在2022年5月10日，第六个中国品牌日当天，由茂名市农业农村局主办的"茂名荔枝"区域公用品牌及荔枝产业大数据平台发布会在中国荔枝博览馆举行。发布会当天现场为12家企业颁发了"茂名荔枝"区域品牌授权使用证书，目前全市已获得授权的企业达到72家。

品牌化发展："茂名荔枝"区域公用品牌商标发布72家企业获得品牌授权

"茂名是全世界最大的荔枝优势产区，荔枝种植历史超过2000年，文化底蕴深厚。"时任茂名市政府副市长王小慧表示，为了培育好、保护好、使用好、宣传好"茂名荔枝"

区域公用品牌，茂名市制定了《茂名荔枝区域公用品牌发展规划》，引导全市企业、协会、电商、专业合作社、家庭农场等主体使用"茂名荔枝"区域公用品牌，在全市实行"六统一"（即统一"茂名荔枝"品牌、LOGO、IP形象、宣传口号、辅助图形、外包装设计），进一步整合、提升"茂名荔枝"品牌形象。

发布会上，"茂名荔枝"区域公用品牌商标、茂名荔枝（鲜果、干果）国家地理标志证明商标及《茂名荔枝区域公用品牌发展规划》正式对外发布。广东泽丰园农产品有限公司、高州市强牌果品有限公司、中国邮政茂名分公司等12家企业获得"茂名荔枝"区域品牌使用的授权。据了解，目前全市已获得授权的企业达到72家。

茂名市电子商务协会秘书长戴耀武表示，协会将积极推广"茂名荔枝"区域公用品牌，通过"品牌与5G大数据效应"，推动茂名荔枝数字化营销，让茂名荔枝"卖好品牌，卖好品质，卖好价钱"。

中国邮政集团有限公司茂名分公司副总经理何旭介绍，邮政系统将助力茂名荔枝品牌推向全国，发布了茂名荔枝冷链物流降费提速方案，价格最高下降幅度要超过75%。凤凰网广东了解到，茂名是世界上最大的荔枝生产基地，全市种植面积达135万亩，全球每五颗荔枝，就有一颗产自茂名。近年来，茂名市与浙江大学CARD中国农业品牌研究中心合作，共同规划茂名荔枝区域公用品牌建设。

王小慧表示，2020年以来茂名先后发布"茂名荔枝"区域公用品牌LOGO及茂名荔枝区域公用品牌IP形象，茂名荔枝宣传广告连续2年在央视黄金时间播放，"茂名荔枝"品牌知名度和美誉度持续上升。

数字化前行：紧抓"数字兴荔"茂名用好茂名荔枝产业大数据

2021年11月，农业农村部公布第六批中国重要农业文化遗产名单，广东岭南荔枝种植系统（茂名市）作为拓展项目入选，彰显了茂名荔枝强大的文化内涵和品牌价值。

广东省农业农村厅总经济师罗一心表示，要以品牌为切入点做好荔枝营销工作，持续推进农产品"12221"市场体系建设，做大、做强区域公用品牌，带动培育一批企业品牌。用好茂名荔枝产业大数据，发挥"大数据"在推进荔枝生产、加工、运输、销售流通等各环节的高效协同作用，推动产销精准对接。

同时会上还发布了茂名荔枝产业大数据平台。茂名市农业农村局局长车东耀，茂名市农业农村事务中心主任李海元，中国移动茂名分公司总经理林治国，副总经理韩东升共同为茂名荔枝产业大数据指挥调度中心揭牌。

2021年以来，茂名市农业农村局与中国移动广东茂名分公司联合，以"数字兴荔"为抓手，率先打造"一个中心、六朵云"的荔枝产业大数据指挥调试中心，实现"生产＋营销＋品牌"一盘棋管理，搭建荔枝产业交易大数据模块，实现荔枝市场行情信息精准触达，全方位服务全产业链企业。

中国移动广东茂名分公司相关负责人告诉凤凰网广东，在大数据平台上，不仅能够看到产地环境监测、品种规模分析、产业分布信息等，还全方位地服务着茂名荔枝产业链上的企业和种植户，"除了在能够在大数据平台查询或者了解相关信息，我们还将主动整理荔枝种植期间的病虫害信息、农药使用剂量等固定内容，并统一发送给荔枝种植户，以科学的数据分析帮助茂名荔枝进一步高质量发展。"

第三节 徐闻菠萝

中国国家地理杂志介绍，中国是菠萝十大主产国之一，主要分布在广东、海南、广西、福建、云南等省区。中国国家地理杂志称，徐闻菠萝种植时间在每年7-9月，第二年3-4月份成熟，"这里的菠萝种植面积大约有35万亩，年产70万吨，生产了中国40%以上的菠萝，面积、产量均居全国第一，有"中国菠萝之乡""中国菠萝产业龙头县""中国绿色生态菠萝十强县"之称。种植基地也被称之为"菠萝的海"。

作为广东省农产品"12221"市场体系建设的策源地，徐闻紧跟农村电商发展新趋势，建立健全县、乡、村电商网络体系，加大电商人才培训力度，夯实农村冷链物流，2022年3月，为进一步探索广东农产品"12221"市场体系建设2.0版本，推动徐闻菠萝高质量发展，打造中国直播第一县，3月8-11日在湛江徐闻举办"大培训、大擂台、大卖场"——百名网红千名主播"菠萝的海"培训直播及数字营销行动（下简称"百千直播"行动）。依托"短视频＋直播"电商营销方式，邀请全国百名网络直播高手，到徐闻"菠萝的海"办田园大学堂培训,"师傅带徒弟",带果农学直播带货,培养一手拿锄头、一手用手机,既会种菠萝、又会卖菠萝的"双栖新农民"。之后由"一师十徒"组成百支"菠萝的海"直播营销战队,在"菠萝的海"举办百队菠萝直播营销大擂台。通过培训与直播营销擂台赛,将生产销售融为一体,让徐闻"菠萝的海"插上互联网翅膀,成为没有围墙的大卖场。据省统计局数据,2022年,徐闻菠萝鲜果产量约67.9万吨。上市期价格行情普遍稳定,收购价在1.3元-2元/斤,收购均价达1.5元/斤。徐闻菠萝从田间地头的"甜蜜果",成为千家万户的"致富果"、广袤乡村的"振兴果"。

(一)创新电商推广的经验与做法

1. 健全县镇村三级电商服务体系,畅通农村电商"毛细血管"

徐闻着力打造"电子商务+农特产品+休闲娱乐+精准帮扶"的电子商务发展模式,大力建设农村电商服务站(点)和公共服务中心,打通农产品上行"最初一公里"和工业品下行"最后一公里",全面提升农村流通现代化水平。

截至2021年8月,徐闻县建成15个镇级电子商务服务及物流配送服务站和140个村级电子商务及其物流配送服务点,行政村建设率达到70%以上,村电子商务服务站中50%以上实现网络销售农产品或地方特色食品;行政村(村委会驻地)宽带网络覆盖率100%,农民宽带网络使用率达95%以上,逐步实现电商的应用和服务网络在镇、村(社区)全覆盖,农村商品物流配送能力和农产品商品化大幅提高。

2. 创建千名新农人主播"菠萝大学堂",农民化身电商界"田秀才"

从田间地头、从农民中培育电商人才对于农村电商发展至关重要。徐闻紧紧把握电商发展新趋势,建立了一套由浅到深、由入门到高级的阶梯式培训,分层次、分步骤建立一套横向到边、纵向到底的电商人才教育体系,打造"1个网红、10个新农人、1个团队"的"师傅带徒弟"帮扶模式,引领直播网红与农民形成情感上与制度上的长期教学帮扶,带果农学直播带货。通过线上与线下、国内+海外、依托新华网、南农、珠江经济台等主流媒体、抖音+淘宝+微博等新媒体平台，向全球发起招募百名网红及电商达人大行动。在县域内各村镇征集千名有想法、有思维、有活力的主播，涵盖了国外留学生、少数民族等，根据主播人数与网红做结对安排，帮助学员进行短视频直播实操，如农产品电商平台选择技巧、短视频拍摄及剪辑技巧、直播带货技巧、直播开场话术、直播引流互动话术、直播成交话术等。"百名网红千名主播"的到来，为徐闻留下一支"带不走"的直播力量，通过电商知识"大扫盲"，让互联网思维、互联网技术、互联网模式深入田间地头，引导农民化身电商界"田秀才"，继续发挥"以一带十以百带千"的示范作用，打造中国直播第一县。

3. 举办千人田头直播菠萝大擂台，打造没有围墙的大卖场

在菠萝的海田头智慧小站举办第一届"百千直播"行动，大擂台采用团队 PK 和个人 PK 的形式，综合带货量、传播率、品质把关、客户反馈等多个维度进行评选，评出优秀的先进团队和个人。获胜团队及个人，除了颁发荣誉奖项外，还会给予政府支持、金融贷款优惠支持、媒体宣传报道支持等。千名主播在菠萝的海同时进行直播带货，在活动参与人数上形成造势效应，广泛吸引大众的关注。同时，利用各网红本身附带的粉丝流量及活动参与人员的私域流量，对活动进行扩散宣传，以赛促卖，进一步提高徐闻菠萝的品牌知名度和徐闻"中国菠萝之乡"美誉度，逐步扩大其市销售场市场，推动徐闻菠萝走世界。

4. 质量先行保障菠萝品质，为农村电商发展保驾护航

为保障菠萝品质，让消费者吃上新鲜爽口的菠萝，推进农村电商既充满活力又规范有序，徐闻积极抓好菠萝品控工作，以标准促质量、以质量创品牌、以品牌占市场，打造徐闻菠萝区域公共品牌。徐闻召开菠萝品控承诺行动会，号召各地菠萝果农和农场签订品控承诺书，总计签署13808份。此外，菠萝果农将对每一亩菠萝地进行"身份登记"，确保每一个菠萝生产可追溯。在"百千直播"行动当天，徐闻精选出一批质量好、受众广、宜运输、有规模、具有专业认证的优质徐闻菠萝产品进入线上直播带货。印制《徐闻菠萝采购导图》与网红对接产品，并向优质菠萝产品派发品牌标签，以标签申领派发量作为大擂台赛评比指标。徐闻县大力抓实抓牢菠萝产品品质，让消费者吃的满意吃的放心，保证了农村电商有序健康发展。

5. 延长产业链提高价值链，让农民分享更多的增值收益

为积极推动菠萝产业链转型升级，使菠萝真正成为老百姓增收的"致富果"、乡村振兴的"希望果"，徐闻发布《去皮菠萝》和《去皮菠萝加工技术规范》团体标准，对鲜切菠萝的加工行业标准进行规范。出台《徐闻菠萝产业高质量发展行动计划（2021-2023）》，紧抓徐闻菠萝食品化工程，规范"去皮小菠萝"行业标准，探索发展菠萝菜式加工产业。出台《徐闻县促进菠萝加工业发展的十条措施》，对在徐闻县内设立的菠萝加工企业从用地厂房、品牌创建、科技研发、产品出口等十个给予扶持和奖励，吸引外来企业不断加入，形成"引凤筑巢"的合作共赢新局面。与盒马鲜生、钱大妈、大润发、美团等开展合作，在上市季盒装鲜切小菠萝抢"鲜"上架门店，并同步开启线上电商销售渠道。上市以来，徐闻小菠萝持续走俏市场，日均订货量超万斤，其中盒马鲜生四月鲜切小菠萝销售量同比增长5倍。徐闻小菠萝在政策的引导下，一批食品加工、生物、物流公司就菠萝皮转化为饲料、农副产品和生鲜产品仓储物流徐闻枢纽站建设签署了合作协议，促进了一二三产融合、农工贸的新跨越，打开了新市场、培养了新果农，推动徐闻菠萝产业升级，进一步实现富民兴村。

（二）、品牌推广创新模式成效显著。

1. 新农人生力军蓬勃壮大

本次"百千直播"行动将课堂搬到"菠萝的海"田间地头，教学以实操为基础，紧扣农业电商销售，内容及形式新潮有趣，受到徐闻当地农民的热烈追捧和大力支持，农民从"要我学"变成"我要学"，在菠萝的海与直播网红们打成一片，现场载歌载舞，与直播观众热情互动，现场介绍徐闻菠萝地道吃法，向海内外观众展现了徐闻当地的风土人情，并进一步扩大了徐闻菠萝影响力。通过本次实践交流学习，不少农民学员扭转传统的"小农"思想；通过学习熟悉数字营销新模式，掌握直播营销的新技术，互联网思维深入人心。

2. 农产品上行渠道畅通高效

在疫情挑战与RCEP机遇下，直播电商有效解决了徐闻菠萝滞销难题，以"小屏"传播为依托，通过田间地头的场景化营销，利用每一份在线流量连接原产区与采购商、消费者，形成对口销售模式，帮助徐闻菠萝走出产区，走向销区市场，并结合徐闻菠萝"网红"效应，不断扩大区域品牌知名度，进而推动国内国际市场的多渠道销售。在"百千直播"行动期间，"徐闻菠萝"和"菠萝的海"的微信搜索指数均实现质的跃升，日环比分别增加了699%和481.17%，"菠萝的海"搜索量突破150万。2021年，徐闻菠萝实现出口跨境电商"零突破"。巴厘、金钻菠萝、MD2金菠萝等品种出口俄罗斯、日本、吉尔吉斯斯坦、阿联酋迪拜等国家和地区约530吨，货值440万元，同比增长76.4%。

3. 电商助农富农精准有力

在"百千直播"行动期间，大量小农户参与到这场农产品数字营销的行动中来，"一亩田"大数据平台上已覆盖了3400多个徐闻菠萝种植户，300多个商户，产销两端的用户在平台的交流也明显增加。对比2017年，2022年的徐闻菠萝产量已从50多万吨跃升至70多万吨，巴厘菠萝价格从田头几分几毛到最高3元，农民人均收入从1万多元增长至2万多元，菠萝等徐闻优质特色农产品卖出了好价钱，农民兄弟心中乐开了花。

4. 一二三产业深度融合发展。

徐闻菠萝凭借这场前所未有的"百千直播"行动再度火出圈，随之而来的是收到了各大合作商抛来的橄榄枝，今年徐闻金钻凤梨首次出口新加坡，开启首次对接RCEP的旅程；安慕希希腊酸奶来到徐闻原产地采购菠萝，并推出今年新品——安慕希菠萝酸奶；徐闻迷你鲜切小菠萝在深广佛等地区盒马鲜生门店上架；国内首款金鲳鱼菠萝预制菜面市"上新"，让食客"烹"然心动。这场"百千直播"行动是数字农业场景化应用的典型示范，以电商为"引子"，贯通生产、分配、流通、消费各环节，不断优化徐闻菠萝供给结构，实现上下游、产供销有效衔接，促进一二三产业融合发展，并以市场需求为导向，催生产业新业态，促进徐闻菠萝产业高质量发展。

5. 立足品牌宣传，不断提高徐闻菠萝知名度。

一是持续加强菠萝品牌创建。开展菠萝区域公用品牌建设行动，推广规范使用菠萝Logo，全面擦亮"中国菠萝之乡""中国菠萝产业龙头县""中国绿色生态菠萝十强县"三大品牌，徐闻"愚公楼菠萝"申报成为国家地理标志保护产品标识。二是坚持讲好徐闻菠萝故事。量身定制一揽子宣传措施，策划专题系列报道，依托国家和省级主流媒体，借助传统媒体和自媒体发出主流强音。整合媒体资源，不断策划新鲜热门话题，保持徐闻菠萝网络热度，营造良好舆论氛围。在本土"徐闻宣传"公众号开设"奔跑吧菠萝"专栏。春节期间与抖音、今日头条开展《万家菠萝宴-团圆幸福味》创意宣传活动。三是发布徐闻菠萝IP形象卡通角色小美、小志，进一步将文化创意力量与徐闻菠萝产业相结合。四是进一步加强文旅建设，依托"菠萝的海"这一得天独厚的产业景观优势，以菠萝为载体打造一批"小而美"的文旅精品。

6. 严抓品质管控，努力提高市场核心竞争力

一是推进徐闻菠萝"十大工程"38条建设，继续擦亮"徐闻菠萝国家现代农业产业园"招牌。重点抓好菠萝"新品种、新技术、新装备、新模式、新营销、新农人"的"六新"种植示范基地，通过标准化种植推动菠萝品质管控提升。二是组织主产区签订品质保障书，徐闻县7个菠萝主产乡镇代表共同签署《广东徐闻菠萝品质保障书》，郑重承诺自然生产好水果、采摘销售皆精品、诚信经营树品牌。三是实施农产品质量安全保障工程，加强菠萝监管体系、监测体系、追溯体系建设。

7. 推进食品化工程，促进菠萝产业链延伸

一是推出徐闻菠萝鲜切果，发布《去皮菠萝》和《去皮菠萝加工技术规范》团体标准，在全国率先发布徐闻鲜切菠萝行业标准，为鲜切菠萝生产加工和质量管理提供行业标准规范。二是发展中央厨房菠萝预制菜，与国内餐饮企业联合发布和推广徐闻菠萝新菜式，积极建设预制菜产业园。三是出台《促进菠萝加工业发展的十条措施》，吸引菠萝加工企业落地，全力扶持发展基础好、辐射带动作用大、市场竞争力强的龙头企业，提升菠萝初级和精深加工能力，推动产业链延伸提质，实现农业产业结构优化。

（三）下一步徐闻菠萝品牌推广工作计划

1. 强化大数据内核，打造国际化农产品采购交易中心

依托湛江市菠萝优势产区现代农业产业园菠萝产地运营中心，完善徐闻菠萝大数据系统，在原有基础上升级国际菠萝大数据平台，完善供应商和采购商对接服务功能，配套完善菠萝溯源、菠萝分选、质量检测监控、产品展示、电商直播、加工预处理、冷链仓储物流等一系列功能，打造国际化农产品采购交易中心。

2. 创新数字营销，进一步打造"中国直播第一县"称号

将"百千直播培训"作为数字营销人才培育模式进一步推广，借助数字化营销契机，

培育直播人、直播店、直播村、直播镇、直播县，发掘有敏锐嗅觉的电商营销种子选手，逐步组建一批高水平的电商直播队伍。

3. 推进食品化工程，进一步延伸菠萝产业链

一是抓好徐闻菠萝食品化工程。着力培育壮大鲜切小菠萝的新兴产业，不断扩大市场规模。探索发展徐闻菠萝预制菜产业，发展中央厨房菠萝预制菜。积极建设菠萝预制菜产业园，加快推进菠萝预制菜项目，争取项目尽快落地、推广。二是加大招商引资和培育扶持龙头企业力度，不断吸引菠萝深加工企业落地，推动产业发展。三是要加强与科研院所合作，加大菠萝新品种研发力度，推动更多的研究成果落地转化，支持加工企业建设生产线、改进工艺、扩大产能，促进徐闻菠萝加工产品多元化，实现菠萝等农产品精深加工业发展。

4. 把握RCEP机遇，推动广东菠萝出海品牌国际化

牢牢把握RCEP机遇，推动制定徐闻菠萝出口供应链标准化体系和国际品牌包装设计，将徐闻菠萝打造成为国际品牌，推动徐闻菠萝进军海外。通过制作广东菠萝出口MG动画视频、开展广东数字农业联盟菠萝出口营销研讨会、亮相海外国际市场等打造广东菠萝国际品牌。支持海外建仓，鼓励跨境电商企业在境外注册商标，打造自主品牌。

第四节 惠来鲍鱼

惠来县坚持以习近平新时代中国特色社会主义思想为指导，深入贯彻落实习近平总书记对"三农"工作的重要论述和省第十三次党代会精神，在省农业农村厅的支持指导和市委、市政府的领导下，坚持打好产业、市场、科技、文化"四张牌"，扎实推进农产品"12221"市场体系建设，走出一条数字营销助力、产业链条完善的特色产业发展之路。连续三年来，惠来县委县政府，2022年中国"惠来五宝"（预制菜）国际网络节+云展会开幕活动在惠来凤梨省级现代农业产业园成功举办，取得良好的经济效益和社会反响。

一、基本情况

2022年中国"惠来五宝"（预制菜）国际网络节+云展会开幕采用"1+3+5"的形式（即1个主场活动、3个分会场及5大线上云展会平台），以预制菜为切入口，紧抓RCEP机遇，充分应用数字农业技术，抓品牌、强产业、重营销、提质量，着力打造"1个极品"（鲍鱼）+"4大精品"（凤梨、荔枝、隆江猪脚和鱼丸）+"N个优品"，全面提升"惠来五宝"等农特产品知名度和影响力，扎实推进乡村振兴战略和数字乡村发展战略。活动开展以来，"惠来五宝"全网曝光量超2300万人次，通过云展会、产销对接、品牌营销等方式，带动惠来鲍鱼、荔枝、凤梨等特产交易额超1132万元。惠来荔枝产业结构逐步优化，现有新

品种 60 多个，田头价上涨，产值攀升达 12.32 亿元，同比增长 76%；惠来凤梨正值销售高峰期，价格逐日上涨，田头收购价从 3 元 / 斤上升至 4.5 元 / 斤。

二、主要成效

一是市场化建设升级，促进乡村产业提质增效。精准把握惠来特色农产品优势，构建"惠来五宝"品牌农产品"第一方阵"。2020 年，我县在全省首创"网络节 + 云展会"模式，创立了我省县域农产品云上展会的新标杆。三年来，"网络节 + 云展会"模式由鲍鱼、凤梨等单一产品创新升级至"惠来五宝"，其内涵更加丰富，形成了可复制、可推广的数字化品牌营销模式，有效加快数字化与农业农村深度融合。强化产业发展顶层设计，制定了《"惠来五宝"三年百亿产业发展十大行动》，加强农业产业基础建设、引进商业及科研资源，促进人民增收和民生改善。完善农业服务与保障体系，与中国农业银行揭阳分行、惠来县农商银行达成战略合作，为惠来乡村振兴发展提供金融服务保障。

二是数字化体系升级，五大云展平台直达消费者。依靠数字赋能推动产业发展，实现农产品营销体系升级。云展会"云"上给力，在广东农产品"保供稳价安心"数字平台、ITOE 广东国际贸易数字博览馆、惠来数字农业云平台、"鱼米之乡"平台以及广东线上农交会平台等五大平台构建"惠来五宝"云展会，以云直播、云展销、云对接等方式打造永不落幕的"惠来五宝"云展会，线上曝光量超 120 万人次。消费帮扶促振兴，华南理工大学消费帮扶智慧体验馆、惠来县隆翔谷乡村振兴消费助农馆、惠来县供销合作联社农副产品经营中心乡村振兴助农馆等惠来首批乡村振兴消费助农馆揭牌，整合农产品生产、销售、物流等全产业链资源，形成线下展示线上交易的模式，促进农产品网络销售供应链、运营服务和支撑保障"三大体系"完善。

三是食品化工程升级，以预制菜实现农产品价值最大化。深入贯彻落实《关于加快推进广东预制菜产业高质量发展十条措施》，立足特色农业、渔业资源和本土美食，抢抓预制菜市场黄金机遇期，以鲍鱼为切入口，全力推动预制菜产业高质量发展。坚持以市场需求为导向，聚集引领消费潮流的新兴热点——预制菜，在大会上推出红烧佛跳墙、鲍鱼花胶鸡、三鲜鱼饼、隆江猪脚、凤梨酥等"惠来五宝"预制菜优品。"十佳优秀匠人"及"十佳优秀企业"的评选，将为"惠来五宝"预制菜发展提供人才支撑、技术支持。

四是国际化营销升级，品牌影响多个国家。积极对接 RCEP 国际市场，实现鲜活鲍鱼出口泰国、柬埔寨。在广东省贸促会指导下，ITOE 广东国际贸易数字博览馆"惠来五宝云展馆"以中英文双语专题推广向海外 10 余家 ITOE 采销中心精准推送资讯，线上访客辐射以东南亚地区为主的 15 个国家。活动前期，泰国华人青年商会会长李嘉淳、菲律宾粤商会会长林翰及阿联酋广东商会会长张钦伟以视频形式为"惠来五宝"网络节 + 云展会点赞；活动期间，乌克兰主播达人瓦莱丽、苏珊现场直播带货，潮汕英语主播 NIKA 现场双语推介，南方农村报主播蔡丹燕与省外经农合中心科长梁超文携手现场直播惠来五宝农产品，带动不同领域的矩阵式传播；新浪微博话题＃惠来五宝 人间至味＃阅读量超20万人次。

三、主要做法

一是全面布局谋划，高位推进网络节＋云展会工作落实。省、市各级有关领导高度重视、全力支持、悉心指导。省农业农村厅副厅长陈东多次对"惠来五宝"品牌营销及产业高质量发展提出指导意见，省农业农村厅二级巡视员廖纪坤专程莅临现场并指导工作，省外经农合中心主任丘志勇连续三年紧抓惠来"网络节＋云展会"模式创建。市、县主要领导和分管领导多次听取"惠来五宝"产业发展情况汇报，了解活动组织实施情况，并就品牌宣传等方面工作作出指示。市农业农村局主要领导多次指导完善方案。县专门成立2022年中国"惠来五宝"（预制菜）国际网络节＋云展会组委会，县委书记亲自指挥，县长任主任，分管领导任副主任，各有关职能部门负责同志任成员；印发《2022年中国"惠来五宝"（预制菜）国际网络节＋云展会总体方案》，细化要求、压实工作任务，高水平落实惠来网络节＋云展会筹备工作，高质量完成各项活动。

二是全面聚集资源，致力畅通农产品贸易新通道。聚焦产区与销区市场，拓宽线上线下、国内国际市场销售渠道，推进农业小生产与大市场对接。一方面，积极"引进来"，引入采购商资源。7月1日，开展惠来凤梨、荔枝"12221"产销对接会暨采购商产地行活动，组织20多名来自全国各地的采购商与本地荔枝、凤梨供应商进行现场对接，促进产销精准对接。7月9日，2022年"惠来五宝"——东港镇首届荔枝节通过线下销售、线上宣传相结合的模式，现场展销来自11个村20余种农产品，交易额达30多万元。另一方面，积极"走出去"，开拓国内外销区市场。6月23日，惠来荔枝亮相在河北省保定市举办的2022广东荔枝暨预制菜走进京津冀（保定）活动，县农业农村局主要负责同志现场推介惠来荔枝，开拓惠来荔枝在京津冀地区的销售市场，提升知名度和影响力、优化荔枝品种结构、加强新品种培育推广。7月9日，2022年惠来荔枝采购商产地行暨晚熟荔枝新品种现场观摩品鉴会在惠来举办，我县携手华南农业大学荔枝科技创新团队、广东中荔农业集团有限公司，正式发布2022年优质荔枝新品种——"MS56（迟美人）"，助力全县荔枝生产形成优质、高效的良性循环，提升产业效益及品牌效益。

三是全面聚力营销，全媒体宣传打响"惠来五宝"品牌。活动内容丰富、形式创新、传播力强、影响力大。聚焦年轻消费群体，依托华南理工大学消费帮扶智慧体验馆，在华南理工大学开展"惠来五宝"乡村振兴展销周，通过消费帮扶助力产品销售及品牌宣传。开展全媒体矩阵式宣传。国家级、省市县媒体联动报道，学习强国客户端、人民日报客户端、澎湃新闻客户端、南方日报、南方＋、南方农村报、南方都市报、羊城晚报、广州日报、广东广播电视台、珠江经济台、新快报、触电新闻、深圳特区报、凤凰网、揭阳日报社、揭阳广播电视台、惠来融媒体中心等媒体平台共同发力，扩大宣传范围、提升传播力度。据统计，县级以上媒体（新媒体）发布相关新闻报道超140条，百度词条"惠来五宝"搜索近60000人次，"惠来五宝"微信指数在7月4日达到峰值493686。

四、下一步计划

接下来，我县将继续以习近平新时代中国特色社会主义思想为指导，深入贯彻落实习近平总书记对"三农"工作的重要论述精神以及省委省政府部署要求，在省农业农村厅的支持指导和市委、市政府的坚强领导下，坚持农业农村优先发展，紧抓机遇、顺势而为、乘势而上，做强特色农业产业，打造更高水平的现代农业产业集群，加快发展乡村产业，促进乡村全面振兴。

一是强化产业园建设。现代农业产业园是实施乡村振兴战略的一项重大行动、重要抓手。持续推进惠来凤梨产业园、惠来鲍鱼产业园建设，依托现代农业、食品加工等建设基础，打造行业集约产业联盟，形成"惠来五宝"产业集群效应。

二是强化科技支撑作用。加强荔枝优良品种培优，调整优化荔枝生产结构，提高良种覆盖率。推动省级现代种业提升工程，开展鲍鱼、荔枝科企联合推动产业发展模式的示范推广，培育壮大鲍鱼自主种苗基地。

三是强化标准体系建设。整合鲍鱼、荔枝、凤梨、隆江猪脚、鱼丸等产业上下游资源，建立行业标准体系，推进产业标准化、规模化发展。建立健全农海产品生产溯源体系和产业链供应链常态化质量安全评估体系，实现农产品源头检测追溯。

四是强化人才队伍建设。推进人才引进工作，加强和科研院校合作；通过"广东百万农民线上免费培训工程"培养新型职业农民；培育一批名响全国的农村"网红"，培养造就一支懂农业、爱农村、爱农民的"三农"工作队伍。

五是强化文化品牌建设。深入推进"五彩惠来"产业振兴，弘扬"红色惠来"的大南山革命精神，将产业文化建设融入全域旅游、乡村振兴等工作中一体化推进，讲好惠来农业产业故事。

第五节　澄海狮头鹅

狮头鹅是我国最大型鹅种，因其体躯硕大，头顶长有较大的黑色肉瘤，从正面观之如雄狮状，故称之为"狮头鹅"，有"世界鹅王"美誉，有记录最大的鹅王重达39.1斤，就产自我们澄海。澄海是全国乃至世界最大的狮头鹅生产基地，有300多年养殖历史，肉鹅年出栏量超750万只，种鹅存栏90多万只，年可供鹅苗超1300万只，全产业链年创值超35亿元，狮头鹅养殖场每亩产值超40万元，农户年均收入超80万元，净收入近10万元（正常年份）。

潮汕文化赋予了狮头鹅吉利、大气的寓意，卤狮头鹅是节庆必不可缺的饭桌佳肴，以狮头鹅为原型的"双咬鹅"等民俗活动名闻遐迩。"鹅"美食已成为潮汕文化的一个标志，是众多海内外潮人记住乡愁、回味乡情的重要情结。"澄海狮头鹅"曾获周恩来总理亲自签署的国务院嘉奖令；狮头鹅受精蛋曾作为国礼赠予泰国国王。澄海狮头鹅被列为国家畜禽遗传资源保护名录和全国名特优新农产品，在国内外享有极高的美誉度，也是"粤字号"品牌在海外的一面旗帜。

近年来，澄海区在省农业农村厅的大力关心支持下，以狮头鹅为突破口，深入推进"12221"农产品市场体系建设，大力发展区域品牌推广活动，通过政府引导、龙头企业牵头、市场主体合作，积极做好狮头鹅市场营销和品牌打造，取得扎实成效，"澄海狮头鹅"区域公用品牌知名度和影响力持续扩大。

一、坚持高质量发展，全力打造狮头鹅百亿产业集群

依托粤东地区唯一的禽畜原种科研所——白沙禽畜原种研究所等机构，以及众多经验丰富养殖户，建立完善良种繁育体系和种鹅饲养等4个农业地方标准，提升养殖规范化水平。推广应用"狮头鹅反季节生产技术"等繁育技术，培育出肉质上佳、抗逆性强、遗传性能稳定、外貌独特的澄海狮头鹅，奠定澄海狮头鹅在国内鹅界的领军地位。制定澄海狮头鹅卤制技术规范和标准，建设狮头鹅"中央厨房"，配备高标准检验室、生产车间、速冻生产线等专业化设备，确保狮头鹅卤制技术标准化、规范化、产业化和产品品质、卫生标准的一致性。同时，积极申报创建省级狮头鹅产业园，投入2.3亿元打造狮头鹅加工流通集聚中心等"一心一街二区"功能区，产业园将于年底前建成，集聚十多家龙头企业和超千户农户参与发展，肉鹅年出栏量将超1000万只，产业规模将超50亿元。

二、多措并举开拓狮头鹅市场，全面打响狮头鹅品牌名气

一是积极组织澄海狮头鹅各经营主体参加中国国际农产品交易会、食品博览会、省农博会等重要展会，参与广东四大名鹅产业发展交流会，增加澄海狮头鹅产业对外交流合作机会，扩大澄海狮头鹅的品牌知名度。二是积极参加省农业农村厅举办的2021"粤字号"农产品品牌设计大赛之百县百品打擂台活动，澄海狮头鹅品牌从近百广东县域农产品品牌中脱颖而出，获得2021粤字号农产品县域公用品牌"优秀品牌"称号。三是借助澄海创建广东省农产品跨境电子商务综合试验区这一契机，积极拓展狮头鹅等特色农产品国际市场，支持引导企业完成海关备案，并与泰国、马来西亚等国际采购单位形成合作，推动狮头鹅产业向数字化转型、国际化拓展。目前，已有汕头市鹅品汇农业科技有限公司等4家企业通过海关、商检部门备案认证，近期首批狮头鹅卤制品将通过海关销往泰国。四是积极探索"互联网+传统农产品"新模式，筹办2020中国·汕头澄海狮头鹅国际网络节，举办农产品跨境电商和世界狮头鹅产业高质量发展云论坛、狮头鹅美食文化直播、云评比、

百万农民云培训等系列活动，推动澄海狮头鹅产业上云端，走向市场、走向世界。此次活动共吸引国内外网民 2280 多万人次在线参与，云签约了 28 个狮头鹅产业重大合作项目，签约金额 2.3 亿元，覆盖澄海狮头鹅的全产业链。五是组织狮头鹅等名特优新农产品亮相第四个中国农民丰收节，进一步扩大澄海狮头鹅品牌、拓宽市场销路。

三、积极推动狮头鹅产销紧密对接，有效促进产业兴旺和农民增收

近年来，通过推进"12221"市场体系建设，澄海狮头鹅产业不断发展壮大，现已形成种鹅繁育、种蛋电孵、鹅苗销售、肉鹅饲养、冰鲜配送、卤制加工、电商销售、羽绒加工等完整精细产业链。同时，结合"农+食"产业化发展思路，借助狮头鹅卤制中央厨房，通过集中采购联结狮头鹅养殖、屠宰等原料上游，推动电商平台、餐饮店等线上线下渠道联结狮头鹅销售下游，打造狮头鹅产品从田野到餐桌一体化发展模式，有效打通餐饮行业的上下游产业，实现狮头鹅产销紧密对接，既解决了当前餐饮供应链规模分散、专业化程度低、成本高等问题，大大缩短餐饮行业产业链条，又带动了周边区域人口就业，为农户提供稳定增收渠道，实现了小农户与大市场的有效联动。例如，汕头市鹅品汇农业科技有限公司，之前公司门店零散规模少、效益低，现在鹅品汇公司门店规模已快速扩张到 200 多家，2023 年计划扩大到 1000 家，门店已开至广州、上海、青岛、南宁等大城市，成为全国社区卤味连锁领军企业之一。

接下来，澄海区将继续加大力度推进"12221"市场体系建设，抓住《区域全面经济伙伴关系协定》签署的契机和实施粤港澳大湾区战略的机会，充分发挥澄海区地理区位和狮头鹅产业发展优势，强化与粤港澳大湾区以及国际市场的有效对接，通过政府引导、政策支持、项目扶持、技术指导、产业拉动，全力推动狮头鹅产业规模发展、内涵发展、创新发展、品牌发展，加快实现澄海狮头鹅产业"五年百亿"目标。同时，借鉴狮头鹅发展营销模式，推动澄海更多名特优新农产品走向国内和国际大市场，提高产品效益、增加农民收入。

第六节　四会兰花

肇庆四会市是粤港澳大湾区最大的兰花基地，有兰花企业 62 家，全市兰花种植面积近万亩，年育苗 3300 万株，有国兰、杂交兰、洋兰、蝴蝶兰四大系列 230 多个品种，产业综合产值约达 4.8 亿元。受新冠肺炎疫情影响，四会兰花产业遭受严重打击，兰花销售受困，严重影响了当地兰农的生计，为推动农业转型升级、激发农村经济活力、助力农民

脱贫增收，四会市积极发展农村电商，开展四会兰花"父爱如兰"系列营销活动，打响"四会兰花"品牌IP，有效地推动四会兰花电商发展。

一、主要做法

（一）领导高度重视，高位推动工作落实

省、肇庆市领导高度重视四会兰花产业发展，省领导叶贞琴同志在四会兰花工作专报上作批示，邓海光同志多次关心四会兰花发展情况，予以指导支持；省农业农村厅副厅长陈东同志提出"父爱如兰"金点子，为四会兰花产业发展指明方向；肇庆市委书记张爱军同志做出专门指示，要求四会大力推动兰花产业规模化、产业化、专业化发展，进一步提高四会兰花产业发展水平；肇庆市委常委秦波同志多次召集会议、并亲临活动现场指导工作。同时，在省农业农村厅有力指导下，四会市委、市政府专门成立了由四会市委书记任组长，各有关职能部门负责同志任成员的领导小组，高水平编制三年行动计划，举全市之力推动兰花产业高质量发展。迅速形成2022四会兰花"12221"市场体系建设营销"路线图"，组建了专职专责小组，抽调12名干部脱产专门负责兰花"父亲节"推介工作，坚持天天有动作、招招有实效，强力推进四会兰花"12221"市场体系建设。

（二）善于资源整合，开拓生产销售渠道

设立四会兰花产业发展专项资金，发挥农业信贷担保作用，辖区金融机构设立兰花信贷产品并成功授信，为农户、花企、村集体授信总额达2000多万元，直接解决生产种植源头资金问题。大力拓展网上销售渠道，实施兰花线上线下营销一揽子措施，全面在京东、天猫、淘宝、拼多多、抖音、快手、邮政极速鲜平台、盒马鲜生平台等上线，基本实现优质网销平台全覆盖。特别是，全国首个花卉绿植类抖音电商直播基地——金引擎抖音花卉绿植直播孵化中心正式进驻四会，开启花卉直播销售新时代，成功与佛山市悦家商业有限公司签订战略合作协议，实现四会兰花走进大湾区大市场大超市。实现"玉兰相会"联盟，借助玉器产业发展特别是玉器直播行业经验和渠道，助推兰花电商发展。

（三）坚持勇于创新，全方位铺开兰花推广

与新华网、南方农村报等各级媒体联动，充分运用全媒体宣传手段，构建全媒体传播矩阵，通过父爱如兰征文、四会兰花标识和产业宣传片发布，以及兰花与父爱结合的快闪、微电影等活动，在全网联动发起预热话题，推广四会兰花区域公用品牌。成功推出全国首个乡村振兴剧本控《父爱如兰》，并在广州新华网总部举行首发仪式，以四会兰花为符号，创新引进VR、全息技术、元宇宙等潮流科技元素，探索兰花产销对接新模式，促进"兰花+"新业态发展，取得全网关注热搜的良好成效；加强兰花科研投入、建立博士工作站和3个产学研基地，启动研制"兰花茶"工作，推出父亲节专属之花——兰花新品种"齐天大圣"（又名"父兰"）；创作首支兰花父亲节专属之花主题曲《父爱如兰》，在社会流行传唱；精心

设计"父亲节专属之花"礼盒包装,进一步树立"四会兰花"品牌,强力塑造"父亲节专属之花"大IP;6月10日成功举行广东四会兰花"12221"市场体系建设系列活动启动仪式暨"父爱如兰 用兰勇敢表达爱"推介活动,省、肇庆各级多位领导亲临现场参加启动仪式,创新实现"玉兰相会"联盟,表彰了一批"兰花达人"、授信了一批兰花产业市场主体、进行兰花抖音电商孵化中心进驻、兰花直通大市场采购商等一系列签约,当晚在广州塔亮灯四会兰花,引起社会各界强烈反响,进一步提升四会兰花知名度和美誉度;6月18日,胡润百富董事长胡润收到了孩子们赠送的四会兰花,把四会兰花推上父亲节礼物的"最佳榜单",赋予父亲节送兰花的文化内涵;6月19日,全国首个兰花主题音乐会——"父爱如兰 为爱而歌"父亲节云上音乐会在南方+直播间、视频号等新媒体网端,以及移动、联通、电信等通讯平台开播,吸引了百万人在线观看。当晚,四会兰花同步点亮广州塔"小蛮腰",亮屏各大商圈屏幕,向大湾区市民发出"父亲节,用兰勇敢表达爱"的号召,将四会兰花父亲节氛围推广推向高潮。

(四)强化人才建设,着力打造兰花达人

注重在兰花事业发展中培育人才,市领导亲自参与兰花产业推介专题片制作和兰花推广视频活动,取得明显推介成效;制作四会兰花和广东兰花首位台企台商陈明星先生事迹的专题纪录片,以兰花传递两岸一家亲的绵绵情谊;推出兰花"四君子"系列报道,讲述四会兰花产业发展历程的感人故事;聚焦兰花全产业链中产业、市场、科技、文化"四张牌",评选出四会兰花"种植达人"程伙荣、唐立基,"营销达人"陈慧、陈国村,"科研达人"高洁、金建鹏,"兰文化达人"梁应滔、杨明伟等一批先进典型,并努力选树陈慧、凌伟彬、林素芬等新农人兰花带货直播"网红",培育千名兰花直播带货主播以及评选百名兰花电商等。

二、工作成效

(一)四会兰花"淡季热销",创造一年两个旺销季。

今年在四会兰花"12221"市场体系建设和父亲节兰花推介一系列营销活动的有力推动下,四会兰花打破花卉销售周期规律,销售数据呈现爆发式增长,销量比去年父亲节期间同比增长3倍。往年5-6月份淡季时,一般的国兰品种在田间出货价约为20元,而今年出货价增长至接近40元,兰花单价均价大比例增长,同比去年增长约50%。四会兰花通过拓宽销路、科研生产并举、强化技术攻关,实现上下半年均可销售,目前市场行情持续向好,兰企采购铺货销售明显提高,实现兰农收入普增。

(二)"父爱如兰"深入人心,打造节日消费新符号。

5月20日以来,四会市推出八款"父亲节花礼"以及培育了四会特色父兰品种—"齐天大圣"作为父亲节专属之花。结合驻镇帮镇扶村工作,与抖音、京东、邮政"极速鲜"、

"云上农博会"等平台合作构建了四会兰花营销渠道，同时借鉴四会市玉器直播行业经验，打造花卉绿植类抖音电商直播基地。发布了全国首个乡村振兴剧本控《父爱如兰》，举行了父爱如兰征文、四会兰花系统标识和产业宣传片发布，以及兰花与父爱结合的云上音乐会、快闪、微电影、元宇宙等活动，在全网联动发起预热话题，赋予四会兰花更多情感价值和文化价值，全力将四会兰花打造为"父亲节之花"，强力塑造"四会兰花"大IP，推动四会兰花成为父亲节标配性、仪式性的产品，促进兰花发展新业态、新模式。

（三）文化赋能乡村产业，实现农文旅协同发展。

兰花是中国的名花，也是四会的市花。面临国内花卉行业同质化的竞争，四会市积极求变，着力打好兰花产业、市场、科技、文化"四张牌"，重点讲好"兰文化"，创造性地将兰花与父亲节紧密结合，提炼兰花的"花中君子"的形象来致敬父亲，以此开展特色从产业升级的探索。并先后登上广州塔、美国纽约时报广场等地标，向外输出将富含中国文化的花礼作为父亲节礼物，"父爱如兰"新理念深入人心，四会兰花品牌知名度和影响力进一步提升。

发展四会兰花"美丽经济"，推动农、文、旅融合发展，探索推进"产业+"融合发展模式。四会市立足实际，以古邑绥江碧道画廊为媒，串联贞山葡萄、黄田砂糖橘、石狗兰花等特色农业产业资源，形成农业产业示范带，带动产业蓬勃发展。重点提升四会兰花品牌价值，讲好四会兰花品牌故事，大力发展兰花电商，打造大湾区兰花基地，打响"四会兰花"特色品牌，做好"旅游+兰花"文章，把兰花元素融入四会市旅游、观光、休闲产业以及老百姓工作、生活中，擦亮"君子之风、玉德之城"城市名片。

（四）防疫和经济发展同抓同举，兰花产业逆势而上。

省委、省政府高度重视农产品市场体系建设。在分管负责同志的指导下和肇庆市委市政府谋划部署下，四会市积极推动实施四会兰花"12221"一系列市场建设和营销活动，促进生产与市场"两手抓、两手硬"。

受疫情影响，四会兰花紧抓电商销售的机遇，从批发销售加速向"触网经营"转变。今年春节期间，四会兰花企业自发试水线上销售，卖出超百万株兰花，线上销售占比近八成。此次父亲节营销期间，四会各大兰企受到社会广泛关注，商务咨询次数同比增长3倍，各大线上销售平台浏览量同比增长近4倍，部分线上销售平台日浏览量高达50万人次。此外，据微信大数据分析，6月以来，四会兰花微信指数一路飙升，整体指数值日环比增加1496.77%，达近一年来峰值。兰花销售额也呈井喷式增长。据统计，四会兰花企业、万绿兴花卉种植有限公司在今年上半年销售额超6500万元，超过2021年全年营业额的4030万元，其中父亲节前30天线上销售额达1568万元，同比增长近3倍，618当天斩获近70万元销售额度，同比增长2倍。

四会市推出的"父亲节专属之花"四会兰花限量销售礼盒包装（精品礼盒包装零售价为98元，尚品礼盒包装零售价设置为148元，尊品礼盒包装零售价为238元）受到广泛关注，消费者纷纷抢购，5天销量超2000单，销售额度超30万元，成为四会兰花提高品牌定位和产品附加值、利润的有力手段，兰花价格"探高"的尝试取得了初步成效。

第七节　梅州蜜柚

为贯彻落实省委、省政府深入实施乡村振兴战略的决策部署，根据省农业农村厅《关于进一步加强广东农产品"12221"市场体系建设工作的通知》要求，在市委、市政府的领导和部署下，2021年，梅州立足于"学党史，我为柚农办实事"，扎实推进2021广东梅州柚"12221"市场体系建设工作，梅州柚取得优质优价、产销两旺、打响品牌等成效，实现柚农丰产增收。

一、主要做法

在借鉴广东荔枝、菠萝营销成功经验，以及连续3年梅州柚"12221"市场体系建设的基础上，经市场调研、多方会商，梅州多措并举，有力推动2021梅州柚市场体系建设各项工作的顺利开展。

（一）统一部署

按照"叫响一句口号、建设好一个5G大数据平台、打造一流品质、组织一系列营销活动"的"四个一"行动方针，统一部署2021年梅州柚市场体系建设工作。梅州柚连续三年登央视、进高铁、亮相广州塔，组织中央和省级主流媒体，叫响"天天都喝嘉应茶，年年都吃梅州柚""好山好水出好柚，要买就买梅州柚"等营销口号；持续建设梅州柚5G大数据，通过大数据指导营销、引导种植；坚持"不熟不采，非熟不卖"，倡导"品质拼市场，好柚有好价"理念；持续开展产品的营销推广，组织"梅州柚情系销区"系列活动。

（二）提早布局

早在梅州柚上市前，梅州即着手制定《2021梅州柚市场体系建设工作方案》，8月举办2021梅州柚市场营销启动仪式，提早预告开采节、大湾区宣传推介、看园选果等活动，实现谋划提早、开局良好、市场反响热烈、价格稳中有升的良好效果。

（三）创新打法

一是营销升级。成立梅州柚联盟，组织梅州柚联盟成员从承诺"不熟不采，非熟不卖"升级为"只卖好柚子"，明确核心定位，回应销区市场关切问题，树立消费信心；二是渠道升级。全省首创"官方旗舰店+共做果园主"营销模式，携手有关媒体平台线上建立梅州柚官方旗舰店，组织梅州柚联盟成员驻店，线下宣传倡导"我在长寿梅州有棵柚子树"都市生活新风尚，引导都市高端消费群体做梅州柚园主。三是活动升级。依托国家级展会平台、标志性场景，通过客家文化赋能、粤菜师傅倡导柚生活、专家推介等手段，组织互动性强、参与程度深、营销转化率高的营销推广活动，进一步刺激梅州柚市场。四是形式创新。发起电台名嘴呼吁全国人民吃梅州柚系列活动，结合重点销售市场，邀请上海、南京、重庆、长沙等城市电台名嘴，用各种方言，喊当地人吃梅州柚。五是发动社会力量卖梅州柚。发动各企业、各媒体、各平台，带动梅州柚进直播间，通过朋友圈、社区店、商超、批发市场等不同渠道销售梅州柚，形成社会力量，共卖梅州柚的浓厚氛围。

二、取得成效

按照省委、省政府的工作要求，在省农业农村厅指导和支持下，梅州市农业农村部门与有关部门共同发力，梅州柚市场营销成效显著。

（一）优质优价

受疫情影响，梅州柚上市期间全国水果销售市场消费不振，但精品梅州蜜柚仍高于全国同质产品价格，实现了"优质果有好价"。

（二）打响品牌

梅州柚上市前充分预热、上市中宣传覆盖面广，"好山好水出好柚，要买就买梅州柚"的理念深入人心。在省农业农村厅支持下，2021年继续在央视、高铁投放梅州柚广告。针对全国重点市场，联合梅州邮政公司，发出宣传包裹贴35万张，在全市范围发出20万份宣传彩页，在300台楼宇视频机持续播放广告，与广东电视台等省级媒体与联动宣传。

（三）产销两旺

在"匠心种好柚，品质赢市场"理念和系列市场营销工作推动下，2021年，梅州蜜柚产量约45万吨，绝大部分果农实现盈利；金柚产量约50万吨，实现品质提升。

三、下一步重点工作

2022年，梅州将在省委、省政府领导下，在省农业农村厅指导支持下，持续深入做好市场体系建设工作。一是坚持品质拼市场，通过标准化种植、品种改良、果品分级等手段，组织成立梅州柚社会化服务组织，鼓励施用有机肥，强化技术指导，实践好果保价收购，推动品质提升。二是紧抓营销火车头，继续推进梅州柚联盟、官方旗舰店建设。三是科学应用大数据，做好市场、宣传、推介活动、销售团队联动。四是打造广东梅州RCEP柚子国际交易中心。建设集仓储加工、物流贸易、展示展销、金融配套、商贸服务等一体的柚子国际采购交易中心，努力将梅州打造成广东柚子国际采购交易核心区。五是做大做强产业链，依托跨县集群建设，加强精深加工技术研发，深入挖掘柚果的潜在价值，不断提高柚果的附加值，实现柚果"全身变宝"。

第八节　德庆贡柑

广东东璞农业科技有限公司旗下的德庆县东璞生态农业有限公司主要种植德庆贡柑为主。在 2013 年起就进行大规模的种植。目前已有 1000 亩的基地，联农带农发展了 2000 多亩。德庆贡柑也与其他果树种植区一样，也收到过黄化病的侵袭。利用东璞绿色生态种植技术，果树复绿，果品品质得到提升，用工业理念的产业链思维搞农业，依靠科技创新，发展现代生态农业，坚持走绿色生态种植之路。随着电商的发展趋势，我们认为农产品通过电商的销售方式，一方面能拉近与城市消费者的距离，另一方面也为高品质的农产品提供了高速、便捷的平台渠道。2022 年 7 月 20 日，省委书记李希到德庆东璞公司调研，对公司的工作表示肯定。

一、主要做法

（一）全产业聚焦，多途径开拓新销路。

一是种植上通过"公司＋农户"的形式，高价收购严格按照公司规程种出的贡柑，并打造了"盘龙峡""东璞"两个商标。依托公司的生态种植技术，帮助德庆的果农复种贡柑，让农民享受通过科技创新所带来的丰收成果。以市场为导向，以标准来联结，带动并指导农户种植贡柑面积超过 3500 亩，来让农民享受通过科技创新带来的丰收成果。二是加工上以科技开发贡柑农产品的深加工，达到"一果三用"的效果。不仅通过电商销售德庆贡柑鲜果，还以贡柑皮作为原料，制作成贡柑柑（陈）皮，泡茶煲汤。贡柑果肉做成果酒。通过技术创新，延长销售期和变化销售形态。三是利用德庆丰富的旅游资源，包括悦城龙母庙、孔庙学宫、三元塔、盘龙峡等知名景点，贡柑出境水果果园与出口包装厂相邻，同时也是农合服务中心与电商运营中心的所在，目前正根据现场的地理位置，规划建设柑橘"北海道"，发展旅游园区。园区内有种植区、加工区、营销体验区。其中种植以德庆贡柑为主，有机水稻及有机葡萄、百香果等为辅的种养一体化体验区。出口包装厂及检测楼，是将农产品转变成商品的重要载体，包装厂内含分选设备、冷库、打包区，检测楼内设智检小站，服务公司及合作社社员的果品农残检测，为农产品质量安全保驾护航。四是与肇庆学院签订"农业技术创新联合体"产学研究战略框架协议，目前技术方面正在进行多项农业科技创新技术开发、部分取得成果，正申报相关发明专利；营销方面东璞也是肇庆电商专业学生的实习基地，已有部分电商学生在基地实习。

（二）强化人才 IP，着力打造品牌达人。

打造"东东"上卡通 IP 和运用好"广东柑橘代言人"陈慧个人 IP，做好"TOPCP"和"东璞"的品牌打造，通过专业设计团队，创作多款贡柑外包装，以此来适应不同的消费群体，并申请相关的知识产权和外观专利。开展果园田头直播，让消费者看到农产品完整的生长环境和品质，了解种植出绿色生态的贡柑的过程，让消费者吃得放心。"贡柑妹妹"陈慧不仅成为广东柑橘代言人，还登上美国《财富》杂志，获评广东省乡村振兴"先进一线工作者"、广东省农产品"12221"市场体系建设推广先锋等称号，并当选为广东省十三次党代会代表。

（三）严守标准，增强品牌硬实力

制定严格的企业标准，包括种植标准、产品回收标准、产品加工标准和产品准出标准，通过水果出口包装厂标准化加工，统一农产品的出厂标准，为电商平台销售带来了更好的品质保障，为消费者带来更好的消费体验。物流方面与政府通力合作，对接优质物流企业，签订最优惠的农产品运输协议，以集单的方式统一物流运输方式，降低物流成本。

二、工作成效

今年在德庆贡柑"12221"市场体系建设和双十一"德庆贡柑采摘节"等活动的有力推动下，利用多名主播在果园田头直播，当天成交1.5万单。2021年贡柑电商平台销售量约为6.5万单，平均售价10元/斤。结合高端商超的销售，圆满完成公司自有基地和农户的贡柑销售。

一是通过品牌打造、品牌赋值、产品标准化，带动农户每亩增收约4000元，大大加强了农户按公司标准化生产种植的信心。二是经过2021年电商平台运营经验的积累以及对国外营销的探索，2022年广东东璞公司已开展肇庆市跨境电商独立网站建设工作，至8月份正式上线，并在TikTok、Facebook、instagram进行交流，引导至跨境电商独立站，国外消费者在网站购买农产品并支付款项。目前已完成肇庆地区首单农产品跨境电商平台销售。三是在贡柑生产种植技术、品质控制、电商平台销售模式取得一定的成绩。目前公司打造贡柑产业链体系的成熟经验作为基础，为了保证电商一年四季都有农产品销售，我们通过月份选品，以东璞绿色生态种植技术输出及现代化管理模式，保证我们的农产品品牌与品质的稳定性。目前以德庆贡柑为主，还发展了汶朗蜜柚、徐闻菠萝、高州荔枝黄皮龙眼、紫金春甜橘等产品。

第九节　潮州凤凰单丛茶

"愿充凤凰茶山客，不作杏花醉里仙"。"凤凰茶山"，指的正是潮州凤凰山。好山好水出好茶，凭借优越的地理优势、独特的品种资源和精细的人文精神，潮州人将大自然馈赠的"宝贝"制成茶界奇葩——凤凰单丛茶。岁月流转，这一古老的农业文化遗产在绵亘700多年之后依然生机勃勃、历久弥新。

作为广东省典型代表茶区，潮州以历史悠久、人杰地灵、文化璀璨而著称，素有"岭东首邑""岭海名邦""海滨邹鲁"之美誉。立足"好山好水好工夫"，潮州从"延续中华文脉"的高度，以高度的文化自信、文化自觉，充分发挥凤凰单丛茶的独特优势，坚持品牌化推广和产业化发展双向发力，致力以高质量的标准做强做大凤凰单丛茶产业，努力将凤凰单丛茶打造为全球品牌，让潮州工夫茶香飘四海、享誉全球。2020年9月14日，中欧领导人宣布正式签署《中欧地理标志协定》，来自"茶乡"潮州的凤凰单丛茶入选首批保护清单。

凤凰单丛茶是半发酵乌龙茶，经过了十道环环相扣的古法程序制作而成，具有独特的山韵风格，耐冲泡，极尽"形美、色润、香郁、味甘"四绝之特点，因此又被誉为"茶中极品，潮州活化石"。

一、好山好水孕育一方好茶

凤凰单丛茶属于乌龙茶系，因"单株采摘、单株制茶、单株销售"的生产经营模式而得名，茶汤独具"天然花香、特殊丛韵"，被誉为"茶中香水"。因其高扬的香气与强烈的山韵，凤凰单丛在乌龙茶类中别具一格，深受茶客喜爱。

对于茶叶来说，产地是决定其品质的关键因素之一。驰名中外的凤凰单丛茶，正是在得天独厚的气候条件和自然环境中孕育、生长。

凤凰单丛茶的主产区是凤凰山脉，位于潮州市北部山区，北回归线在此贯穿而过。亚热带季风气候带来温和湿润的天气，使得这里常年雾气萦绕、雨量充沛，加之凤凰山花岗岩矿物质含量众多，微量元素和化合物也非常丰富，极为适宜茶树生长。

见证凤凰单丛茶悠久种植历史的是凤凰山上的古茶树。在海拔约1000米的潮安区凤凰镇凤西和乌岽村，仍保留一片占地约1万亩的古茶树茶园，是潮州茶叶产业发展悠久历史的活见证。现存最古老、最具代表性的单丛茶树，是植于凤凰镇凤西村大庵自然村的"大庵宋种"，它也是凤凰山上冠幅最大、单株采摘产量最高的大庵宋种母树，在这片土地上已经生长了约600年。

宝贵的古茶树资源，需要呵护与传承。通过培植名优茶苗与嫁接名优茶等方式，凤凰山中的人民发展出以蜜兰香、桂花香等十大香型为主的名优茶。目前，凤凰名优茶占有率高达90%以上，基本实现"茶叶名优化"。

凤凰单丛茶具有资源唯一性和鲜明地域性，是我国茶树品种中自身花香最清高、花香类型最多样，滋味醇厚甘爽、韵味特殊的珍稀高香型名茶品种资源，是业内专家公认的"世界罕见的优质古茶树资源"。

二、下足好工夫做强单丛茶产业

好山好水,造就了凤凰单丛茶的优质基因。但要做大做强单丛茶产业,加快产业高质量发展,必须把品质作为发展核心。

近年来,潮州高度重视凤凰单丛茶产业发展,2022 年 4 月 14 日专门召开凤凰单丛茶产业高质量发展工作专题会。潮州市委书记何晓军要求,要坚持系统思维,立足百年大计,全力以赴做大做强生产链、产业链,坚决打好打赢产业发展关键之战,让凤凰单丛金字招牌打响全国、走向世界。

强力推动下,潮州上下发挥优势、集聚合力,在生态种茶、科学养茶、合理采茶、规范制茶、精准销茶等环节下足"好工夫"、做足"细文章",不断培育健全凤凰单丛茶全生产链,推动产业发展迈向高质量发展。

利用大数据实施智慧种植,也已在部分茶园中得以探索。在棋盘村樱花茶园约 200 亩的"5G+智慧茶园"里,14 个"智慧天眼"24 小时站岗,不间断地观察和记录茶园情况;智能化喷灌设施遍布,可实现精准灌溉,提高生产效率。打开手机 APP,手指滑动,就能实现 720° 视角实时查看茶园气象温湿度、光照、风速、水质、土壤等数据。

"智慧天眼"是棋盘村单丛茶数字农业示范项目中的智能全景监测基站。目前,棋盘村单丛茶数字农业示范项目正在试运行阶段,棋盘数字茶园将不断优化和完善技术应用,将数字信息技术应用于茶叶产销各环节,总结形成可推广的模式,将项目成果在凤凰单丛茶产区进行全面推广。

对于宝贵的古茶树资源,科学养护必不可少。在凤凰古茶树茶园,《凤凰古茶树资源保护管理办法(试行)》《潮州单丛古茶树保护技术规程》等宣传板挂在路旁,十分显眼。2021 年,凤凰古茶树丛谱编志组还为大庵古茶树制作"身份证",对古茶树实施挂牌管理。凤凰镇还联合华南农业大学、广东省茶叶研究所等专家到古茶树茶园调研,深入研究古茶树病虫害防控形势，制定防控措施。

凤凰单丛茶既以气味浓香、耐冲耐泡的品质闻名，又以其茶叶制作讲究、泡饮工夫精妙受到追捧。制作凤凰单丛茶，一定要在春季晴朗而凉爽的日子里并且在午后1-4时这一时间段里采摘，且摘后一定要分株堆放在阴凉处，随后才能初制加工。泡茶则更需工夫。潮州工夫茶是中国茶艺中最具代表性的一种，茶具精巧，方法考究，礼仪周全，泡茶步骤极具观赏性，是"潮人习尚风雅，举措高超"的象征。

近年来，潮州本地茶企不断探索尝试，投入机械化与自动化设备，为凤凰单丛茶加工环节注入科技活力。在广东天池茶业股份有限公司的茶叶生产基地，摇青机就有100台，一台机器一天可以摇20斤茶，最多可实现2000斤茶叶同时进行摇青。此外，该企业还引进一条大型的全自动铝罐灌装生产线，可实现每小时包装600斤约3000罐茶叶，提高包装效率和卫生水平。

凤凰单丛茶产业要迈向高质量发展，还必须往标准化、规模化、产业化、品牌化方向发力。近年来，潮州市致力于推动凤凰单丛茶的标准化体系建设，通过加快推动标准、品牌、标识、防伪"四统一"，推动潮州单丛茶标准化、品牌化、产业化、品质化发展。去年，潮州市市场监管局评审通过《地理标志产品凤凰单丛（枞）茶》市级地方标准，成为促进凤凰单丛茶产业化发展走向更完善、更科学的关键一步。

不仅在做大做强生产链上下功夫，潮州还瞄准新风口，在创新茶叶销售模式渠道上下功夫。5月8日，凤凰单丛茶电商直播基地正式启动。该基地将依托成熟的电商资源、集聚各大品牌商及供应链等环节主体参与，形成规模化、专业化、品牌化的直播基地，打造单丛茶线上传播、交易的创新平台，通过多方优势互补，共同推进潮州单丛茶产业数字化发展。

"绿叶子"成为"金叶子"，"小茶叶"托起大产业。如今，凤凰单丛茶产业已成为潮州振兴乡村经济、促进农村群众增收致富的主要抓手。目前，潮州拥有凤凰镇、浮滨镇等5个万亩茶叶专业镇，100多个茶叶专业村。2019年，潮安区凤凰单丛茶产业园入选为省级现代农业产业园。2021年，全市茶叶种植面积22.5万亩，毛茶产量2.67万吨，初制茶产值超过64亿元。

在此基础上，潮州还将在更大地域、更大范围集中优势资源，以凤凰连片2万亩的古茶树资源为载体，以凤凰单丛茶和岭头单丛茶原产地潮安区凤凰镇和饶平县浮滨镇现存的古茶树为基础，在全市范围内建设广东省凤凰单丛茶跨县集群产业园，通过集聚潮州在茶叶产业的优势资源，推动茶叶产业的全链条发展。目前，该跨县集群产业园已被列入2022年省级现代农业产业园推荐名单。此外，潮州还将建设古茶树保护资源库，推进茶叶种质资源保护示范区的建设，做好名优"潮州单丛"品种的认定保护等。

三、高质量建设凤凰山茶旅走廊

潮州是工夫茶艺的发源地,也是工夫茶文化的发祥地。历史上潮人将单丛茶特质与传承的中原茶叶冲泡技艺相结合,形成特有的潮州工夫茶"二十一道冲泡技法",被视为中国古代茶道的活化石,是中华茶文化的杰出典范。2008年"潮州工夫茶艺"入选为第二批国家级非物质文化遗产名录,2014年广东潮安凤凰单丛茶文化系统入选第二批中国重要农业文化遗产。

民国四年(1915年),凤凰水仙茶被选入巴拿马万国商品博览会并荣获银奖。自此,凤凰单丛茶在世界享有赞誉。《潮州日报》曾报道,美国前总统尼克松访华时品尝凤凰单丛后,称此茶比美国的花旗参还提神。日本茶叶博士松下智先生称,凤凰单丛是中国的国宝。

潮州人都爱凤凰单丛茶。在海外的潮州人互相扶持、团结友爱,空闲下来就喜欢一起喝茶。而潮州人喝惯了家乡的茶,走到哪里就带到哪里,如行走的名片一样到处宣传着自己家乡的好茶。凤凰单丛寄托着天南地北潮州人对家乡的思念之情。

随着茶产业的不断壮大和潮州工夫茶文化的广泛传播,与茶相关的文化、旅游、工艺品、文创等衍生品蓬勃发展。在这一背景下,潮州在通过"一片叶子"做大做强产业的同时,还着力打造"一条走廊"——凤凰山茶旅走廊,在绿色生态发展的大框架下,推进凤凰山自然生态、风貌保护,推动茶、文、旅融合发展。对此,潮州要求,要高标准打造凤凰山茶旅走廊,推动凤凰单丛茶走出中国、走向世界。

结合自身拥有的丰富的文化和旅游资源,潮安区正加快推进凤凰山茶旅走廊建设,努力探索以茶、旅融合带动乡村振兴的发展之路,不仅打造了叫水坑村、东兴村、棋盘村、乌岽村等一批旅游特色村,还培育了凤凰单丛茶博物馆等"网红"打卡点。坐落于凤凰镇东兴村的潮州凤凰单丛茶博物馆是凤凰镇三产融合的文旅项目,也是凤凰镇打造茶旅特色小镇的标志性项目,于2020年10月正式开馆。在这里,展示着树龄超过600年的"茶王"——"宋种1号"标本,此外还设有茶文化展览馆、凤凰单丛茶研究院、茶器物陈列馆等。该博物馆依托古村落特有的潮派建筑特色,修缮活化利用闲置空间,并通过标本、壁画、图示等多种方式展示凤凰单丛茶的发展历史,自开馆以来,迎来众多游客前来参观。

随着凤凰山茶旅走廊建设的深入推进,凤凰山沿线各镇景区景点、历史遗存、乡村聚落、文旅项目等将逐步串点成线、串珠成链,成为乡村振兴的亮点。据了解,凤凰镇也将进一步整合茶旅、文旅资源,不断完善旅游配套设施,推动茶文化、红色文化与旅游产业深度融合,以建设成为国家5A级景区为目标,以高质量发展推动凤凰镇绿色崛起。为更好地推广凤凰单丛茶的区域品牌,接下来潮州应继续做好如下几点:

(一)做优做强潮州单丛茶产业

发挥凤凰单丛茶特色,拓展茶产品、茶文化、茶品牌、茶旅游链条,大力培育茶叶龙头企业,加大古茶树保护,推行"四统一"标准化体系,提高茶叶标准化水平和品质,充实茶叶制作和茶产品研发人才。加强专业机构设置,争取在市级农业农村部门增设茶叶研究内设机构,力争在市茶叶研究所基础上设立茶产业研究院,加强单丛茶产业发展专业化技术力量。以生态茶园建设作为重要抓手,因地制宜打造高标准茶叶生产基地,建设优势茶产业绿色发展带。依托广东省凤凰单丛茶跨县集群产业园、潮安区凤凰单丛茶产业园、潮州市饶平县茶叶产业园3个省级现代农业产业园,湘桥区茶叶市级现代农业产业园,以及59个"一村一品"涉茶项目的建设,延长产业链,构建现代茶叶产业体系,形成茶农、茶企、茶商发展共同体。加快凤凰镇茶叶专业市场等一批产业项目及配套建设,布局建设茶叶展览中心、仓储、单丛茶电商直播基地等项目,将其打造成为线上+线下茶交易中心。推进"12221"市场营销体系建设,振兴特色农业产业,打响潮州单丛茶品牌,推动潮州茶走向全国、香飘世界。

(二)加快凤凰山茶旅走廊建设

坚持生态优先、产业主导、茶旅融合、文化聚力,充分利用凤凰山自然风景,挖掘茶文化系统内涵,连贯乡村生态文化景观,建设"跨山统筹、多业融合"的产业功能配套,规划打造省、市级乡村旅游精品线路6条,加快推进凤凰古驿道、凤凰山革命纪念公园等红色遗址、李工坑畲族特色村建设,完善酒店、客栈民宿等服务配套设施,打造成集观光、生态、文化于一体的旅游体验区,提升凤凰山茶旅走廊空间与产业高质量共融发展水平,将凤凰山茶旅走廊打造为全球农业文化遗产的典范、潮州乡村振兴金名片、产业融合大平台。

(三)传承弘扬潮州工夫茶文化依托潮州工夫茶文化研究会,加强对茶文化系统研究,深挖工夫茶文化资源

搜集整理潮州工夫茶文化、潮汕茶人故事、人文风采、单丛茶历史文化等系列文化素材,充实潮州凤凰单丛茶博物馆,打造集收藏、展览、研究及茶事活动开展等多功能于一体的茶文化传播平台。推动潮州凤凰单丛茶文化系统申报全球重要农业文化遗产,擦亮潮州工夫茶文化品牌。举办面向大众的潮州工夫茶培训,建设工夫茶文化体验平台。积极组织茶企茶商参加国内外举办的文化活动、利用传统平台及新媒体进行对外交流,以凤凰单丛茶和工夫茶文化为金名片,向国内外展示山水宋城的活力与潮州文化的魅力。

第十节 化州橘红

茂名化州市位于广东省西南部,处在粤港澳大湾区、海南自贸港、北部湾城市群国家三大发展战略平台的几何交汇处,是冼太故里、"中国化橘红之乡"和"中国拖罗饼之乡"。全市总面积2354.2平方公里,总人口180万人,其中农业人口132.5万人。境内交通顺顺便捷,铁路、高速公路等现代交通设施交织成网,是距离湛江吴川机场最近的城市。优越的地理位置和丰富的劳动力、农业(南药)、矿产等资源为我市承接产业转移、实现区域经济互补提供了良好的合作空间。今年3月份广东省地质局、广东省地质调查院发布的《化州市土地质量地球化学调查成果简报》显示,我市基本都是富硒富锗地区,其中富硒土壤面积占比75.52%,富锗土壤面积占比24.48%。此外还富含礞石矿物质,优质的土壤环境为化州农业产业高质量发展提供了强大动力。

近年来,我市积极实施乡村振兴发展战略,大力推进地方特色农业振兴发展,按照"稳发展、优结构、提品质、壮品牌、拓市场、增效益"的发展理念,大力推动以化橘红为主的南药产业集聚发展,促进南药产业呈现出良好的发展势头。

一、发展现状

化州是南药传统种植大市,资源十分丰富,已发展成为南药的主要供应地和购销集散地。一直以来,我市把南药产业发展作为支持产业重点推进。目前,全市南药主要品种有化橘红、桂圆、沉香、广藿香、牛大力、广佛手、何首乌、黄栀子等。其中,化橘红是化州特有的地道中药材,药食同源珍品,全球独一无二,是国家地理标志产品;明清宫廷贡品,是"十大南药""四大广药"之一。化橘红以上中药材的主要种植经营方式是"农户(家庭农场)+合作社+企业",都是农户、家庭农场、农民专业合作社进行种植,产品一般是由当地的个体户、农民专业合作社进行收购,然后批发给药材加工企业进行深加工或制成中成药。

化橘红产业。主要分布在平定、文楼、宝圩、播阳、那务、合江、江湖、林尘、中垌、新安、官桥、石湾、河西、丽岗等14个镇(街道)。目前化橘红种植面积近11.6万亩,年产鲜果5万多吨,以化橘红为主原料的系列产品60多种,产品远销全国各地以及日本、欧美等30多个国家和地区,化橘红全产业链产值超50亿元,带动30万农民增收致富。化橘红产品顺利出口至新加坡,实现出口"零突破";化橘红冲上中国区域农产品影响力指数中药材产业榜前十之列;化橘红胎(化橘红珠)被收载为广东省中药材标准品种。化橘红在新冠肺炎疫情防控和驰援戍边部队中都发挥了积极作用,被列入新型冠状病毒性肺炎诊疗组方用药第六、第七、第八、第九版,充分彰显了"赠人化橘红、手留橘红香"的

"济世康民"精神。2021年，我市成功申报了化橘红国家现代农业产业园，化橘红产业首次跻身国家发展战略，标志着化橘红产业发展步入了一个崭新阶段。

桂圆产业。种植面积20多万亩，分布全市各镇（街道），年产1500多吨，总产值达2500多万元。

沉香产业。种植面积7万多亩，规模还在不断扩大，总产值达6000多万元。平定、那务、播扬是沉香的主要产地，建成沉香木种植场180多个。其中平定镇下双村打造"沉香村"，共312户农户，几乎户户种植沉香，种植沉香年收入高达1500多万元，年均每户收入4万多元，成为农户致富的重要途径，是全国沉香苗的主要供应基地。

广藿香产业。种植面积1.5万多亩，年产7600吨，总产值达9300多万元，那务、播扬是广藿香的主要产地。

牛大力产业。种植面积7600多亩，年产3810吨，总产值1.68万元，中垌、平定、那务、林尘是牛大力的主要产地。

广佛手产业。种植面积2500多亩，年产1850吨，总产值260多万元，丽岗、林尘是何首乌的主要产地。

何首乌产业。种植面积6500多亩，年产5250吨，总产值1300多万元，丽岗、林尘是何首乌的主要产地。

黄栀子产业。种植面积2000多亩，年产150吨，总产值300多万元，宝圩、那务、播扬是黄栀子的主要产地。

二、主要做法

（一）高度重视，持之以恒促发展

2005年，时任省委书记张德江视察茂名化州时强调，要积极推进化橘红产业化、规范化发展。2020年，省委书记李希视察调研化州时强调，要大力弘扬中医药传统文化，做强地道的中药材。我市高度重视南药产业发展。一是成立专门领导机构统筹推进。成立以市委书记为组长的南药产业发展工作领导小组，对南药产业发展的项目、资金等进行统筹协调。同时，成立化橘红研究所，重点研究化橘红种植和加工。二是落实资金保障。每年从预算中安排2000万元，为南药产业发展提供资金保障。三是注重人才引进培育。通过政府聘请、企业引进、项目引进等方式，全面构建南药产业发展人才体系。

（二）规划引领，久久为功抓落实

先后制定了《化州市现代农业发展规划》《化州市化橘红产业发展规划》和《化州市化橘红产业建设实施方案》，为南药产业化、基地化发展提供政策保障和发展指引。以"一核两带三基地"推进化橘红产业园建设，规划总面积为128万亩。目前，我市化橘红产业建成专业镇9个，培育了美华、大合生物等千亩以上的化橘红种植基地10个，化橘红种源复壮育苗基地25个。

（三）守正创新，产学合力搞研发

长期以来，化橘红产业发展得到中国医学科学院植物研究所、中山大学、广州中医药大学等科研机构的技术支持，先后构建了广东省化橘红深加工工程技术研究中心等4个省级科技研发中心，创建了1个化橘红产业"博士后工作站"。目前，全市化橘红产品加工企业65家，年产值超50亿元，取得国家专利技术30多项、欧洲发明专利4项、国家保护处方3项，通过GMP认证化橘红药品生产企业7家，产品获得国家有机认证2家、省名牌产品3家。化橘红产品系列品种50多个。

（四）广泛宣传，凝心聚力拓市场

一是通过新媒体推介。多次邀请中央电视台第七频道拍摄《化橘红生产技术》，《化橘红本草》《化橘红传》等专题宣传片。精心组织化橘红企业、化橘红协会参加世博会、农博会，积极推动化橘红走出国门、走向世界。二是通过节庆推介。每年我市举办化橘红文化节、化橘红赏花节吸引国内外众多游客前来赏花、购物，化橘红产品驰名中外。三是政商立体推介。邀请"魅力中国城"摄制组拍摄专题宣传片，化橘红获得文旅项目康养特色小镇称号。四是高端载体推介。基本建成化橘红官方网站、化橘红区域品牌LOGO标识，扎实推进化橘红博览中心建设、高铁冠名化橘红品牌宣传，有力提高化橘红品牌知名度。目前，化橘红成药、制剂及工艺品畅销全国各地和欧美、日本等30多个国家和地区。

（五）联农带农，多措并举助振兴

我市以化橘红产业为主，以化橘红现代农业产业园为载体，创新建立利益联结机制，探索品牌共享增值增收带动、"企业+农户"订单合同、"企业+基地+农户"流转聘用、"合作社+农户"服务协作、"双创"增收、劳动就业增收、股权量化试点等模式，带动群众积极发展南药产业，促进农民就业增收、增产增收和增效增收，让农民充分分享产业园的发展成果。目前，全市从事化橘红等南药产业的群众达40多万人，农民群众直接经济收益12亿元。2019年以来，我市整合全市20个镇290条村6000户贫困户的扶贫资金，共8000万元投资华聪南药种植收购加工项目，安排1600多名贫困户就业，带动化橘红等南药种植面积5万亩，实现了南药产业发展和精准脱贫"两促进"，助推乡村振兴发展。

除了上述五点做法外，化州还进一步优化营商环境。相继出台了《化州市特色农业发展总体规划（2018-2035）》《化州市招商引资工作联席会议工作规则》《化州市招商引资责任考核暂行办法》《关于全面加强招商引资工作的意见》等系列文件。全面落实广东省和茂名市"实体经济十条"、省"外资十条"和"民营经济十条"，落实减税降费政策，实行企业服务制度，坚持"两个毫不动摇"支持实体经济发展壮大。纵深推进"放管服"改革，以"数字政府"建设为重点，加快打造一网通办的"互联网+政务服务"体系。企业开办时间和投资项目审批时间分别压减到2.5天和45天。深化商事改革，让群众办事"只进一扇门""最多跑一次"，打造公平公正公开的服务型法治政府。

第十一节　乐昌黄金奈李

乐昌市是广东省北部的山区县，总面积 2419 平方公里，下辖 16 个镇、1 个街道、2 个办事处，共 195 个行政村、20 个居委会，户籍人口 53 万人，常住人口 38 万多人。乐昌电商基础扎实，市电子商务协会现有会员 77 家，公路、邮路、通信、互联网已全面覆盖到行政村。乐昌 2019 年被列入省级电子商务进农村综合示范县，不断完善了农村电商服务体系建设，创建了 1 个市级电商服务中心、17 个镇级电商服务站和 137 个村级电商服务站点（村级站点覆盖率达到 70%），形成市、镇、村三级农村电子商务服务体系。2021 被列入国家级电子商务进农村综合示范县，目前正在开展创建工作，大力推动农村商贸流通企业转型升级，加强品牌培育和推广，强化农村电商创业带头人的培养，进一步完善农村电子商务公共服务体系建设，推进市级电子商务公共服务中心和镇村电子商务服务站点升级改造。

一、主要做法

（一）在品牌打造上下功夫，积极拓展电商销路

1. 积极探索销路，线上线下齐发力，国内国外同开拓。

一是提前销售，发展果树定制模式。积极开展 2022 中国（乐昌）黄金奈李国际网络节暨乐农优品云展会系列活动，助力电商销售。"我在乐昌有棵黄金树"打响 2022 年乐昌黄金奈李 "12221" 市场体系建设第一炮，市场反馈良好，消费者通过淘宝店、小程序等积极订购。二是拓宽线上销售渠道，上线十大电商平台。上线广东保供稳产安心数字平台、快团团、百果园、盒马鲜生、中国移动商城、广东省乡村振兴文化服务产业园微店、呼啦商城、中国电信商城、钱大妈、广东中旅等十大线上平台，提高电商平台覆盖率。三是进一步开拓国内外市场。黄金奈李走进粤港澳大湾区、开拓京津冀市场、出口至阿联酋，将随着河北新发地的辐射范围，走进 13 个省份；此次发往阿联酋同样是乐昌黄金奈李出口零的突破，在迪拜举办品鉴会，将推动农产品营销市场化、品牌化、数字化、国际化，推动广东农业农村服务和融入以国内大循环为主体、国内国际双循环相互促进的新发展格局。

2. 提升品牌知名度，销区产区同推动，名人素人齐上阵。

一是城市地标亮屏。乐昌黄金奈李登上广州塔，在粤港澳大湾区核心城市与消费者见面，滚动亮起"乐昌心意·黄金奈李，广东乐昌喊全球吃黄金奈李"字样，向全球人民发出甜蜜邀约。提高品牌知名度，带动销量。乐昌黄金奈李品牌知名度和影响力进一步提升。二是名人代言打 call。黄金奈李系列活动邀请了万果联的创始人朱勇立、跳水奥运冠军胡佳、中国象棋特级国际大师许银川、歌唱家张琼、知名粤曲节目主持人雄标、广东广播电

视台国际频道主持人 Hazza、"贡柑妹妹"陈慧等 20 多位商界、体育界、文艺界、国际友人、网红代表代言打 call。三是打造素人网红。举办黄金奈李电商产业人才培训班,邀请到拥有 10 年电商销售运营、6 年电商培训师经验的授课老师进行教学,吸引到一千多名乐昌黄金奈李及其他优质农特产品营销强化电商人才参与、学习。打造"奈李哥哥"黄棋峰、"奈李妹妹"黄靖文为代表的九峰九人新农青年团,通过本地网红达人带动,将帮助更多新农人学习电商直播的模式来拓宽黄金奈李及其他乐昌优质农产品的销路,进一步推动乐昌市电商产业的高质量发展,帮助农民增产增收,为乡村振兴注入强劲动力。四是上线乐农优品云展会。搭建云展会平台,整合乐昌域内特色农产品销售平台与链接,集聚效应明显,带动全域特色农产品展示展销。

(二)在产业延伸上下功夫,吸引人气带动销售

1. 文化赋能乡村产业,文旅拉动电商销售。

乐昌市大力推动农文旅融合发展,不断探索推进"产业+"融合发展模式,通过文旅拉动产品销售。2022 中国(乐昌)黄金奈李国际网络节暨乐农优品云展会上,乐昌发布乡村旅游路线,由黄金奈李等水果产业种植延伸至农文旅融合产业,彰显乐昌推进一、二、三产业融合发展新姿态。开展"乐昌心意·黄金奈李"全球征文活动,投稿反响热烈,赋予乐昌农业更多情感价值和文化价值,展现乐昌崭新良好的人文形象。

2. 推出首个系列性农产品数字藏品,提高品牌溢价

推出广东省首例系列性农产品数字藏品——乐昌黄金奈李数字藏品。该数字藏品运用元宇宙概念、区块链技术,以乐昌黄金奈李为 IP 形象创意进行设计,通过艺术化手段对乐昌黄金奈李结合丰富的乐昌自然风光、非遗艺术进行结合、演绎和升华,实现了虚拟和现实的巧妙融合。首批乐昌黄金奈李数字藏品分推出 4 个系列,共计 13 款,并全部在国家认可的数字藏品平台进行上链登记,用数字经济赋能实体经济发展,促进提升农业强市地位。进一步强化以黄金奈李为龙头产品的"乐优农品"集群效应,实现品牌价值更大溢价。

3. 以农产品为食材,打造一桌菜延伸产业链

着力挖掘和寻找与乐昌食材相关的烹饪创意与消费场景,邀请南粤厨王,以乐昌黄金奈李、马蹄、芋头、擦糍粉、梅花猪等优质农产品为主要食材,开发出集广府菜、潮汕菜、客家菜等经典粤味为一体的乐昌"一桌菜",将乐昌优质农产品进行食品化产业转换与升级。与非物质文化遗产传承人联动,定制乐昌黄金奈李相关面塑作品,为产业吸引人气,带动知名度与销售。

(三)在产业宣传上下功夫,讲好黄金奈李产业故事。

乐昌是千年佗城,文化底蕴深厚,种奈李已久,黄金奈李产业有积淀、有传承、有故事。活动充分利用媒体资源,与南方农村报、珠江台、新华网等多家媒体联动,以文章、视频、海报、直播等形式讲述黄金奈李产业故事。合作媒体深入产区,拍摄第一手影像资源,制作精彩的产业专题片;采访第一手产区消息,发出黄金奈李产业最新动态;挖掘新

农人，着力打造乐昌九峰九人新农青年团，讲好乐昌黄金奈李产业故事。

据不完全数据统计，在学习强国、人民日报客户端、央视频、新华网、南方日报、南方都市报、南方农村报、触电新闻、韶关日报、乐昌融媒等媒体平台以及自媒体平台发稿数百篇次，营销海报数十张，活动相关报道点击量超1000万+。微博千万流量活"李"，话题#广东黄金奈李进入赏味季#阅读量超2000万+，多位百万大V跨界助"李"，网友评论热赞黄金奈李。通过报、网、端、微博、视频等全媒体矩阵宣传传播力度强、影响力大，取得明显的推介成效。

参考文献

[1] 于康震，孙其信.中国农业品牌发展报告 2021[M].北京：中国农业出版社，2021.05.

[2] 王春霞，左利，王金凤.农产品营销与农业品牌化建设 [M].北京：中国农业科学技术出版社，2021.04.

[3] 娄向鹏，郝北海.品牌农业 4 新时代中国农业品牌建设的路径与方法 [M].北京：中国发展出版社，2021.05.

[4] 胡晓云.中国农业品牌论基于区域性前提的战略与传播研究 [M].杭州：浙江大学出版社，2021.01.

[5] 张天柱.乡村振兴与农业产业振兴实务丛书现代农产品品牌建设与案例分析 [M].北京：中国轻工业出版社，2021.08.

[6] 余欣荣，杜志雄.当代世界农业丛书当代世界农业 [M].北京：中国农业出版社，2021.12.

[7] 张利庠.21 世纪农业经济管理系列教材农业企业管理学 [M].北京：中国人民大学出版社，2021.03.

[8] 杨保军.农产品服务供应链与品牌价值共创研究 [M].北京：经济管理出版社，2021.02.

[9] 余德贵，李中华.普通高等教育农业农村部十三五规划教材农业经营与管理 [M].北京：中国农业出版社，2021.02.

[10] 张竞，马哲明，徐雪娇.农产品区域公用品牌建设路径研究 [M].北京：中国社会科学出版社，2021.01.

[11] 王曙光.中国农垦农业现代化与农业安全的中国道路 [M].北京：商务印书馆，2021.03.

[12] 陈忠毅.中国农垦书丛品味农垦中国农垦品牌故事 [M].北京：中国农业出版社，2021.05.

[13] 翁志辉.农业科技期刊编辑出版理论与实践 [M].北京：中国农业科学技术出版社，2021.03.

[14] 邵玉丽，刘玉惠，胡波.农产品质量安全与农业品牌化建设 [M].北京：中国农业科学技术出版社，2020.04.

[15] 向明生.农业企业品牌战略 [M].北京：中国农业出版社，2020.05.

[16] 陆超．读懂乡村振兴 [M]．上海：上海社会科学院出版社，2020．

[17] 马永红，陈赤．中国信托业转型升级创新研究 [M]．北京：中国金融出版社，2020.10．

[18] 李伟越，徐青蓉，杨清．农产品品牌建设 [M]．北京：中国农业科学技术出版社，2020.07．

[19] 赵其刚．区块链农业应用 [M]．北京：中国农业出版社，2020.09．

[20] 段博俊，段景田．农业产业化发展研究 [M]．北京：中国农业出版社，2020.05．

[21] 刘志，刘银来．农业经理人执业指南 [M]．北京：中国农业出版社，2020.08．

[22] 赵跃龙．中国农业走出去空间选择 [M]．北京：中国农业出版社，2020.08．

[23] 娄向鹏．品牌农业3农产品区域品牌创建之道 [M]．北京：中国发展出版社，2019.08．

[24] 耿献辉．农业品牌运营管理 [M]．北京：经济管理出版社，2019.07．

[25] 陈国胜．农业品牌的道与术 [M]．北京：中国农业科学技术出版社，2019.01．

[26] 张传统．一本书明白品牌农业 [M]．中原农民出版社，2019.04．

[27] 廖飞，黄志强．现代农业生产经营 [M]．石家庄：河北科学技术出版社，2019.03．

[28] 邓宏林．大学生志愿服务品牌创建研究 [M]．长春：吉林人民出版社，2019.07．

[29] 魏琦，金书秦，张斌．助绿乡村振兴农业绿色发展理论、政策和评价 [M]．北京：中国发展出版社，2019.01．

[30] 宋洪远．转型的动力中国农业供给侧结构性改革 [M]．广州：广东经济出版社，2019.02．

[31] 巢洋，范凯业，王悦．乡村振兴战略重构新农业重构适合中国国情的农业"产融五阶"体系 [M]．北京：中国经济出版社，2019.01．

[32] 王磊．农业供给侧改革背景下的有效供给与农产品竞争力 [M]．北京：九州出版社，2019.01．

[33] 王建华．农业安全生产转型的现代化路径 [M]．南京：江苏人民出版社，2019.06．

[34] 李燕．高科技打造品牌农业 [M]．北京：现代出版社，2018.07．

[35] 贾大猛，张正河．县域现代农业规划的理论与实践 [M]．北京：中国农业大学出版社，2018.04．

[36] 袁建伟，晚春东，肖维鸽．中国绿色农业产业链发展模式研究 [M]．杭州：浙江工商大学出版社，2018.11．